普通高等学校"十四五"规划旅游管理类精品教材

教育部旅游管理专业本科综合改革试点项目配套规划教材

总主编 ◎ 马 勇

酒店客户关系管理

Hotel Customer Relationship Management

主 编 ◎ 毕斗斗

华中科技大学出版社
http://press.hust.edu.cn
中国·武汉

图书在版编目(CIP)数据

酒店客户关系管理 / 毕斗斗主编. -- 武汉：华中科技大学出版社，2025.2. -- ISBN 978-7-5772-1666-9

Ⅰ. F719.2

中国国家版本馆 CIP 数据核字第 2025H1A470 号

酒店客户关系管理
Jiudian Kehu Guanxi Guanli

毕斗斗　主编

总　策　划：李　欢

策划编辑：李　欢　魏雨楠

责任编辑：阮晓琼　魏雨楠

封面设计：原色设计

责任校对：李　弋

责任监印：周治超

出版发行：华中科技大学出版社(中国·武汉)　　　　电话：(027)81321913

　　　　　武汉市东湖新技术开发区华工科技园　　　　邮编：430223

录　　排：孙雅丽

印　　刷：武汉市籍缘印刷厂

开　　本：787mm×1092mm　1/16

印　　张：16.75

字　　数：393千字

版　　次：2025年2月第1版第1次印刷

定　　价：59.80元

Abstract 内容简介

　　本教材的编写逻辑体系遵循客户关系管理的动态递进规律与酒店业运营实践需求,构建了"认知建构—系统实施—效能评估—趋势前瞻"的四阶方法论闭环,形成理论与实践嵌套耦合的完整知识生态系统。教材章节编排体系突破传统教材"理论陈述+案例分析"的平面化结构,通过战略层(价值管理)、战术层(沟通优化)、执行层(团队能力)与创新层(技术迭代)的四维联动,打造出具有酒店业特质的客户关系管理知识立方体,既达成学术理论的系统性,亦保障产业实践的方法迁移价值。

　　作为国家旅游管理类酒店管理专业的核心课程教材,本书可覆盖从院校到产业、从专业到兴趣的三类场景。①学术场景:本书构建"智库型"教学矩阵,支撑高校"产业研究—政策咨询—复合育人"的三维人才培养闭环,适合高等院校酒店管理、旅游管理等相关专业的教学和科研使用。②职教场景:适配职业院校"课堂工坊—企业课堂—校企合作生产性实训基地"的三阶模块化课改需求。③社会场景:满足从业者寻求认证升级和爱好者探索主题知识的双重需求。

　　The compilation logic of this textbook adheres to the dynamic progression principles of customer relationship management and the practical demands within the hotel industry, establishing a four-stage methodological closed-loop framework encompassing "cognitive construction-systematic implementation-efficiency evaluation-trend anticipation". This constructs a comprehensive knowledge ecosystem where theoretical and practical elements are nested and coupled.

　　The textbook's chapter architecture surpasses traditional textbooks' flattened "theory exposition + case analysis" structure. Through the four—dimensional integration of strategic level (value management), tactical level (communication optimization), execution level (team capability), and innovation level (technological iteration), it forges a hospitality—specific three—dimensional framework for CRM knowledge. This design achieves both conceptual comprehensiveness in academic theory and preserves methodological transfer value for industrial implementation, thereby organically unifying epistemological rigor and pragmatic applicability.

As a core textbook for national tourism and hospitality management programs, it supports comprehensive learning ecosystems spanning academic, vocational, and professional development contexts:

· Academic Applications

A think tank-style teaching matrix facilitates the "industrial research-policy advisory-interdisciplinary education" trinity in higher education, suitable for hospitality/tourism management curricula.

· Vocational Training

Aligns with tri-phase modular reforms in vocational colleges: classroom workshops, corporate immersion modules, and industry-academia collaborative productive training bases.

· Professional Development

Addresses dual needs of practitioners seeking certification upgrades and enthusiasts pursuing thematic knowledge exploration.

总　序

习近平总书记在党的二十大报告中深刻指出，要实施科教兴国战略，强化现代化建设人才支撑。要坚持教育优先发展、科技自立自强、人才引领驱动，开辟发展新领域新赛道，不断塑造发展新动能新优势。这为高等教育在中国式现代化进程中实现新的跨越指明了时代坐标和历史航向。

同时，我国的旅游业在疫情后全面复苏并再次迎来蓬勃发展高潮，客观上对现代化高质量旅游人才提出了更大的需求。因此，出版一套融入党的二十大精神、把握数字化时代新趋势的高水准教材成为我国旅游高等教育和人才培养的迫切需要。

基于此，在教育部高等学校旅游管理类专业教学指导委员会的大力支持和指导下，教育部直属的全国重点大学出版社——华中科技大学出版社，在党的二十大精神的指引下，主动创新出版理念和方式方法，汇聚一大批国内高水平旅游院校的国家教学名师、资深教授及中青年旅游学科带头人，在已成功组编出版的"普通高等院校旅游管理专业类'十三五'规划教材"基础之上，进行升级，编撰出版"普通高等学校'十四五'规划旅游管理类精品教材"。本套教材具有以下特点：

一、深刻融入党的二十大报告精神，落实立德树人根本任务

党的二十大报告中强调："坚持和加强党的全面领导。"党的领导是我国高等教育最鲜明的特征，是新时代中国特色社会主义教育事业高质量发展的根本保证。因此，本套教材在编写过程中注重提高政治站位，全面贯彻党的教育方针，融入课程思政，融入中华优秀传统文化和现代化发展新成就，将正确政治方向和价值导向作为本套教材的顶层设计并贯彻到具体章节和教学资源中，不仅仅培养学生的专业素养，更注重引导学生坚定理想信念、厚植爱国情怀、加强品德修养，以期落实"立德树人"这一教育的根本任务。

二、基于新国标下精品教材沉淀改版，权威性与时新性兼具

在教育部2018年发布《普通高等学校本科专业类教学质量国家标准》后，华中科技大学出版社特邀教育部高等学校旅游管理类专业教学指导委员会副主任、国家"万人计划"教学名师马勇教授担任总主编，同时邀请了全国近百所高校的知名教授、博导、学科带头人和一线骨干教师，以及旅游行业专家、海外专业师资联合编撰了"普通高等院校旅游管理专业类

‘十三五’规划教材”。该套教材紧扣新国标要点，融合数字科技新技术，配套立体化教学资源，于新国标颁布后在全国率先出版，被全国数百所高等学校选用后获得良好反响。其中《旅游规划与开发》《酒店管理概论》《酒店督导管理》等教材已成为教育部授予的首批国家级一流本科课程的配套教材，《节事活动策划与管理》等教材获得省级教学类奖项。

此外，编委会积极研判"双万计划"对旅游管理类专业课程的建设要求，对标国家级一流本科课程，积极收集各院校的一线教学反馈，在此基础上对"十三五"规划系列教材进行更新升级，最终形成"普通高等学校‘十四五’规划旅游管理类精品教材"。

三、全面配套教学资源，打造立体化互动教材

华中科技大学出版社为本套教材建设了内容全面的线上教材课程资源服务平台：在横向资源配套上，提供全系列教学计划书、教学课件、习题库、案例库、参考答案、教学视频等配套教学资源；在纵向资源开发上，构建了覆盖课程开发、习题管理、学生评论、班级管理等集开发、使用、管理、评价于一体的教学生态链，打造了线上线下、课内课外的新形态立体化互动教材。

在旅游教育发展的新时代，主编出版一套高质量规划教材是一项重要的教学出版工程，更是一份重要的责任。本套教材在组织策划及编写出版过程中，得到了全国广大院校旅游管理类专家教授、企业精英，以及华中科技大学出版社的大力支持，在此一并致谢！衷心希望本套教材能够为全国高等院校的旅游学界、业界和对旅游知识充满渴望的社会大众带来真正的精神和知识营养，为我国旅游教育教材建设贡献力量。也希望并诚挚邀请更多高等院校旅游管理专业的学者加入我们的编者和读者队伍，为我们共同的事业——我国高等旅游教育高质量发展——而奋斗！

总主编

2023 年 7 月

在全球旅游业的蓬勃发展和中国旅游强国战略的深入推动下,酒店业正步入一个以高质量发展为核心的新时代。作为旅游业的关键支柱,酒店业不仅承载着满足旅游者多元化需求、提升服务品质的重任,更肩负着培养高素质酒店管理人才、推动行业持续创新的历史使命。在这一背景下,酒店客户关系管理(CRM)不仅成为提升酒店服务质量和客户满意度的重要手段,更是推动酒店业转型升级、增强国际竞争力、实现高质量发展的核心驱动力。

近年来,中国酒店业在硬件设施、服务质量及管理水平上取得了显著进步,为旅游强国战略的实施奠定了坚实基础。然而,面对日益激烈的市场竞争和不断升级的客户需求,酒店业必须不断探索客户关系管理的新模式、新方法。酒店客户关系管理不仅要求酒店精准把握市场动态、深入了解客户需求,更强调通过高效的信息管理、卓越的客户服务及个性化的营销策略,建立起长期的客户关系,提升客户忠诚度和酒店品牌价值。中国酒店业亟待加强人才培养,培养一批既具备扎实专业知识,又拥有创新思维和实践能力的酒店管理人才。这些人才将成为酒店业高质量发展的中坚力量,推动酒店在客户关系管理、品牌建设、服务创新等方面取得新突破,为旅游强国战略的实施做出更大贡献。因此,编写一本系统介绍酒店客户关系管理理论与实践的教材,不仅对于指导酒店业高质量发展具有重要意义,更是培养高素质酒店管理人才、推动行业持续创新的关键举措。

根据《旅游管理类教学质量国家标准》要求,"酒店客户关系管理"已经成为旅游管理类酒店管理专业七门核心课程之一。本教材即为响应《旅游管理类教学质量国家标准》的要求编写而成。本教材基于国内外酒店客户关系管理的最新理论和实践成果,紧密结合酒店行业的实际情况,为读者呈现了一个系统、科学且实用的酒店客户关系管理知识体系,向读者全面地介绍了酒店客户关系管理的系列核心概念、基本理念、原理方法和实践应用,并广泛借鉴了国内外酒店客户关系管理的先进服务与管理经验,力求让本书具备前沿性、系统性、开放性与创新性。

该教材在编写架构上实现三个特色创新:其一,构建"模块化知识网格＋数字化案例库"双轨共生体系;注重增强理论的可视化转化效能,配套案例库覆盖万豪、洲际等多家国际酒店集团的案例样本;提供自适应练习题库,易于读者开展个性化学习。其二,引入深度融合

NLP、区块链、元宇宙等跨领域技术知识，实时反映行业最新变革趋势。其三，构建酒店管理学界与行业智库的协同编审机制。

　　本教材由华南理工大学旅游管理系毕斗斗博士、副教授担任主编，对全书内容进行策划、组织，编写教学大纲，并负责统稿。全书内容共分为十章，第一章为"酒店客户关系管理概述"，第二章为"酒店客户关系管理团队建设"，第三章为"酒店市场类型与酒店客户"，第四章为"酒店客户价值管理"，第五章为"酒店客户信息管理"，第六章为"酒店客户沟通管理"，第七章为"酒店客户满意管理"，第八章为"酒店客户忠诚管理"，第九章为"酒店客户关系管理质量评估"，第十章为"酒店客户关系管理的新趋势"。其中，第一章、第三章由毕斗斗和贺巧丽撰写；第二章、第十章由毕斗斗和江兴择撰写；第五章、第六章由毕斗斗和严思文撰写；第九章由毕斗斗和张宇嘉撰写；第四章由毕斗斗和耿小贺撰写；第七章由毕斗斗和黄雨昕撰写；第八章由毕斗斗和罗惠珊撰写。

　　本教材从旅游管理类专业"厚基础、宽口径、重应用"的人才培养要求出发，在编写过程中吸收借鉴了酒店管理学界的权威学者与实践领域资深专家的相关思想及观点，融合了国内外酒店客户关系管理的先进理念与成功案例，注重知识的普及与提高拓展、理论学习与实践应用的有机结合，旨在提升教材的可读性和实用性。本书不仅适合高等院校酒店管理、旅游管理等相关专业的学生作为教材使用，也适合酒店行业从业者、职业培训人员，以及酒店爱好者作为参考书籍。通过系统学习本书，读者将深刻理解酒店客户关系管理的核心价值，掌握高效管理策略与实践技巧，进而为推动旅游强国战略的实施、培养高素质酒店管理人才以及促进个人职业生涯的飞跃贡献力量。

　　衷心感谢在编写过程中给予大力支持和帮助的各位专家和业界精英人士！由于时间和编者能力的限制，书中难免存在疏漏和不足之处，敬请广大读者和同行批评指正，以便我们不断完善和提升。

Contents | ——

1

第一章　酒店客户关系管理概述
Chapter 1　Introduction of Hotel Customer Relationship Management

第一节　酒店客户与客户关系管理　　2
❶　Hotel Customers and Customer Relationship Management

第二节　酒店客户关系管理的发展历程　　13
❷　A Brief History of Hotel Customer Relationship Management

第三节　酒店客户关系管理的目标与内容
❸　The Objectives and Contents of Hotel Customer Relationship Management　　16

26

第二章　酒店客户关系管理团队建设
Chapter 2　Construction of Hotel Customer Relationship Management Team

第一节　酒店客户关系管理团队概述
❶　Introduction of Hotel Customer Relationship Management Team　　26

第二节　大堂副理与宾客关系主任
❷　Assistant Manager and Guest Relation officer　　32

第三节　礼宾服务管理
❸　Concierge Service Management　　38

第四节　酒店客户经理
❹　Hotel Clients Manager　　44

第五节　酒店贴身管家
❺　Hotel Personal Butler　　48

第六节　酒店一线部门员工
❻　Employees of Hotel Front—Line Departments　　53

61

第三章　酒店市场类型与酒店客户
Chapter 3　Hotel Market Types and Hotel Customers

第一节　酒店市场类型及其客户群体
❶　Hotel Market Types and Their Customer Groups　　61

第二节　酒店客户类型与特征
❷　Hotel Customer Types and Characteristics　　69

第三节　酒店客户增长管理　　　　　　　　　　　75
❸　Hotel Customer Growth Management

84　第四章　**酒店客户价值管理**
Chapter 4　Hotel Customer Value Management

第一节　酒店客户价值概述
❶　Introduction of Hotel Customer Value　　　　85
第二节　酒店客户分级管理
❷　Hotel Customer Classification Management　　93
第三节　提升酒店客户价值
❸　Enhancing Hotel Customer Value　　　　　　98

110　第五章　**酒店客户信息管理**
Chapter 5　Hotel Customer Information Management

第一节　酒店客户信息的收集与整合
❶　Collection and Integration of Hotel Customer Information　　110
第二节　酒店客户信息的分析与应用
❷　Analysis and Application of Hotel Customer Information　　114
第三节　客户信息安全与隐私保护
❸　Customer Information Security and Privacy Protection　　119
第四节　酒店网络点评信息管理
❹　Management of Hotel Online Review Information　　123

129　第六章　**酒店客户沟通管理**
Chapter 6　Hotel Customer Communication Management

第一节　酒店客户沟通管理概述
❶　Introduction of Hotel Customer Communication Management　　130
第二节　酒店客户沟通管理策略
❷　Hotel Customer Communication Management Strategies　　133
第三节　酒店客户沟通障碍及克服方法
❸　Hotel Customer Communication Barriers and Overcoming Methods　　141
第四节　技术在酒店客户沟通中的应用
❹　Application of Technology in Hotel Customer Communication　　148

156　第七章　**酒店客户满意管理**
Chapter 7　Hotel Customer Satisfaction Management

第一节　酒店客户满意及其影响因素　　　　　　156
❶　Hotel Customer Satisfaction and Its Influencing Factors

第二节　酒店客户投诉及其管理　　165
❷　Hotel Customer Complaints and Their Management

第三节　酒店客户满意提升策略　　173
❸　Strategies For Enhancing Hotel Customer Satisfaction

179

第八章　酒店客户忠诚管理
Chapter 8　Hotel Customer Loyalty Management

第一节　酒店客户忠诚概述　　179
❶　Introduction of Hotel Customer Loyalty

第二节　酒店客户忠诚表现及影响因素　　187
❷　The Manifestations and Influencing Factors of Hotel Customer Loyalty

第三节　酒店忠诚管理策略与方法　　195
❸　Hotel Loyalty Management Strategies and Methods

205

第九章　酒店客户关系管理质量评估
Chapter 9　Quality Evaluation of Hotel Customer Relationship Management

第一节　酒店客户关系管理质量概述　　205
❶　Introduction of the Quality of Hotel Customer Relationship Management

第二节　酒店客户关系管理质量评价方法　　211
❷　Evaluation Methods for the Quality of Hotel Customer Relationship Management

第三节　酒店客户关系管理质量的提升策略　　219
❸　Strategies for Improving the Quality of Hotel Customer Relationship Management

224

第十章　酒店客户关系管理的新趋势
Chapter 10　New Trends in Hotel Customer Relationship Management

第一节　酒店客户关系管理新观念　　225
❶　New Concepts of Hotel Customer Relationship Management

第二节　新兴技术在酒店CRM中的应用　　234
❷　Application of Emerging Technologies in Hotel CRM

第三节　数字经济驱动的CRM系统转型　　244
❸　Digital Economy-Driven Transformation of CRM System

251

参考文献
References

3

第一章 →

酒店客户关系管理概述

学习目标

1. 掌握客户与客户关系管理的基本概念
2. 认识酒店实施客户关系管理的意义
3. 了解酒店客户关系管理的发展历程
4. 掌握酒店客户关系管理的目标与内容

核心概念

酒店客户（Hotel Customers）

客户关系管理（Customer Relationship Management, CRM）

关系营销（Relationship Marketing）

一对一营销（One-to-One Marketing）

数据库营销（Database Marketing）

IDIC 模型（The IDIC model of Customer Relationship Management）

在激烈的酒店业的竞争中，客户关系管理（Customer Relationship Management, CRM）成为决定酒店成败的关键因素之一。酒店客户关系管理旨在通过深入理解客户需求、行为模式及偏好，为客户提供定制化的服务体验，提升客户满意度、增强客户忠诚度，促进口碑传播，着眼于构建长期、稳定的客户关系网络。构建高效智能的客户关系管理体系，是酒店融合数据分析技术、深化情感交互纽带、驱动服务技术创新的核心实践路径。该体系通过动态捕捉市场脉搏、重构服务响应链条、深挖客户全生命周期价值，不仅能显著增强酒店业的市场竞争力，更成为驱动行业可持续发展的战略支撑系统——既实现了需求端精准分发与服务端效能提升的闭环耦合，又在数字化转型中构建了差异化价值。

第一节　酒店客户与客户关系管理

客户关系管理是一种新经济背景下的管理理念,其核心是以客户满意度为目标的协同管理思想。酒店客户关系的深度挖掘与精细化管理,正逐渐成为酒店提升服务品质、增强市场竞争力的重要战略。客户关系管理作为一种现代管理理念,为处于激烈的市场竞争中的酒店企业提供了新的解决方案。

一、基本概念

（一）客户

"客户"一词在《唐六典》《宋史》等历史典籍中已出现过,是指中国古代户籍制度中的一类户口,与主户相对而言,泛指非土著的住户。

随着市场经济和商业活动的发展,从商业服务或产品采购者角度来看,客户是指那些接受或潜在接受任何组织、个人提供价值(包括产品或服务)的实体,这既包括自然人,也涵盖企业、政府机构及非营利组织等。他们可能是商业服务或产品的采购者,也可能是最终的消费者、代理人或供应链内的中间人。

随着企业管理和市场营销理论的不断进步,客户概念也迎来了新的蜕变。在企业内部,客户不仅指直接购买产品或服务的组织或个人(即现实客户),还包括有潜在购买需求但尚未发生交易的组织或个人(即潜在客户)。此外,根据关系营销理论的发展,客户还进一步细分为内部客户和外部客户。内部客户是指从企业内部部门的角度出发,把其他部门看作自己部门的客户;外部客户则是从企业整体的角度出发,把企业外部的、与本企业有产品、服务交易关系的组织或个体看作客户。内部客户概念的提出,鼓励企业内部各部门间建立相互服务的意识,促进了团队合作与效率提升;而外部客户,则继续作为企业与市场连接的重要桥梁,其需求与反馈成为企业持续优化的动力源泉。

综合以上各点,可以得出"客户"的一般性定义:客户是指接受或可能接受任何组织、个人提供的产品和服务的购买者(包括潜在购买者),他们可能是自然人、组织、企业、政府或非公益性团体等。在商业活动中,客户是企业生存和发展的基础,其满意度和忠诚度是企业成功的关键因素之一。

（二）酒店客户

在当今酒店业,客户不仅仅是被服务者,更是酒店文化与价值的共同创造者。广义上,酒店客户涵盖了所有享受或可能享受酒店服务的个人、团体及组织,他们或是直接体验服务的消费者,或是通过代理间接受益的终端用户。酒店客户角色的多样性,要求酒店管理者必须具备高度的敏感性和灵活性,以满足不同客户群体的多元化需求。

酒店客户作为酒店服务与产品的直接受众,他们的满意度与忠诚度直接关乎酒店的生存与发展。深入理解每一位客户的独特需求,构建个性化、差异化的服务体系,成为现代酒店业竞争的关键所在。无论是针对个人客户的细致入微关怀,还是面向团体客户的定制化解决方案,都是酒店客户管理智慧与艺术的体现。

(三)酒店客户关系管理

1. 客户关系管理的定义

客户关系管理(Customer Relationship Management,CRM),起源于20世纪80年代初美国提出的"接触管理",即专门收集整理客户与公司联系的所有信息,20世纪90年代初期则演变为包括电话服务中心与支持资料分析的客户关怀。关于CRM的定义目前并没有统一的权威观点。目前比较常见的几种CRM定义是由Gartner Group、IBM、Romano、Ronald Swift等提出的,他们有的是管理咨询师,有的是IT厂商,有的是学者,所从事的领域不同,侧重点也不同,分别从不同角度揭示了CRM的内涵。综合各方面的观点,我们可以从以下三个层面来理解CRM的定义。

(1)管理理念与战略视角。

客户关系管理是一种管理理念和企业战略,其核心思想是将客户视为企业最重要的资源,通过完善的客户服务和深入的客户分析来满足客户需求,实现客户价值最大化,从而提升企业的竞争力和营利能力。

(2)商业策略与业务流程视角。

客户关系管理是企业的一项商业策略,它按照客户细分情况有效地整合酒店资源,培养以客户为中心的经营行为及实施以客户为中心的业务流程,并以此为手段来提高企业的获利能力、收入及客户满意度。

(3)技术与软件视角。

客户关系管理也是一套管理软件和技术,它将数据挖掘、数据仓库、一对一营销和销售自动化等信息技术紧密结合在一起,为企业的销售、客户服务和决策支持等领域提供业务自动化的解决方案。

综合上述定义,客户关系管理是企业处理其经营业务及客户关系的一种态度、倾向和价值观,是一种集管理理念、商业策略、技术手段于一体的综合性管理活动。客户关系管理旨在通过深入了解客户需求,为客户提供个性化服务,建立长期稳定的客户关系,从而实现企业与客户的双赢。这一动态进程的核心在于"客户导向"原则,即将客户满意度与体验的优化置于首位。客户关系管理不仅是酒店运营与客户互动的一种哲学、偏好与价值导向,更是融合了管理智慧、商业蓝图与技术创新的综合性管理体系。"以客户为中心"的核心理念如同灯塔,指引着所有行动聚焦于提升酒店客户满意度与体验。这一理念的核心在于深度洞悉客户需求,为客户打造定制化服务方案,构建稳固且持久的客户关系,进而实现企业与客户的价值共创与双赢局面。

2.酒店客户关系管理

酒店客户关系管理是一个多维度、跨领域的管理体系,包括理念引领、技术支持、实践执行三大支柱。其中,理念是基石,奠定管理实践的道德基础与战略方向;技术是加速器,特别是借助互联网、电子商务、大数据、云计算等前沿科技,通过CRM系统等工具,为管理赋能;实践则直接关系到酒店管理成效的显现与持续优化。三者相辅相成,形成稳固的酒店客户关系管理三角架构。

(1)理念引领。

酒店客户关系管理是一种管理理念,其理论根基深植于关系营销学,其核心在于识别、保留并增值客户,以此增强酒店的营利能力和市场竞争力。这一转变要求酒店从内到外,从理念到行为,全面拥抱"客户至上、市场导向"的经营哲学。然而,这一转型并非一蹴而就,需克服惯性思维,平衡各方利益,辅以必要的制度改革与长效执行。同时,应理性看待酒店客户关系管理的适用性,根据企业自身的市场定位与发展阶段,适时、适度地引入相关理念。

(2)技术支持。

从技术层面看,CRM是一种管理技术,酒店客户关系管理充分利用了现代信息技术的最新成果,将最佳的商业实践与数据仓库、数据挖掘、人工智能等紧密结合在一起,为企业的销售客户服务和决策支持等领域提供一个业务自动化的解决方案。CRM软件结合了先进的CRM管理思想和先进的业务模式,并采用信息产业的最新成果为CRM管理思想的实现构筑了现实的信息平台。值得注意的是,CRM软件仅是工具,其背后蕴含的先进管理思想是灵魂。因此,选择与使用CRM软件时,既要考察其技术先进性,更要重视其与酒店企业实际需求的契合度及实施团队的专业能力。

(3)实践执行。

实施酒店客户关系管理是一种管理机制和一项系统工程,需结合企业现状与软件功能,明确目标范围,控制风险,分步推进。成功的实施需具备风险意识,设定合理目标与阶段性任务,确保每一步都扎实有效。此外,酒店还应认识到,CRM软件的价值在于对其进行应用,拥有软件而不使用是一种资源浪费,具有良好使用能力的合作伙伴至关重要。

二、酒店客户关系管理的理论基础

酒店客户关系管理的理论基础根植于市场营销与客户服务领域,它融合了关系营销、顾客忠诚理论与数据库管理等核心思想。这些理论强调通过持续的价值创造与沟通互动,深化与客户的情感联系,进而实现客户忠诚度的提升与长期价值的挖掘。酒店可借助这些理论框架,构建科学、系统的客户关系管理体系,以应对市场竞争,提升顾客满意度与品牌忠诚度。

(一)关系营销理论

1.关系营销的含义

在当今商业环境中,关系营销(Relationship Marketing)作为一种先进的营销理念,其内涵与特征日益凸显出其重要性。关系营销不仅仅局限于产品交易的即时完成,而是将企业的营销活动视为一个复杂而动态的互动网络。在这个网络中,企业需要与消费者、供应商、分销商、竞争对手、政府机构以及社会各界建立深厚且持久的联系。关系营销的核心在于精心构建并维护与各利益相关者的良好关系,以此作为推动企业发展的基石。

2.关系营销的特征

关系营销的本质特征包括:信息沟通的双向性、战略过程的协调性、营销活动的互利性、长期合作性、利益最大化,可概括为双向沟通、合作、双赢、亲密、控制。双向沟通强调信息的开放与透明,通过频繁的互动与反馈,增强企业与各利益相关者之间的信任与理解;合作则是双方或多方基于共同目标而展开的协同行动,是实现共赢局面的基础;双赢要求企业在追求自身利益的同时,也充分考虑合作伙伴的利益,确保关系的和谐与可持续发展;亲密则是指情感层面的紧密联系,通过情感共鸣与满足,进一步巩固关系的稳定性;控制并非指权力压制,而是指通过有效的监测与管理机制,及时发现并解决关系中的潜在问题,保障关系朝着积极的方向发展。

与传统的交易营销模式相比,关系营销在客户关系的处理上展现出显著的差异。交易营销往往聚焦于单次交易的完成,追求快速成交与利润最大化,而关系营销则着眼于长远,致力于培养客户的持续购买意愿与忠诚度。在客户服务方面,关系营销强调全方位、高质量的服务体验,通过不断提升客户满意度来深化客户对企业的情感联结,进而转化为坚定的品牌忠诚。此外,关系营销还倡导更加广泛而深入的承诺,不限于产品本身,而是延伸至企业的整体运营与服务质量,确保所有部门都围绕提升客户价值而协同工作。

3.关系营销的核心

在关系营销的众多目标中,客户忠诚无疑占据着核心地位。企业之所以高度重视客户忠诚,是因为忠诚的客户不仅是重复购买的稳定来源,更是品牌口碑传播的重要力量。客户忠诚的形成,离不开品牌涉入度的提升。根据涉入理论的启示,品牌忠诚与品牌惰性存在本质区别。品牌忠诚是在高涉入情境下,消费者对品牌产生强烈认同与偏好,从而主动选择重复购买;品牌惰性则更多是基于习惯或便利的低涉入行为,缺乏深层次的情感联系。企业应当致力于提升品牌涉入度,通过创造独特的品牌体验与价值,激发消费者的深层次认同与忠诚。

（二）一对一营销

1.一对一营销的含义

一对一营销(One-to-One Marketing)是一种倡导满足个性化需求的营销理念,是企业根据客户的特殊需求来相应地调整经营策略的行为。一对一营销的核心思想主要聚焦于四个方面:顾客份额、重复购买、互动沟通以及新竞争力。

（1）顾客份额。

顾客份额是这一策略的灵魂,它强调企业不应仅仅满足于市场占有率,而应更深入地关注每一位顾客在同类消费中所占的比重。这要求企业思考如何提升每位顾客的购买额,实现顾客终身价值(Life Time Value，LTV)的最大化。这一理念也被形象地称为"钱夹份额"的管理。

（2）重复购买。

重复购买是一对一营销效率的关键。相较于开发新客户，维护忠诚客户的成本更低，且能带来稳定的收入流。企业应致力于提升现有顾客的消费频次与额度，以此作为利润增长的重要来源。

（3）互动沟通。

互动沟通是实现一对一营销的基础。企业需与顾客建立深入、双向的沟通机制，通过交互式对话理解并满足顾客的个性化需求与偏好。这种沟通不仅限于交易层面，更在于建立情感连接，培养顾客信任度与忠诚度，从而推动销售与利润的同步增长。

（4）新竞争力。

顾客份额被视为一对一营销策略的灵魂所在，它着重指出，企业不应仅仅追求市场占有率，而应更加关注每位顾客在同类消费中所占的比例。通过收集并分析顾客数据，实现定制化产品与服务的提供，让每位顾客都能感受到专属的价值体验，进而在激烈的市场竞争中脱颖而出。

2. 一对一营销的实施

一对一营销，实质上是一场关于深度理解、个性化响应与长期价值创造的革命，它要求企业从根本上转变营销观念，以顾客为中心，共创双赢的未来。

一对一营销可以实现客户重复购买，实现交叉和向上销售；降低客户的游离程度，增加客户忠诚度；使客户更加便捷地得到产品或服务，提升交易效率；企业能够持续收集详尽且个性化的客户信息，增强跟踪服务与数据分析能力，精心构筑并维护与客户间高效的一对一互动关系。这一过程不仅确保了服务的及时性与个性化，也极大地提升了客户满意度与忠诚度，为吸引更多客源、巩固市场地位及强化企业竞争力奠定了坚实基础。

实施一对一营销，企业面临的是一个复杂且精细的系统工程。这一策略不仅依赖于前线营销人员的高度热忱与敏锐洞察力，更关键在于构建一套机制，该机制能有效识别、追踪、记录并回应每位消费者的独特需求。为此，企业必须与顾客建立起一种长期的学习型关系，通过不断的互动交流，逐步深化对顾客认知，从而为顾客提供精准贴合其个性化需求的定制产品或服务。即便竞争对手同样致力于构建一对一的关系营销，企业的顾客因已与企业建立了深厚的信任与依赖关系，不会轻易转向他处。这种信任与依赖是时间与精力投入的累积成果，是竞争对手难以复制的优势。

（三）数据库营销

1. 数据库营销的含义

数据库营销(Database Marketing)在我国企业的兴起与应用，源于其对市场竞争力的深刻影响。企业普遍认为，拥有庞大的消费者数据库及先进的数据库技术，意味着在市场上拥有了更多的话语权，这直接关系到企业的竞争力和发展潜力。随着消费结构的转变，企业愈发注重为顾客提供个性化和人性化的服务,市场因此细分成更小的消费者群体,且在细分过程中更加重视消费者的兴趣和感受。数据库营销恰好适应了这一趋势,它不仅能满足不同顾客的需求,还推动了营销管理向信息化迈进,因此被视为一种科学有效的营销方式。

数据库营销为企业提供了有效的营销途径,它解决了企业收集客户信息数据难的问题,并通过数据分析和挖掘,锁定目标客户群,进而通过邮件、电话、短信等方式与客户沟通,建立和维护客户关系,降低客户流失率,扩大市场占有率和提高企业产品的影响力。数据库营销系统是一套涵盖现有顾客和潜在顾客的、可随时更新的动态数据库管理系统。

2. 数据库营销的特征

数据库营销本质上是一种企业与顾客之间的交互式营销处理方法。它依赖于网络数据库来收集、存储并分析顾客信息,使企业能够深入了解消费者的需求、购买欲望以及消费能力。在此基础上,企业能够制定出更为理性且个性化的营销策略,在满足顾客需求的同时实现企业的营利目标。

与传统营销方式相比,数据库营销的主要特点在于:首先它能帮助企业准确找到目标消费者群,实现精准定位;其次,它能探测市场,发现新的市场机会,提供新产品和新服务;再次,它有助于与常客建立长期的良好关系,促使他们成为企业的忠实用户;最后,通过预先建立的数据模型,企业的营销活动能更加合理有效。

3. 数据库营销系统模型

在实施数据库营销的过程中,企业需要考虑一系列关键因素,包括驱动因素、数据库建设、营销建模和绩效测量等,同时也不能忽视阻碍因素和管理决策因素。数据库系统提供的指导流程包括可行性分析、数据库建设、营销建模和绩效测评,并将绩效作为依据对各个流程进行评估与调控、反馈与迭代,从而形成一个不断循环的系统。数据库营销系统模型如图1-1所示,这一系统模型为企业实施数据库营销提供了全面的指导和实践框架。

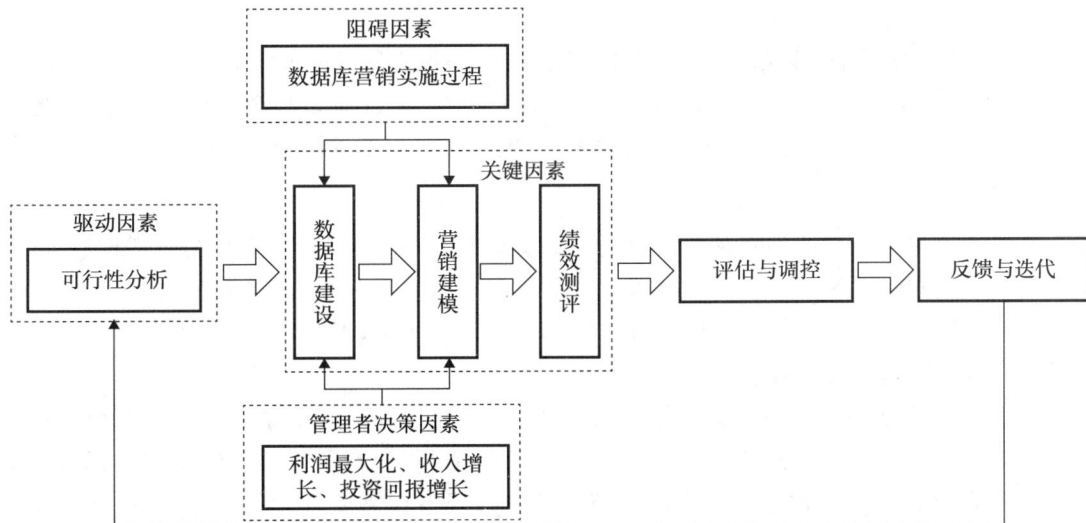

图1-1　数据库营销系统模型

（四）客户智能与客户知识

1. 客户智能与客户知识的产生

著名管理咨询专家吉姆·伯科威茨(Jim Berkowitz)强调,客户管理的坚实基础包括合理的组织结构和信息结构。若企业实施客户管理的动机仅基于部门利益,而非以客户为中心的商业战略,则缺乏合理的组织结构基础。合理的组织结构应该用共享的、整合的工作流和信息流替代原有的部门流程,使企业成为统一体,有效预测客户需求,管理客户价值,并简化运作流程。

在竞争激烈的市场环境中,客户争夺愈发激烈。由于新客户获取成本远高于老客户保留成本,如何提高客户忠诚度成为企业客户管理的关键问题。答案往往隐藏在与客户交往的记录中,即客户数据库,但许多企业尚未有效利用这些数据,未能发掘其中与客户忠诚相关的有价值的知识。

2. 客户智能体系框架

客户智能是客户管理的核心,它涉及创新和使用客户知识,帮助企业提高优化客户关系的决策能力和整体运营能力。客户智能的目标是将企业信息转化为竞争优势,提高决策能力、效率和准确性。客户智能必须具备从数据分析到知识发现的算法、模型和过程。客户智能体系框架包括以下五个层面。

（1）理论基础:这是企业对客户采取决策的指导依据,包括客户分析理论、价值分析等,通过科学衡量消费行为、满意度、利益率等指标,达到决策合理化的目的。

（2）信息系统层面:这是客户智能系统的物理基础,包括具有决策分析功能的软件工具和特定应用领域的信息系统平台,如CRM、ERP等,这些系统能够提供数据分析、趋势预测等关键功能。

（3）数据分析层面:涉及算法、工具或模型,用于获取高质量数据,并通过分析帮助人们得出结论并形成和验证假设。

（4）知识发现层面:涉及算法、工具或模型,将数据和信息转变成知识。

（5）战略层面:将信息或知识应用于提升决策能力、运营能力和企业建模等方面,通过数据获取、管理和分析,为企业人员提供知识,以提升战略和战术决策能力。

3. 客户知识的生成

客户知识包括客户的消费偏好、接触渠道选择、消费行为特征等,可分为对话性、观察性和预测性客户知识。客户智能不仅涉及客户知识的生成,还强调其在企业中的分发和使用。使用商业智能工具,如联机分析处理OLAP软件技术和知识发现工具,可以发现客户数据中的模式、规则等,这是客户知识的生成过程。

客户知识的分发指将知识存储于动态知识库,并通过客户管理系统平台将其分发到需要的终端。客户知识的使用则是客户管理的最后一个环节,涉及将客户信息和知识投入营销、销售、客户服务等与客户打交道的环节。这一过程不仅需要合理的信息结构,还需要与之整合的工作流程支撑,以实现有效的客户管理。

（五）IDIC模型

1. IDIC模型的主要内容

IDIC模型（The IDIC model of Customer Relationship Management），由营销专家唐·佩珀斯与玛莎·罗杰斯提出，为企业进行客户管理提供了一个基本参考架构。该模型强调四个阶段的核心活动：客户识别（Identify）、客户区分（Differentiate）、与客户的互动保持（Interactive）以及产品或服务的调整（Customize）。

随着消费模式从大众化向个性化转变，消费者愈发追求独特且与众不同的服务体验。尽管他们在某些基础产品或服务上可能仍保持着与大众相似的选择，但在诸如送货方式、支付方式、功能定制及售后服务等方面，却渴望得到个性化的满足。这种趋势使得传统的市场细分方法，即将客户划归为具有共同需求的细分市场，已无法满足每个客户的特殊需求。幸运的是，现代数据库技术和统计分析方法已经能够准确地记录并预测每个客户的具体需求，为提供个性化服务奠定了基础。

2. IDIC模型的特征

IDIC模型不仅仅着眼于提高市场占有率，还侧重于深化对每位客户的占有，即致力于增加每位客户的购买金额。与传统营销通过产品差异化来展开竞争的方式不同，IDIC模型下的营销策略依赖于客户细分来赢得竞争优势。采用IDIC模型的企业专注于逐一关注每位客户，将每位客户视为独一无二的个体，以满足他们独特的需求为目标。

首先，企业需要识别并了解客户，掌握其基本资料。识别、认识客户是与客户建立关系的基础。为确保在所有客户接触点、媒体渠道、产品线、地点以及企业内部各部门中都能准确识别客户，企业必须详尽地掌握客户资料。

其次，企业需要对客户进行进一步的分析和分类，依据其对企业的价值来区分。有价值的客户应得到特别的关注和保留，而无价值的客户则应避免过多投入。客户对企业具有不同程度的价值，同时也有不同的需求。企业需要发展一种等级标准或客户获利能力及价值模型以区分客户，并调整企业做法以满足每位客户的特定需求。与客户保持互动是IDIC模型的另一个关键要素，通过互动、对话和交换信息，企业可以有效了解客户需求，掌握客户反应，从而增强客户关系。每次与客户的互动都应与前一次相关，延续对话，并利用互动结果推论客户需求，进行下一次行动。

最后，企业需要针对客户需求和价值的不同，提供大量定制化、个性化的产品或服务。这可能要求企业调整其运营方式，以更好地配合客户所表达的个性化需求，如定制化某项产品或与产品相关的服务。一对一营销的理想目标是让每位客户都能根据各自的需求收到与众不同的待遇或信息，即用不同的方式对待不同的客户，并且该方式对客户具有独特的意义。

IDIC模型为企业提供了一种全新的客户管理范式，强调个性化、差异化和互动性，以满足每位客户的独特需求，提升客户占有程度，并在竞争激烈的市场中脱颖而出。

三、酒店客户关系管理的意义

酒店客户是酒店生存与发展的基石,更是推动其持续创新、引领行业潮流的关键力量。酒店客户关系管理水平反映出酒店的服务品质与市场定位,直接决定了其在市场中的兴衰成败。酒店实施客户关系管理,不仅仅是一种策略,更是一种战略性的投资,其深远意义体现在多个维度。

(一)树立以客户为中心的企业文化,构建稳固的客户关系网络

酒店客户关系管理的核心在于以客户为中心,这一理念不仅应深植于酒店管理者的心中,更应成为全体员工行动的指南。通过实施客户关系管理,酒店能够构建起一套完善的客户反馈机制,及时了解客户需求与期望,从而不断优化服务流程与产品设计,确保每一次服务都能精准满足客户的期望。以客户为中心的企业文化,能够激发员工的服务热情,增强团队的凝聚力与向心力,为酒店赢得更多忠诚客户,奠定坚实的基础。

在激烈的市场竞争中,拥有稳定的客户群体是酒店立于不败之地的关键。通过实施客户管理,酒店能够深入了解每一位客户的喜好、习惯与需求,为他们提供个性化、定制化的服务体验。个性化的关怀与服务,能够增强客户对酒店的归属感与忠诚度,促使他们成为酒店的忠实支持者。同时,满意的客户还会进行口碑传播,为酒店带来更多的新客户,从而构建起一个庞大的、稳固的客户关系网络。

(二)提升客户满意度与市场竞争力,保障客户资源的稳定性与可持续性

客户满意度是衡量酒店服务质量的重要标准之一。通过实施客户关系管理,酒店能够系统地收集并分析客户反馈,及时发现服务中的不足与短板,并采取相应的改进措施。这种持续改进的态度与行动,能够显著提升客户满意度与忠诚度,进而增强酒店的市场竞争力。此外,客户管理还能够帮助酒店精准定位市场目标,制定差异化的竞争策略,从而在激烈的市场竞争中脱颖而出。

销售人员的流动是酒店行业普遍存在的问题之一。这种流动往往伴随着客户资源的流失,给酒店带来不小的损失。通过实施客户关系管理,酒店能够将客户资源纳入统一的管理体系之中,确保即使销售人员离职,酒店客户资源也不会随之流失。客户稳定性与可持续性,为酒店的长远发展提供了坚实的支撑和保障。

(三)赢得口碑传播与品牌美誉度,增强员工归属感与忠诚度

在社交媒体高度发达的今天,口碑传播的力量不容忽视。一个满意的客户可能会通过社交媒体分享自己的美好体验,从而吸引更多的潜在客户关注酒店。而一个忠诚的客户则可能成为酒店的活广告,为酒店带来源源不断的客源。通过实施客户关系管理,酒店能够赢得客户的信任与好评,进而赢得口碑传播与品牌美誉度。这种无形的资产价值,是任何广告投入都无法比拟的。

员工是酒店服务质量的直接提供者,其归属感与忠诚度直接关系到酒店的服务品质与客户满意度。通过实施客户关系管理,酒店能够为员工创造一个和谐、稳定的工作环境,让他们在为满意和忠诚的客户服务的过程中体会到自身价值的实现。这种价值认同与成就感能够激发员工的工作热情与创造力,提升他们的归属感与忠诚度,从而为酒店赢得更多忠诚客户提供有力保障。

(四)促进价值创造与成本控制,提升业务运作效率与经营水平

忠诚客户是酒店价值创造的重要源泉,他们不仅愿意为酒店的产品和服务支付更高的价格,还能够为酒店带来持续的收益增长。通过实施客户关系管理,酒店能够深入挖掘忠诚客户的价值潜力,为他们提供更加优质、便捷的服务体验,从而激发他们的消费潜力与忠诚度。同时,客户管理还能够降低酒店的销售成本。通过培养稳定的客户群体,酒店可以减少在广告宣传、促销等方面的投入,从而降低整体营销成本。

客户关系管理系统的应用,为酒店带来了业务运作效率的提升。通过对客户信息资源的整合与共享,酒店内部不同部门之间能够实现无缝对接与协同作业,为客户提供更加及时、周到的服务。此外,客户关系管理系统还能够通过对客户价值的量化评估,帮助酒店精准识别高价值客户,将有限的资源投入到这些客户身上,实现资源的最优配置与利用。这种精准营销与精细化管理的方式,能够显著提升酒店的经营水平与营利能力。

(五)提供决策支持与战略规划,助力酒店突破营销瓶颈

客户关系管理系统不仅是酒店日常运营的工具,更是其战略决策的重要支撑。通过对客户信息和数据的深入分析,酒店能够及时了解市场动态与客户需求变化,为制定科学、合理的战略规划提供有力依据。同时,客户关系管理系统还能够为酒店的商业决策提供实时、准确的数据支持,帮助酒店管理者在复杂多变的市场环境中做出明智的决策选择。这种基于数据的决策方式能够显著提升酒店的决策效率与准确性,为酒店的持续发展保驾护航。

在当今竞争激烈的酒店业市场中,传统的营销手段往往难以突破固有的瓶颈,实现跨越式发展。客户关系管理系统的引入,为酒店开辟了一条全新的道路。该系统通过整合多种客户联系渠道,构建起一个全方位、多层次的客户服务网络,使得酒店能够迅速响应客户需求,为客户提供超越期待的服务体验。例如,某高端精品酒店通过其先进的CRM系统,能够准确记忆每位常客的入住偏好,从枕头软硬到房间朝向,无一不体现出个性化的关怀;另一家国际连锁酒店则以其敏锐的洞察力,提前在客房内为即将入住的贵宾准备了其喜欢的读物,让宾客人未至心已暖。这种统一且高效的客户联系渠道,不仅提升了酒店的客户服务能力,更成为其核心竞争力的重要组成部分。

酒店通过深入挖掘客户需求,制定个性化的服务策略,致力于构建长期稳定的客户关系。在以客户为中心的战略指导下,酒店不断优化服务流程,提升服务质量,确保每位客户都能感受到来自酒店的真诚关怀与独特价值。这种基于深厚客户关系和卓越客户服务能力的核心竞争力,使酒店在市场中脱颖而出,赢得了客户的广泛认可与信赖。更重要的是,客户关系管理系统还具备强大的数据分析能力,能够实时跟踪市场动态,为酒店提供精准的营

销决策支持。通过不断优化营销策略,酒店能够精准定位目标客户群体,实现精准营销,从而进一步提高市场占有率和品牌影响力。

(六)构建人工智能管理应用框架,引领酒店迈向人工智能新时代

随着人工智能技术的迭代深化,认知智能应用已成为酒店业数字化升级的核心引擎。酒店客户关系管理系统的构建,标志着传统服务模式向智能算法的范式跃迁,更是对人工智能时代的战略性融入。该系统通过建构基于深度学习的智能决策平台,将运营流程、服务触点与认知智能技术深度融合,实现了酒店管理的自适应优化、自动化决策与价值链重构。

在人工智能赋能的客户关系体系中,酒店可充分发挥机器学习优势,开展智能精准营销、自动化预订管理、认知型客户交互等全场景业务创新,大幅扩展服务维度和商业价值边界。通过深度学习驱动的客户画像更新与实时智能反馈系统,酒店能够构建动态服务调优机制,形成以客户体验为中心的服务进化闭环。这种高度契合智能时代的管理体系,使酒店在行业革新浪潮中保持战略主动权,构建起可持续发展的智能生态。

综观全局,客户资产运营是酒店数字化转型的根基,而人工智能深度赋能的客户关系管理,则构成酒店突破传统运营桎梏、实现认知智能跃迁的核心竞争力。依托智能化的决策中枢建设,酒店不仅锻造出前瞻性的智能服务体系与品牌核心竞争力,更将在未来智能时代的市场竞争中占据战略主导地位,开创商业价值持续增值的新范式。

12

拓展阅读 客户关系管理理论体系解构

一、客户关系管理的理论认知梳理

在学界与产业界的交叉研究中,客户关系管理系统的理论演进呈现出显著的分化特征。研究主体涵盖学术机构、行业实体及SAP、SAS、IBM等头部技术解决方案供应商,各主体基于其业务视角形成了多维度的概念诠释框架。现代CRM理论可归纳为三个基础认知维度。

(1)战略导向型认知框架。

Gartner Group的基础理论:确立企业级战略定位,主张通过客户差异化分析实现资源配置优化,构建以客户生命周期为轴心的业务流程再造模型,最终实现企业收益增值与客户价值提升的双向均衡。

管理哲学视角:突破传统营销的交易导向模式,建立以终身客户价值管理为核心的商业逻辑闭环,完成从短期收益获取向可持续价值创造的范式转移。

(2)技术架构型认知体系。

SAS的操作化定义:构建以数据挖掘技术为核心的客户维系系统,通过顾客行为数据的机器学习实现忠诚度的量化管理与预测分析。

Hurwitz&Associates的流程革新论:聚焦销售自动化(SFA)、营销流程优化

(MA)与服务智能化的数字化转型路径,建立智能决策支持系统。

Winer的模块化架构:设计包含客户行为数据库建设、分析引擎搭建、智能客户筛选系统、营销自动化(MA)平台、关系管理交互界面、个性化沟通系统及评估矩阵的七维技术框架。

(3)战略价值整合认知模型。

Chablo的系统集成观:提出"人员—流程—技术"三元融合模型,打造跨触点客户交互系统的整体架构。

Reinartz的价值创造论:构建包含战术层面(营销技术部署)与战略层面(股东价值增值)的双层理论体系,强调客户价值管理与股东价值提升的辩证统一。

现代理论发展路径:演变为跨职能战略协同系统,涉及客户知识图谱构建、价值共创机制设计、全渠道融合策略开发及超级体验(Hyper—experience)工程实施等关键创新维度。

二、客户关系管理的多维解析架构

从系统论视角审视,CRM呈现典型的复杂系统特征。

(1)纵向价值链条:涵盖战略规划层(决策框架)、运营管理层(项目全周期管理)和技术支撑层(智能系统部署)的三级落地体系。

(2)横向整合界面:贯通市场营销智能系统、销售预测分析平台、客户服务知识库及技术支持解决方案的协同运作网络。

(3)内核价值主轴:始终围绕"客户价值驱动"这一核心范式,通过"数据—技术—流程"的三元交互实现用户价值与企业效益的动态平衡。

第二节　酒店客户关系管理的发展历程

酒店开展客户关系管理,早期主要聚焦于提供基本的住宿与餐饮服务,客户体验的提升依赖于员工的个人素养与服务态度。随着市场竞争加剧,酒店业开始意识到深入了解客户需求的重要性,客户关系管理的概念逐渐兴起,酒店通过简单的客户档案记录,尝试为客户提供更为贴心的服务。

进入数字化时代,信息技术的飞速发展彻底改变了酒店客户关系管理的面貌。数据库管理系统、客户关系管理软件等工具的应用,使得酒店能够收集、分析并利用大量客户数据,实现精准营销与服务定制。社交媒体、移动应用的普及,更是为酒店与客户之间的实时互动搭建了桥梁,客户的声音得以更快地传达至管理层,而酒店也能在第一时间响应客户需求,优化服务体验。

近年来,随着大数据、人工智能等前沿技术的融入,酒店客户关系管理迈入了智能化时代。通过智能分析客户行为模式,预测客户需求,酒店能够主动提供超越期待的服务体验,进一步巩固客户关系,提升客户满意度与忠诚度。这一发展历程,不仅见证了酒店业服务质量的飞跃,也预示着未来更加个性化、智能化的客户管理时代的到来。

一、酒店客户关系管理的发展

酒店业作为服务行业的佼佼者,其发展历程中始终贯穿着对客户关系的重视与探索。酒店客户关系管理的产生,不仅是对传统服务理念的深化,更是对市场需求变化的敏锐捕捉与积极应对。其历史渊源深远,发展历程丰富多彩,深刻体现了酒店业在追求卓越服务道路上的不懈追求。

（一）历史渊源:从个性化服务到系统化管理的萌芽

回顾酒店客户管理的历史,我们可以发现其源头可以追溯到早期的个性化服务实践。在古代,贵族与商贾在旅途中寻求的不仅是住宿的便利,更是尊贵与舒适的体验。为了满足这些高端客户的需求,早期的客栈和旅馆开始注重提供个性化的服务,如定制餐食、安排行程等。这些举措虽然简单,却已蕴含了客户管理的初步思想——根据客户需求提供差异化的服务体验。

随着时间的推移,酒店业不断发展,市场竞争日益加剧,酒店管理者逐渐意识到,仅仅依靠个性化的服务已难以满足日益多样化的客户需求。因此,系统化、规范化的客户管理开始萌芽。20世纪中期,随着信息技术的兴起,酒店业开始尝试将计算机技术应用于客户信息管理,通过建立客户档案、分析客户偏好等方式,为客户提供更加精准和高效的服务。

（二）发展历程:从信息化到智能化的飞跃

进入21世纪,随着互联网的普及和大数据、人工智能等技术的快速发展,酒店客户管理迎来了前所未有的发展机遇。信息化成为这一时期的主要特征,酒店纷纷建立客户关系管理系统,通过收集、整理和分析客户信息,实现客户资源的有效整合与利用。这些系统不仅能够帮助酒店更好地了解客户需求,还能够预测客户行为,为酒店制定精准的营销策略提供有力支持。

随着技术的不断进步,酒店客户关系管理逐渐向智能化方向迈进。智能化系统能够自动识别客户身份、为客户推荐个性化服务、处理客户投诉等,极大地提升了客户体验和服务效率。同时,通过与其他智能设备的互联互通,酒店还能够为客户提供更加便捷、智能的住宿体验,如智能客房控制、语音助手服务等。

总之,酒店客户关系管理的产生与发展是酒店业在追求卓越服务道路上的必然产物。它历经从个性化服务到系统化管理的萌芽、从信息化到智能化的飞跃等多个阶段,不仅推动了酒店业服务水平的提升,也为酒店业在激烈的市场竞争中赢得了宝贵的竞争优势。未来,随着技术的不断进步和市场需求的变化,酒店客户关系管理将继续创新与发展,为酒店业的可持续发展注入新的活力。

二、酒店客户关系管理的发展动因

在当今竞争激烈的市场环境中,酒店业作为服务业的重要组成部分,其生存和发展越来越依赖于对客户资源的有效管理和利用。酒店客户关系管理的产生,是多种因素共同作用的结果。酒店对客户资源价值的重视、客户价值实现过程需求的拉动,以及数智技术的助推作用,是酒店客户关系管理的发展动因。

(一)酒店对客户资源价值的重视:管理理念的更新

1. 从"产品导向"到"客户导向"的转变

传统酒店业往往以产品为中心,注重酒店的硬件设施、服务质量等方面的提升,而忽视了客户需求的变化和差异。然而,随着市场竞争的加剧和消费者需求的多样化,这种"产品导向"的管理理念逐渐暴露出其局限性。越来越多的酒店开始意识到,只有真正了解并满足客户需求,才能在激烈的市场竞争中脱颖而出。因此,酒店业的管理理念逐渐从"产品导向"向"客户导向"转变,强调以客户为中心,关注客户体验和价值实现。

2. 客户资源的战略意义与价值被重新审视

在"客户导向"的管理理念下,酒店客户资源被赋予了前所未有的战略意义。客户资源不仅是酒店收入的主要来源,更是酒店品牌口碑、市场影响力的重要载体。一个拥有稳定且高质量的客户群体的酒店,能够在市场竞争中占据有利地位,实现持续稳定的增长。酒店开始将客户资源视为企业的核心资产之一,加强对客户资源的挖掘、整合和利用,以最大限度地发挥其价值。

3. 管理理念的更新推动客户关系管理的发展

管理理念的更新为酒店客户关系管理的产生提供了思想基础。随着"客户导向"理念的深入人心,酒店管理者开始重新审视传统的客户服务模式和管理方式,积极探索更加高效、精准的客户管理方法。他们意识到,仅仅依靠传统的客户服务手段已经无法满足现代客户的需求,必须借助先进的管理理念和技术手段来提升客户管理水平。管理理念的更新,直接推动了酒店客户关系管理的产生和发展。

(二)酒店客户价值实现过程:需求的拉动

1. 客户需求的多样化和个性化

随着社会经济的发展和人们生活水平的提高,消费者对酒店服务的需求也呈现出多样化和个性化的趋势。不同的客户群体在年龄、性别、职业、文化背景等方面存在差异,对酒店服务的需求也各不相同。酒店需要深入了解客户需求,提供个性化的服务方案,以满足客户的独特需求。这种客户需求的多样化和个性化,直接推动了酒店客户管理的产生和发展。

2. 客户价值实现过程的复杂性

客户价值的实现是一个复杂的过程,涉及多个环节和多个方面。从酒店客户入住前的预订、咨询,到入住期间的服务体验、问题解决,再到离店后的反馈收集、客户关系维护等,每一个环节都影响着客户对酒店的满意度和忠诚度。因此,酒店需要建立一个完善的客户关系管理体系,确保客户价值在各个环节都能得到有效实现。客户价值实现过程的复杂性,也推动了酒店客户管理的产生和发展。

3. 客户需求变化的快速响应能力

市场环境的变化和消费者偏好的变化往往非常迅速,酒店需要具备快速响应客户需求变化的能力。通过客户关系管理系统的建立和应用,酒店可以实时跟踪客户需求的变化趋势,及时调整服务策略和产品组合,以满足客户的最新需求。这种快速响应客户需求变化的能力,不仅提升了客户的满意度和忠诚度,也为酒店赢得了更多的市场份额和竞争优势。

(三)数智技术的助推器作用:酒店CRM数智化

1. 数智技术的快速发展

数智技术的快速发展为酒店客户关系管理的产生提供了技术支撑。随着互联网、大数据、人工智能、元宇宙等技术的不断成熟和应用,酒店可以更加便捷地收集、整理和分析客户信息,实现客户资源的精准管理和高效利用。同时,数智技术还促进了酒店服务流程的自动化和智能化,提高了服务效率和质量。

2. 客户关系管理系统的兴起

客户关系管理(CRM)系统是酒店客户管理的核心工具之一。通过CRM系统的建立和应用,酒店可以实现对客户信息的全面整合和管理,包括客户基本信息、消费记录、偏好分析等多个方面。同时,CRM系统还可以提供智能化的客户服务支持,如自动回复客户咨询、智能推荐服务方案等。这些功能的应用,不仅提升了客户的满意度和忠诚度,也为酒店带来了更多的商业机会和利润增长点。

3. 数据驱动的决策支持

拓展阅读

客户关系管理服务行业发展现状及趋势分析

信息技术的另一个重要作用是提供数据驱动的决策支持。通过收集和分析客户数据,酒店可以深入了解客户需求和市场趋势,为制定精准的市场营销策略和服务策略提供有力支持。同时,数据驱动的决策还可以帮助酒店优化资源配置和服务流程,提高运营效率和营利能力。这种基于数据的决策支持方式,使得酒店的管理更加科学化和精细化。

酒店对客户资源价值的重视、客户价值实现过程需求的拉动,以及数智技术的推动是酒店客户关系管理发展最为关键的三个因素。这些因素相互关联、相互促进,共同推动了酒店客户关系管理的产生和发展。未来,随着市场环境的不断变化和技术的不断进步,酒店客户关系管理将继续创新和发展。

第三节　酒店客户关系管理的目标与内容

在深入探讨如何规划并执行高效的客户关系管理策略时,我们亟须从多维度、深层次去剖析酒店业面临的复杂环境与挑战。不仅需要对酒店内部运营现状与管理能力进行全面审视,更需要对外部市场动态需求与激烈竞争态势进行敏锐洞察。

一、酒店客户关系管理的主要目标

在筹划并执行客户关系管理策略之际,酒店应深刻洞察构建CRM系统的根本动机是源于市场竞争中对手已有效运用CRM策略带来的压力,还是旨在自主强化客户服务的效能与质量。这些核心考量在启动CRM项目之前必须得到清晰界定与解答。唯有明确CRM系统引入的初衷,方能量身定制符合酒店特色与需求的CRM目标,确保策略的有效性与针对性。

(一)内部运营现状与管理能力的自我评估

1.运营现状的精细化分析

首先,酒店需对自身运营现状进行细致入微的分析,包括但不限于客房入住率、餐饮服务满意度、会议与宴会设施利用率、员工效率与满意度等多个维度。通过数据分析工具,如BI(商业智能)系统,酒店可以直观地看到各项运营指标的表现,识别出强项与弱项,为后续的策略制定提供数据支撑。

2.管理能力的自我审视

管理能力是酒店实现持续发展的关键,这包括组织架构的合理性、管理流程的顺畅度、团队协作的效率以及领导力水平等。酒店应定期进行内部审计与评估,检查是否存在管理瓶颈或冗余环节,并通过培训、引进先进管理理念等方式不断提升管理团队的综合素质和应变能力。

(二)外部市场动态需求与竞争态势的精准把握

1.市场需求的变化趋势

随着旅游市场的不断成熟和消费者偏好的日益多样化,酒店需密切关注市场动态,包括旅游热点地区的转移、消费者行为的变化以及新兴旅游群体的崛起等。通过市场调研、社交媒体分析等手段,酒店可以及时了解客户需求的变化趋势,为产品和服务的创新提供方向。

2.竞争态势的全面分析

在激烈的市场竞争中,酒店还需对竞争对手进行全面分析,包括其市场份额、品牌知名度、价格策略、服务特色等。通过对比分析,酒店可以明确自身在市场中的定位,找到差异化的竞争优势,并制定相应的应对策略。

(三)CRM系统目标的定制化设定

在充分了解内外部环境后,酒店需根据自身实际情况,定制化设定CRM系统的目标。这不仅仅是一个技术工具的引入,更是对酒店整体经营策略的一次深刻调整。

1.明确核心驱动力

酒店设立CRM系统的核心驱动力可能多种多样,如应对市场竞争的紧迫需求、深化客户服务体验、提升运营效率等。在启动CRM项目之前,酒店必须清晰地界定这一核心驱动力,以确保后续工作的方向性和针对性。

2.细化目标体系

基于核心驱动力,酒店可以进一步细化CRM系统的目标体系。这些目标应具体、可衡量、可达成,并与酒店的整体经营战略紧密相连。例如,提升客户满意度可以细化为提高客户反馈的积极比例、缩短客户等待时间等具体指标;拓宽市场版图则可以设定为新市场开发数量、市场份额增长率等量化目标。

(四)客户关系管理核心目标的深度拓展

1.优化服务效率,提升客户满意度

客户管理策略的首要任务是优化服务效率,提升客户满意度。这要求酒店不仅要在硬件设施上做到尽善尽美,更要在软件服务上实现质的飞跃。通过CRM系统,酒店可以建立客户数据库,记录客户的偏好、习惯和需求等信息,为销售人员提供精准的客户画像。在此基础上,酒店可以为客户提供个性化的服务方案,如定制化房型推荐、专属礼遇等,从而提升客户的整体满意度和忠诚度。

此外,CRM系统还能为销售团队提供便捷的沟通渠道和工具,使他们能够迅速响应客户诉求,解决客户问题。这种高效、专业的服务体验将极大地增强客户对酒店的信任和依赖感,为长期合作奠定坚实基础。

2.拓宽市场版图,降低营销成本

在竞争激烈的市场环境中,拓宽市场版图是酒店实现持续增长的重要途径。CRM系统通过信息技术革新与多渠道业务模式(如电话、网络、社交媒体等)的结合,为酒店提供了强大的市场推广工具。通过精准的客户细分和分析功能,酒店可以制定更具针对性的营销策略和推广方案,减少盲目投入和浪费资源。

同时,CRM系统还能实现业务流程的高度自动化与信息共享,提升运营效率并降低人力成本。例如,通过自动化预订系统和客户服务中心的集成应用,酒店可以大幅减少人工操作并降低错误率;通过数据分析和预测功能的应用,酒店可以更加准确地预测市场趋势和客户需求变化,为决策提供有力支持。

3.稳固客户基础,驱动收入增长

稳固客户基础是酒店实现长期发展的重要保障。CRM系统通过汇聚多渠道客户信息并进行深度挖掘和分析,帮助酒店更好地理解客户需求和期望。在此基础上,酒店可以为客户提供更加个性化和贴心的服务体验,从而增强客户的满意度和忠诚度。同时,酒店还可以通过CRM系统实施会员制度和积分奖励计划等营销策略,吸引新客户并保持老客户的持续消费动力。

稳固的客户基础为酒店带来了稳定的收入来源和增长潜力。通过CRM系统的应用,酒店可以更加精准地把握市场机遇和客户需求变化,及时调整产品和服务策略以适应市场变化,同时也可以通过客户管理增加客户黏度。

二、酒店客户关系管理的主体与职能

在酒店运营的核心舞台上,客户关系管理扮演着至关重要的角色。客户关系管理的主体,即酒店管理团队和一线服务员工,他们不仅负责收集并分析客户信息,以洞察客户需求与偏好;更需设计并实施个性化服务方案,以增强客户体验感与忠诚度;通过精细化的策略与高效的执行力,致力于构建卓越的客户服务体系。

(一)酒店客户关系管理的主体:全员协同的深层解析

在当前酒店行业中,客户关系管理已远远超越了传统意义上的营销部门或前厅部门的职责范畴,这是一场深刻的企业文化变革,要求每一位员工都成为这场变革中的关键参与者。客户关系管理是一种系统性、动态化的管理策略,其核心在于"全员参与、全员努力",这一理念的深入实践,是酒店实现可持续发展、提升市场竞争力的关键所在。

1. 全员参与:构建以客户为中心的企业文化

酒店必须从根本上转变思维,将"以客户为中心"的理念深深植根于企业文化之中。这意味着,从高层管理者到基层员工,每个人都应深刻理解并认同这一理念,将其转化为日常工作的行为准则。员工通过定期的培训、分享会和案例分析,深刻理解客户体验的重要性,以及自己在其中扮演的角色。同时,建立激励机制,鼓励员工主动发现客户需求、解决客户问题,将客户满意度作为衡量工作成效的重要标准。

2. 跨部门协同:打破壁垒,形成合力

酒店客户关系管理并非孤立存在的环节,它贯穿客户从预订、入住、体验到离店的全过程,涉及前厅、客房、餐饮、财务、后勤等多个部门,实现跨部门的高效协同至关重要。酒店应建立跨部门的客户管理小组,定期召开协调会议,共享客户信息、讨论客户反馈,共同制定解决方案。此外,利用现代信息技术,如CRM系统、大数据分析工具等,实现酒店客户信息的集中管理和快速响应,确保各部门能够迅速、准确地为客户提供个性化服务。

3. 酒店客户接触点的精细化管理

客户与酒店的每一次接触,都是一次塑造品牌形象、提升客户满意度的机会。酒店需要对所有客户接触点进行精细化管理,这包括但不限于:酒店预订过程中的友好沟通、入住时的热情接待、客房服务的细致入微、餐饮体验的个性化定制、离店时的温馨送别等。制定标准化的酒店服务流程和个性化的酒店服务方案,确保每位客户在酒店的每一刻都能感受到被重视和尊重。

4. 技术赋能,提升客户管理效率

酒店应充分利用现代科技手段,如CRM系统、大数据分析、人工智能等技术,来辅助客户关系管理工作。CRM系统能够帮助酒店集中存储客户信息,实现客户档案的电子化、智能化管理;大数据分析能深入挖掘客户需求,预测客户行为,为酒店提供精准的市场营销策略;人工智能技术的应用,如智能客服机器人,能在很大程度上减轻员工工作负担,提升酒店客户服务的响应速度与质量。

5.持续改进与创新

酒店客户管理是一个不断循环、持续改进的过程。酒店应建立有效的客户反馈机制,及时收集并分析客户意见和建议,将酒店客户的声音转化为改进的动力。同时,鼓励员工提出创新性的服务方案,不断探索新的服务模式和技术手段,以更好地满足酒店客户需求、提升酒店客户体验。

(二)酒店客户关系管理的职能:深化与拓展

在重新定义酒店客户管理职能的过程中,不仅要巩固和提升传统的销售与公关职能,还要积极探索新的领域,以更加全面、深入地满足客户需求。

1.销售职能的深化

(1)精准制订营销计划。

在制订营销计划时,酒店应充分利用大数据和人工智能技术,对客户群体进行细分,分析不同酒店客户群体的消费习惯、偏好和需求,制定更加精准、个性化的营销策略。同时,根据市场变化和客户反馈,及时调整销售计划,确保营销活动的有效性和针对性。

(2)深化客户关系,构建忠诚体系。

与客户建立良好的协作关系,不仅仅是短期的合作,更是长期的情感联结。酒店应通过会员制度、积分奖励、专属礼遇等方式,构建完善的客户忠诚体系,增强客户黏度,提高客户复购率。同时,定期举办活动,如主题晚宴、节日庆典等,加深客户与酒店之间的情感联系。

(3)创新宣传方式,拓宽销售渠道。

在宣传推销方面,酒店应紧跟时代步伐,充分利用社交媒体、短视频平台等新兴媒体渠道,创新宣传方式,提高品牌曝光度和知名度。同时,拓宽销售渠道,与OTA平台、旅行社、企业客户等建立长期合作关系,形成多元化的销售网络。

2.公关职能的拓展

(1)塑造品牌形象,提升品牌价值。

公关职能的核心在于塑造和传播酒店品牌形象。酒店应通过精心策划的公关活动、媒体合作和社交媒体运营,展现酒店的独特魅力、文化底蕴和服务品质,提升品牌价值和影响力。同时,积极参与社会公益活动,履行企业社会责任,树立良好的社会形象。

(2)强化危机公关,维护品牌形象。

在面临突发事件或负面舆论时,酒店应迅速启动危机公关机制,采取有效措施控制事态发展,及时澄清事实真相,维护品牌形象和声誉。通过真诚的沟通、积极的回应和有效的解决方案,赢得公众的理解和支持。

(3)构建内外和谐环境,促进持续发展。

酒店应加强与员工、各部门和股东之间的沟通与合作,营造一个关系融洽、凝聚力强的工作氛围。通过员工关怀、团队建设和文化活动等措施,提升员工满意度与忠诚度,为客人提供更加优质的服务。酒店还要积极融入当地社区,参与社区活动,与社区居民建立良好的关系;同时,关注环境保护与可持续发展议题,树立负责任的企业公民形象。

三、酒店客户关系管理的内容

在迅速变化的酒店行业中,客户关系管理已从边缘策略跃升为驱动酒店持续成长与市场引领的核心引擎。它不仅关乎数据的收集与处理,更是一场围绕客户需求、体验与价值共创的深刻变革。

(一)客户调查:精准洞察,预见未来

客户调查是市场策略的起点。现代酒店由传统的统计模式逐步转向更为精细化和动态化的调查方式,力求深入捕捉客户内心的真实需求与反馈。

(1)多维度数据分析:通过大数据分析技术,整合线上线下数据资源,深入挖掘客户的消费习惯、行为模式及潜在需求。利用AI算法进行预测分析,揭示市场趋势,为产品创新与服务优化提供数据支撑。

(2)情感智能洞察:借助自然语言处理与情感分析技术,实时监控社交媒体平台上的客户评论与反馈,精准捕捉客户对产品、服务的情感倾向与满意度评价。这有助于酒店快速响应客户需求,及时调整服务策略。

(3)闭环反馈机制:构建完善的客户回访体系,通过定期问卷调查、电话访谈、面对面交流等多种形式,收集客户真实反馈。建立反馈处理与跟进机制,确保每一条建议都能得到重视与改进,形成客户管理的闭环。

(二)客户开发:从红海到蓝海的跨越

面对激烈的市场竞争,酒店需打破传统资源争夺的思维定式,转向以客户为中心的价值共创模式。这要求酒店在吸引新客户的同时,更加注重提升客户忠诚度与口碑传播。

(1)精准营销策略:基于客户画像,实施个性化、差异化的精准营销策略。利用邮件营销、短信推送、社交媒体广告等渠道,向目标客户群体精准投放优惠信息与服务推荐,提升营销效果与转化率。

(2)内容营销创新:通过创作高质量的内容(如博客文章、视频教程、社交媒体故事等),展现酒店独特的文化魅力、服务特色与专业知识。借助内容的力量,吸引潜在客户关注,增强品牌认知度与好感度。

(3)跨界合作与联盟:积极寻求与其他行业企业的合作机会,通过跨界合作、联合促销等方式拓宽客户来源渠道。同时,加入或创建行业联盟,共享客户资源与市场信息,共同抵御市场风险与挑战。

(三)客户信息管理:智能化数据库的构建与维护

客户信息管理是CRM系统的基石。一个高效、智能的客户数据库不仅能够实现客户信息的全面整合与快速检索,还能为市场细分、精准营销提供有力支持。

1. CRM系统升级与优化

引入先进的CRM软件平台,实现客户信息的自动化收集、处理与存储。通过系统定制与功能拓展,满足酒店特定的业务需求与管理要求。同时,定期对系统进行维护与升级,确保其稳定运行与数据安全。

2. 数据清洗与去重

建立定期的数据清洗与去重机制,确保客户数据库的准确性与一致性。通过技术手段识别并删除重复、无效或错误的数据记录,提高数据质量与分析结果的可靠性。

3. 智能分析与决策支持

利用BI(商业智能)工具对客户数据进行深度挖掘与分析,揭示数据背后的隐藏规律与潜在价值。通过可视化报表与数据分析报告,为管理层提供决策支持与战略指导。

(四)客户服务管理:超越期待的体验之旅

客户服务是酒店赢得客户信任与忠诚的关键所在。通过提供超越客户期望的服务体验,酒店能够塑造独特的品牌形象与口碑效应。

1. 个性化服务定制

利用CRM系统记录客户的偏好、习惯与特殊需求等信息,为客户提供个性化的服务体验。从定制化房型、专属礼遇到个性化推荐等各个方面入手,让客户感受到无微不至的关怀与尊重。

2. 多渠道服务覆盖

建立多渠道客户服务体系,确保客户在任何时间、任何地点都能获得及时、专业的服务支持。通过电话客服、在线客服、社交媒体客服等多种渠道,实现客户服务的无缝衔接与全面覆盖。

3. 服务创新与优化

不断探索新的服务模式与技术手段以提升服务效率与质量,如引入智能客房系统实现客房自动化控制与管理;推出自助入住服务和自助退房服务来减少客户等待的时间;利用AR/VR技术为客户提供沉浸式体验等。

(五)客户促销管理:精准触达,高效转化

在客户促销管理中,酒店不仅需要设计吸引人的促销策略,还需要确保这些策略能够精准地触达目标客户群体,实现高效转化,并在客户心中留下持久的正面印象。

1. 定制化促销方案

利用CRM系统中的客户画像数据,为不同客户群体设计定制化的促销方案。例如,对于入住频率较高的商务旅客,可以提供累积住宿积分兑换客房升级项目或机场接送服务;而对于家庭游客,则可以推出家庭套餐或儿童免费入住等优惠。这种个性化的促销方式能够

更好地满足客户的特定需求,提高促销活动的吸引力。

2.多渠道协同推广

在数字化时代,酒店应充分利用各种数字渠道进行促销信息的传播。除传统的邮件营销和短信推送外,还可以利用社交媒体平台(如微博、微信、抖音等)进行内容营销和广告投放。通过短视频、直播、KOL合作等形式,将促销信息以生动有趣的方式呈现给潜在客户,增加曝光度和互动性。同时,酒店官网、APP等自有渠道也是不可忽视的推广阵地,通过优化页面设计、提升用户体验,引导客户完成预订流程。

3.动态调整与优化

促销活动的成功不仅取决于前期的策划与执行,更在于后期的评估与优化。酒店应建立促销效果评估体系,通过数据分析工具对促销活动的执行效果进行实时监测和评估,关注关键指标如点击率、转化率、投资回报率(Return On Investment,ROI)等,及时发现问题并调整策略。如果某个渠道的转化率较低,可以考虑调整投放策略或优化广告内容;如果客户对某项优惠的反馈不佳,可以考虑替换为更受欢迎的优惠方式。通过不断试错和优化,确保促销活动的持续有效性、保持酒店的市场竞争力。

4.客户忠诚度计划

除了短期的促销活动外,酒店还应建立长期的客户忠诚度计划以巩固客户关系并促进复购,通过积分制度、会员等级制度、专属优惠等方式激励客户持续消费并提升忠诚度。同时,加强与会员的沟通与交流,了解他们的需求和反馈,为他们提供更加贴心和个性化的服务体验。通过构建稳固的客户关系网络,酒店能够在激烈的市场竞争中保持领先地位并实现可持续发展。

客户促销管理是酒店提升销售业绩和市场份额的重要手段之一。通过定制化促销方案、多渠道协同推广、动态调整与优化,以及客户忠诚度计划等策略实践,酒店可以精准触达目标客户群体并实现高效转化。同时,这些策略还有助于提升客户满意度和忠诚度,为酒店的长期发展奠定坚实基础。

思考与练习

1.酒店客户关系管理的内涵是什么?
2.酒店实施客户关系管理的意义有哪些?
3.酒店客户关系管理主要涉及哪些理论?
4.结合案例介绍酒店客户关系管理的发展历程。
5.酒店客户关系管理的主要内容与目标是什么?
6.简述酒店客户关系管理的主体与职能。

扫码看
答案

案例讨论

酒店业客户关系深度价值实现系统架构

一、系统性实施方法论框架

客户关系管理在酒店业态的落地遵循系统变革法则，需构建"战略—组织——技术"三螺旋演进机制。其价值实现遵循双轮驱动原则：既要建立全方位赋能支撑体系，又需构建可量化的价值转化链路。两个维度的协同进化构成完整的CRM实施生态系统。

二、支撑体系工程化建设路径（六维赋能支撑模型）

（一）理念重构层

核心价值轴：构建客户主权思维范式，通过服务蓝海战略实现客户生命周期价值（CLV）管理转型。

文化革新度：开展"全员客户官"意识塑造工程，将客户中心主义融入组织DNA。

（二）战略定位层

制定客户数字化战略导航图（CRM Roadmap），包含3—5年战略目标矩阵与季度里程碑计划。

实施技术适用性评估模型，建立"技术采纳—业务适配"的对应关联矩阵。

（三）组织激活层

建构三大中心：客户数据中台（统一数据治理标准）、流程再造中心（业务—技术对接枢纽）、体验设计室（客户旅程优化主体）。

配套制度体系：设立《CRM变革管理章程》、制定《数据运营合规手册》、推行《敏捷服务迭代制度》。

（四）能力培育层

打造三阶人才培养体系：包括战略层（CXO数字化领导力工作坊）、战术层（业务中台技术赋能集训）、操作层（智能工具应用认证体系）。

组织心智改造双引擎：流程敏捷性训练、数字文化渗透工程。

（五）引擎驱动层

设计四维激励网络：财务激励（KPI价值分享）、荣誉激励（数字化转型勋章）、成长激励（数据科学家晋升通道）、组织熵减激励（动态流程优化奖励）。

（六）效能监测层

构建双环控制系统：①实时监测层（数字化看板系统）—客户活跃度指数—流程数字化率；②评估优化层（季度成熟度诊断）—采用CMMI五级评估模型—实施PDCA螺旋优化。

三、价值转化体系构建策略（客户价值转化漏斗）

（一）功能模块定位矩阵

业务架构模块：包括智能流程引擎（SPE）、全渠道交互中枢。

数据智能模块：包括客户画像生成器、动态需求预测算法。

（二）效能转化实现机制

服务价值倍增点：流程重构增益（实施端到端自动化将服务响应时长压缩）、沟通颗粒度优化（全渠道客户接触点应答效率提升）。

经营价值放大器：智能推荐系统使交叉销售成功率提升、通过预测式维护减少客户流失风险、机器学习算法驱动营销成本下降。

（三）系统集成耦合效应

建立双向反馈机制：提升支撑体系成熟度等级，提高价值转化率。

关键增值公式：数字化敏捷性×客户知识资产＝持续获客能力。

四、系统整合实践准则

成功地实施"三螺旋耦合模型"，包括架构适配度（支撑体系与组织肌理匹配）、能力成熟度（技术采纳与人才储备同步）、价值可视化（收益指标与客户感知双验证）。

拓展阅读

客户关系管理
在酒店业中的
实施途径

第二章

酒店客户关系管理团队建设

学习目标

1. 掌握酒店客户关系管理团队成员的构成
2. 熟悉酒店客户关系管理团队成员应具备的素质与能力
3. 了解酒店客户关系管理团队所涉及的岗位及岗位能力要求
4. 理解"金钥匙"理念,了解"金钥匙"岗位职责

核心概念

大堂副理(Assistant Manager, AM)
宾客关系主任(Guest Relation Officer, GRO)
金钥匙(Les Clefs d'Or)
酒店客户经理(Clients Manager)
贴身管家(Butler)

随着全球化进程的加速和消费者需求的日益多样化,酒店不再仅仅是提供住宿服务的场所,更是一个集休闲、商务、文化体验于一体的综合服务平台。构建高效、全面的客户关系管理团队,是提升酒店核心竞争力的关键所在,更是实现可持续发展和长期营利的战略选择。

第一节 酒店客户关系管理团队概述

酒店客户关系管理团队致力于通过酒店客户日常预订、入住、退房等流程管理,深入到个性化服务、数据分析、客户关系维护等多个层面,通过精细化管理和创新服务模式,为每位宾客打造独一无二的住宿体验。

一、酒店客户关系管理团队构成

酒店客户关系管理团队成员,通过深度挖掘客户需求、为客户提供个性化服务、强化客户关怀等方式,有效减少客户流失,逐步增强客户的归属感和忠诚度,为酒店带来良好的市场口碑和品牌效应,构建起稳定且持续增长的客源基础。

酒店客户关系管理是一种系统性、动态化的管理策略,其核心在于"全员参与、全员努力"。酒店客户关系管理团队成员,主要包括大堂副理与宾客关系主任、礼宾服务人员、酒店客户经理、贴身管家。此外,市场销售部、房务部、餐饮部、康乐部、保安部的一线服务员工也是客户关系管理的参与者,他们通过精细化的策略与高效执行力,共同构建卓越的客户服务体系。

二、客户关系管理人员的素质与能力

客户关系管理人员扮演着至关重要的角色,是客户与酒店之间的桥梁和纽带,更是酒店服务质量的守门人和提升者。酒店客户关系管理人员的专业素养、职业素养、领导力与团队协作能力、创新能力与适应性,共同构成了支撑酒店客户管理体系稳固运行的坚实框架,以确保酒店客户管理体系的顺畅运行和持续优化。

(一)专业技能:奠定服务卓越之基

1.客户服务能力:心灵的触碰与超越

酒店客户关系管理人员的首要任务是构建连接酒店与客户的情感桥梁。他们需要具备一种近乎直觉的客户服务意识,能够敏锐捕捉客户微妙的情绪变化与潜在需求。这种能力不仅体现在日常的微笑与问候中,更体现在他们能够耐心倾听每一位客户的声音,无论是关于房间的细微调整,还是对酒店服务的独特见解。通过积极回应与灵活应对,酒店客户关系管理人员让每一次服务都成为与客户之间的心灵触碰,从而创造出超越客户期望的服务体验。

酒店客户关系管理人员在具体实践中需具备高度的情绪智力,能够在紧张或冲突的情况下保持冷静与耐心,用真诚与理解化解客户的疑虑与不满;具备快速学习的能力,不断吸收新知识、新技能,以应对日益复杂多变的客户需求。

2.沟通技巧:语言的艺术与心灵的共鸣

沟通,是连接人与人之间的纽带,也是酒店客户关系管理人员必备的专业技能之一。有效的沟通不仅能够确保信息传递的准确无误,更能在无形中增加客户对酒店的信任与好感。酒店客户关系管理人员应掌握多样化的沟通技巧,如清晰表达、积极倾听、非言语沟通等,以适应不同性格、不同文化背景的客户需求。

清晰表达,意味着酒店客户关系管理人员能够用简洁明了的语言向客户传达信息,避免误解与混淆。积极倾听,则是让客户感受到被尊重与重视的重要方式。通过认真倾听客户的意见与建议,酒店客户管理人员能够更准确地把握客户的真实需求,从而提供更加贴心的服务。此外,非言语沟通同样不可忽视。一个微笑、一个眼神、一个手势,都可能在无形中拉近与酒店客户之间的距离,建立起情感联系。

在跨文化沟通方面,酒店客户关系管理人员还需具备对不同文化背景的敏感性和包容性,需要掌握多种沟通技巧和跨文化沟通能力,了解并尊重不同国家和地区的文化习俗与价值观,避免在沟通中因文化差异而产生误解或冲突,以确保信息传递的准确性和高效性。通过不断学习与实践,酒店客户关系管理人员将成为跨文化沟通的桥梁,让每一位来自世界各地的客户都能感受到酒店如家般的温暖与舒适。

3.数据分析能力:洞察未来的智慧之眼

在大数据时代背景下,数据分析能力已成为酒店客户关系管理人员尤其是管理岗位人员不可或缺的技能之一。通过对客户行为数据的深入挖掘与分析,酒店客户关系管理人员能够揭示出隐藏在数据背后的客户需求与市场趋势,为酒店的营销策略与服务方案提供有力的数据支持。

酒店客户关系管理人员需掌握数据分析工具与方法,如数据挖掘、统计分析、预测模型等,以实现对客户行为数据的全面分析与解读。通过分析客户的消费习惯、偏好、满意度等数据指标,能够精准定位目标客户群体,制定个性化的营销策略与服务方案。同时,凭借对数据的敏锐洞察力与判断力,能够及时发现数据中的异常与趋势变化,为酒店的决策制定提供及时、准确的参考信息。更为重要的是,将数据转化为实际行动的能力,能够将数据分析结果与酒店的实际运营相结合,提出切实可行的改进方案与措施,推动酒店服务品质的持续提升与优化。

(二)职业素养:驱动卓越服务品质的内核

1.责任感:客户满意度的守护神

责任感是酒店客户关系管理人员职业素养的核心要素之一。酒店客户关系管理人员需将客户的满意度与忠诚度视为自己的首要任务与使命。在日常工作中,他们应时刻保持高度的警觉与专注力,密切关注客户需求的变化与反馈情况。无论是对客户的投诉与建议,还是对潜在的问题与隐患,他们都应积极主动地去寻求解决方案并确保问题得到及时、有效的处理。

酒店客户关系管理人员需时刻牢记自己是酒店形象的代表与传承者,言行举止都直接关系到客户对酒店的印象与评价,需时刻保持高度的自律性与规范性,展现出酒店专业、优质、贴心的服务形象。这种责任感不仅体现在对客户的关注与关怀之中,更体现在对酒店品牌的维护与传承之中。

2.同理心:情感共鸣的桥梁

同理心是建立深厚客户关系的关键所在。酒店客户关系管理人员应能够站在客户的角度思考问题,理解客户的情感与需求,从而为客户提供更加贴心、个性化的服务体验。这要求酒店客户关系管理人员具备较高的情感智力与较强的同理心,能够敏锐地捕捉到客户的情绪变化与心理需求,并据此调整自己的服务策略与方式。

在具体实践中,酒店客户关系管理人员可以通过倾听、询问、观察等方式深入了解客户的真实需求与期望。在沟通过程中应保持耐心与理解,尊重客户的意见与建议,并积极寻求双方都能接受的解决方案。通过展现对客户的真诚关怀与深刻理解,酒店客户关系管理人员可以与客户建立起深厚的情感纽带,进而增强客户对酒店的信任度和忠诚度。

3. 解决问题的能力:化解难题的智者与勇士

在酒店客户关系管理工作中,面对各种复杂多变的问题和投诉是不可避免的。这时,酒店客户关系管理人员需要展现出强大的问题解决能力,以冷静、客观的态度快速找到问题根源,并提出切实可行的解决方案。

首先,酒店客户关系管理人员需要具备扎实的专业知识和丰富的实践经验,以便能够准确判断问题的性质与严重程度。在此基础上,还需运用逻辑思维和创造性思维对问题进行深入分析,找出问题的根源所在。

其次,酒店客户关系管理人员需要具备良好的沟通能力和协调能力。他们需要与客户保持密切的沟通联系,及时了解客户的诉求与期望;同时,还需与其他部门或团队进行有效的协作与配合,共同制定解决方案并推动其实施。这种跨部门、跨团队的协作能力对于快速解决问题、提升客户满意度至关重要。

最后,酒店客户关系管理人员还需具备持续跟踪与反馈的意识。他们需要对解决方案的实施过程进行密切跟踪与监督,确保问题得到圆满解决;需要及时收集客户的反馈意见与建议,实施闭环管理,提升问题解决效率与质量,以便对服务流程和服务模式进行持续优化与改进,不断增强客户对酒店的信任与满意度。

（三）领导力与团队协作:铸就高效团队之柱

1. 激励团队:点燃团队激情的火花

酒店客户关系管理人员需要具备发现并认可团队成员优点与成就的能力。领导力与团队协作不仅是推动客户关系管理体系前行的引擎,也是塑造企业文化、激发团队潜能的关键所在。在管理岗位上的酒店客户关系管理人员,应善于观察团队成员尤其是一线员工的工作表现与成长进步,及时给予肯定与表扬。同时,还需通过设立合理的激励机制与奖励制度来激发团队成员的积极性和创造力。

在具体实践中,酒店客户关系管理人员可以通过组织团队建设活动、开展技能培训与分享会等方式来增强团队凝聚力与协作能力,还可以通过设立"月度之星""年度最佳员工"等奖项来表彰优秀团队成员的杰出表现与贡献。这种正向激励的方式,能够增强团队成员的归属感和自豪感、工作热情与创造力,为酒店培养出高素质、高效率的客户关系管理团队,共同推动客户关系管理体系的持续优化。

2. 跨部门协作:打破壁垒的钥匙

酒店客户关系管理体系的顺畅运行离不开各部门之间的紧密协作与配合。酒店各部门之间可能存在着信息孤岛和沟通壁垒,客户关系管理人员作为连接各部门的桥梁和纽带,需要具备良好的跨部门沟通能力和协作精神,打破壁垒实现资源的共享与整合。

首先,酒店客户关系管理人员需要深入了解各部门的职能与工作流程。通过主动沟通与交流了解各部门的实际情况和需求,建立起相互信任与尊重的关系,消除部门之间的隔阂与误解,为相互协作打下坚实的基础。

其次,酒店客户关系管理人员需要建立有效的跨部门沟通机制。通过定期组织跨部门会议、建立信息共享平台等方式促进各部门之间的信息交流与共享。在会议中,可以邀请各部门代表就客户问题、服务流程等进行深入讨论以共同寻求解决方案。通过信息共享平台实时更新客户动态、服务进展等信息,确保各部门能够及时掌握最新情况并做出相应调整。

此外,酒店客户关系管理人员还需要具备高度的协作精神和团队意识,将酒店的整体利益放在首位,以客户为中心开展各项工作。在面对客户问题时,主动站出来协调各部门之间的关系共同制定解决方案并推动其实施。通过跨部门协作,增强各部门之间的协同效应为酒店创造更大的价值。

(四)创新能力与适应性:把握时代脉搏的制胜策略

在快速变化的市场环境中,创新能力和适应性是酒店客户关系管理人员不可缺少的重要素质。酒店客户关系管理人员需要敢于尝试新方法、新技术,不断优化服务流程和服务模式,以满足客户日益增长的个性化需求。同时,酒店客户关系管理人员还需要具备强大的适应能力以迅速应对市场变化、技术革新以及客户需求的变化,确保酒店客户管理体系的持续有效运行。

1.创新能力:驱动服务升级,引领行业潮流

面对激烈的市场竞争和不断变化的客户需求,酒店客户关系管理人员需要时刻保持敏锐的市场洞察力和前瞻性的战略眼光。酒店客户关系管理人员应该密切关注行业动态和技术发展趋势,积极探索新的服务模式和服务手段,以满足客户的多元化需求。酒店客户关系管理人员可以尝试运用大数据、人工智能等先进技术对客户需求进行深度挖掘和分析以便提供更加精准、个性化的服务体验;还可以借鉴其他行业的成功经验,将其融入酒店客户管理体系进而创造出具有特色的服务模式和服务品牌。

酒店客户关系管理人员还需要具备勇于尝试、敢于创新的精神品质。酒店客户关系管理人员应该敢于突破传统思维模式的束缚,敢于挑战现有的服务流程和服务模式。在创新过程中他们可能会遇到各种困难和挑战,但正是这些困难和挑战才能激发酒店客户关系管理人员的创造力和想象力,让他们不断突破自我,实现服务质量的飞跃式提升。

2.适应性:灵活应变,拥抱变化

在充满不确定性的商业环境中,酒店客户管理人员需要具备强大的适应能力以迅速应对各种变化和挑战。酒店客户关系管理人员应该保持敏锐的洞察力,时刻关注市场动态和客户需求的变化;同时他们还需要具备灵活的思维方式和果断的决策能力,以便在关键时刻

迅速做出正确的决策。

为了提升适应能力,酒店客户关系管理人员需要不断学习新知识、新技能以适应不断变化的市场环境和技术趋势。他们可以通过参加培训、阅读书籍、交流学习等方式不断拓宽自己的知识视野和思维边界;同时他们还需要时刻保持警惕,密切关注外部环境的变化,并能够在第一时间做出反应,灵活调整工作策略和方法,确保客户管理体系的稳健运行。酒店客户关系管理人员不仅要能够快速适应市场和技术的变化,更要能够深入理解客户需求的变化趋势,为客户提供更加贴心、周到的服务,从而使客户对酒店产生深厚的信任和较高的忠诚度。

总而言之,酒店客户关系管理团队建设和优化是一项系统工程。酒店客户关系管理人员只有具备扎实的专业技能和职业素养,拥有卓越的领导力和团队协作能力,以及强大的创新能力和适应能力,酒店才能够在激烈的市场竞争中立于不败之地,为客户提供更加优质、个性化的服务体验,实现可持续发展和长期繁荣。

典型案例　　　　如家连锁酒店的客户关系管理策略

如家连锁酒店作为国内知名的经济型酒店品牌,一直致力于为客人提供干净、舒适的住宿体验。为了进一步提升客户满意度和忠诚度,如家实施了全面的客户关系管理策略。

(1)标准化服务流程:如家酒店通过制定标准化的服务流程,确保每一位客人都能享受到一致且高质量的服务。从预订、入住、退房到后续回访,每一个环节都有明确的操作规范和标准。

(2)客户反馈机制:如家酒店建立了多渠道的客户反馈机制,包括在线评价、电话回访、问卷调查等。定期收集和分析客户反馈,了解客户对酒店服务的满意度和改进建议。

(3)个性化关怀:对于常客和VIP客户,如家酒店提供个性化的关怀服务,如生日祝福、节日问候、专属优惠等。通过这些关怀措施,增强客户的归属感和忠诚度。

(4)技术支持:如家酒店利用先进的信息技术平台,对客户数据进行深度挖掘和分析。通过数据分析,酒店能够更精准地了解客户需求和市场趋势,为服务优化和产品创新提供有力支持。

经过上述努力如家酒店的客户关系管理策略取得了显著成效,客户满意度和忠诚度持续提高。酒店在市场上的竞争力不断增强,品牌影响力进一步扩大。

(资料来源:百度文库《如家酒店客户关系管理》。)

第二节　大堂副理与宾客关系主任

在高端酒店的日常运营中,大堂副理(Assistant Manager, AM)与宾客关系主任(Guest Relations Officer, GRO)是两个至关重要的职位,他们不仅是酒店形象的直接展现者,更是客户体验与满意度的守护者。这两个角色以其独特的定位和能力要求,确保每一位宾客都能享受到超越期待的服务体验。

一、大堂副理

(一)大堂副理的角色定位

1.酒店形象代表与危机处理者

大堂副理是酒店的一张活名片,无时无刻不在向外界展示着酒店的品质与格调。大堂副理以一身笔挺的西装、温文尔雅的微笑迎接贵宾,不仅是对宾客的尊重,更是对酒店品牌价值的无声传递。他们不仅关注个人形象的完美呈现,更擅长从宾客的细微表情中捕捉需求,用一句恰到好处的问候或是一个贴心的指引,让宾客瞬间感受到家的温暖。

在危机处理方面,大堂副理更是展现出了非凡的应变能力和专业素养。例如,一场突如其来的暴雨导致酒店门口积水严重,影响了宾客的出入。大堂副理立即启动应急预案,一方面协调安保人员设置临时通道,确保宾客安全通行;另一方面,亲自为每位受影响的宾客撑伞,并致以诚挚的歉意,奉上一杯热茶,有效缓解了宾客的不满情绪,将一场潜在的公关危机化解于无形之中。

2.客户服务的直接监督者

作为客户服务的直接监督者,大堂副理深知服务质量对于酒店的重要性。他们不仅关注前台接待的礼貌用语、客房预订的准确无误,更深入到服务的每一个细节之中。例如,一位外籍宾客因语言不通在办理入住手续时遇到了困难,大堂副理及时介入,用流利的英语与宾客沟通,不仅协助宾客顺利完成了入住手续,还根据宾客的喜好提前布置了房间,让宾客惊喜不已。

为了持续提升服务质量,大堂副理还会定期组织团队成员进行服务技能培训,包括礼仪规范、沟通技巧、应急处理等多个方面。通过模拟真实场景进行演练,让团队成员在实践中学习成长。同时,他们还建立了完善的绩效评估体系,对每位员工的服务表现进行客观评价,并据此制订个性化的提升计划,确保整个前台及客服团队能够始终保持高水准的服务质量。

（二）大堂副理的能力要求

1. 高度的服务意识与应变能力

大堂副理需具备强烈的服务意识，将宾客的需求置于首位，时刻准备为宾客提供超越期待的服务。同时，面对复杂多变的客户需求和突发情况，他们必须展现出高度的应变能力，迅速做出判断并采取有效措施，确保问题得到妥善解决。

2. 卓越的沟通协调与决策能力

作为酒店内部的沟通桥梁，大堂副理需要与各部门紧密合作，确保信息的畅通无阻。他们需具备出色的沟通技巧，能够清晰、准确地传达信息，协调各方资源，以最快速度解决宾客问题。此外，在关键时刻，大堂副理还需展现出果断的决策能力，为宾客提供及时、有效的解决方案。

3. 精通酒店运营流程与标准

大堂副理需对酒店的各项运营流程、服务标准及政策法规了如指掌，以确保在提供服务时能够遵循规范，避免差错。他们还需不断关注行业动态，学习最新的服务理念和技术，以提升酒店的整体竞争力。

4. 强大的情绪管理与压力应对技巧

面对高强度的工作压力和复杂多变的客户情绪，大堂副理需具备良好的情绪管理能力，保持冷静、理性的态度，以平和的心态应对各种挑战。同时，他们还需掌握有效的压力应对技巧，如时间管理、放松训练等技巧，以确保在高强度的工作环境中保持高效的工作状态。

（三）大堂副理的工作职责

1. 大堂副理岗位说明书

大堂副理作为前厅经理或总经理的直接下属，负责管理宾客关系主任，并全面负责宾客服务与酒店形象维护。大堂副理主要职责及素质要求如表2-1所示。

表2-1　大堂副理岗位职责及素质要求

岗位职责	
投诉处理	代表酒店解决客人投诉，解答疑问，并向上级汇报服务质量问题，提出改进建议
纪律监督	检查员工纪律、着装及工作表现，确保酒店形象
宾客服务	提供全方位协助与服务，回答宾客咨询，维护大堂秩序与安全
环境检查	抽查清洁卫生及设备维护情况，保障酒店环境
紧急协调	处理宾客疾病、死亡等突发事件，确保快速响应
情感沟通	征求宾客意见，维护酒店声誉，处理冲突事件
宴会管理	确保宴会活动接待顺畅

续表

岗位职责	
例会参与	通报宾客投诉与员工违纪情况,提出管理建议
部门指导	协助前厅经理管理前台、预订等部门,处理日常问题
记录报告	详细记录值班事项,整理重要内容上报
安全协助	协助保安部处理异常情况
贵宾接待	代表总经理完成贵宾接待及临时任务
素质要求	
教育背景	大专以上学历,具备良好教育基础
工作经验	多年酒店前台管理经验,熟悉客房、前厅流程,略懂餐饮、工程及财务工作
外形气质	风度优雅,外在形象良好
应变能力	冷静沉着,能快速应对突发事件
人际沟通	开朗善谈,具备高超沟通技巧,能妥善处理各方关系
语言能力	至少掌握一门外语,表述清晰,表达流利
知识广度	了解公关、心理学、礼仪等知识,熟知城市底蕴及国际风尚
政策法规	熟悉国家及酒店政策规定
工作热情	高度的工作和服务热忱,礼貌得体

34

2. 大堂副理日常工作流程

(1) VIP接待流程。

抵店前准备:确认VIP信息,检查入住单、房间状态及接待准备。

抵店时接待:准确称呼并引领入住,介绍设施,提供个性化服务。

离店后工作:记录信息,更新档案,反馈接待情况。

(2) 客人投诉处理流程。

接受投诉:确认身份,记录详情,表示理解并致歉。

处理投诉:快速解决简单问题,复杂问题上报并跟进处理,及时反馈结果并再次致歉。

记录归档:详细记录投诉信息及处理结果,重大投诉需成文呈报前厅经理审核后,再交总经理批示。

(3) 住店客人生日服务。

大堂副理与宾客关系主任负责的流程包括,安排前厅夜班工作人员查询并上报相关信息、准备贺卡与蛋糕、适时祝贺宾客并询问其意见,同时确保所有细节被全程记录。

(4) 紧急事件处理。

房客生病/受伤:依病情联系医疗,协助就医,处理善后,对客人采取特殊措施。

自杀/死亡:立即报保安及总经理,封锁现场,视情况报警或通知医院,妥善安排后续事宜。

火灾:接警后迅速响应,协调各部门,确保安全撤离,必要时联系外部救援。

偷盗:及时报保安部,协助调查,记录详情,支持客人报案,酌情处理遗失物品。

员工意外:大堂副理在节假日代为处理并做好记录,次日转交相关部门。

二、宾客关系主任

(一)宾客关系主任的角色定位

在高端酒店业中,宾客关系主任(Guest Relations Officer,GRO)扮演着至关重要的角色,是酒店与宾客之间情感与服务的桥梁。GRO的定位是确保每一位宾客都能感受到宾至如归的温暖与尊贵,从而建立起酒店与宾客之间长期而稳定的信任与忠诚关系。作为大堂副理或值班经理的直接下属,GRO是酒店前台服务的核心,通过个性化服务和细致关怀,确保每位宾客都能享受到超越期待的住宿体验。

宾客关系主任岗位职责及素质要求如表2-2所示。GRO不仅是酒店形象的直接展示者,更是宾客体验的设计师与守护者。GRO工作贯穿宾客入住前、入住期间及离店后的每一个环节,旨在通过个性化的服务、高效的沟通与细致的关注,为宾客创造难忘且愉悦的住宿体验。

表2-2 宾客关系主任岗位职责及素质要求

岗位职责	
协助大堂副理或值班经理处理日常宾客事务	迎送宾客、解答咨询、处理投诉等
负责VIP宾客的接待工作	精心安排房间预留、布置到入住陪同、离店送别等
主动与宾客建立联系	通过礼貌电话、生日祝福、节日问候等方式增强与宾客的互动与联系
监督酒店各部门服务质量	确保宾客享受到高品质的服务体验
积极征求宾客意见与建议	收集宾客反馈,为酒店服务的持续改进提供有力支持
负责管理宾客档案	记录宾客的喜好、习惯等信息,为宾客提供更具个性化的服务
协助处理宾客的特殊需求与紧急情况	预订机票、租车、医疗援助等
参与酒店的市场营销活动	推广酒店优惠、组织宾客活动等,提升酒店品牌知名度
素质要求	
卓越沟通能力	能够清晰、准确地传达酒店的服务信息,同时耐心倾听宾客的需求与反馈,以营造良好的沟通氛围

续表

岗位职责	
敏锐洞察力与判断力	能够迅速识别宾客的潜在需求与不满,并采取相应的措施予以解决或缓解
高度的责任感	关注客户的需求和体验感,提供高品质的客户服务
团队合作精神	领导管理团队,分配任务、制订工作计划、培训指导团队成员
持续学习能力	具备快速学习和适应环境的能力,更新知识技能,适应行业变化
敏锐的市场洞察力	了解行业动态与宾客需求,提供更加贴心、个性化的服务

(二)宾客关系主任的新发展

随着酒店业的不断发展与宾客需求的日益多样化,宾客关系主任的角色也在不断创新与拓展。

一方面,GRO越来越注重利用数字化工具与平台来提升工作效率与服务质量。例如,通过酒店管理系统(PMS)实时跟踪宾客预订与入住情况,利用社交媒体与宾客保持互动与沟通,以及运用大数据分析来预测宾客需求与偏好等。这些数字化手段不仅提高了GRO的工作效率,也使他们能够更加精准地把握宾客需求以提供更具个性化的服务。

另一方面,GRO的角色逐渐从传统的服务提供者转变为宾客体验的创造者。他们不再局限于完成宾客的基本需求,而是更加注重通过创意与创新来打造独特的宾客体验。例如,在一些高端酒店中,GRO会根据宾客的兴趣爱好与特殊需求,为其量身定制个性化的旅游行程或活动安排;或者通过举办主题派对、文化沙龙等活动,为宾客提供更加丰富多元的社交体验。这些创新举措不仅增强了宾客对酒店的归属感与忠诚度,也提升了酒店品牌的市场竞争力。

此外,随着可持续旅游理念的深入人心,GRO在推动酒店绿色发展与社会责任方面也发挥着越来越重要的作用。他们积极参与酒店的环保项目与公益活动,倡导宾客共同参与到节能减排、保护环境的行动中来。通过这些努力,GRO不仅为宾客提供了更加健康、舒适的住宿环境,也为酒店赢得了良好的社会声誉与品牌形象。

典型案例 紧急处理精神异常客人事件

2017年10月31日,万圣节前夜的酒店大堂,本该是宾客欢聚、热闹非凡的场景,但一场突如其来的意外打破了这份宁静。晚上9点左右,大堂副理李明正在巡视大堂,准备迎接即将到来的万圣节派对客人。突然,一阵嘈杂声从不远处的后厅电梯口传来,引起了他的注意。

李明快步走向声源处,只见一名男子赤身裸体,站在电梯口,眼神空洞,口中不停地念叨着,声音时高时低,情绪异常激动。这一幕立刻引起了周围宾客的恐慌和好奇,场面一度失控。

面对这突如其来的紧急情况,李明迅速冷静下来,他首先示意保安员小张上前,用酒店准备的备用浴袍和毛毯将该男子轻轻包裹起来,避免其暴露于众目睽睽之下。同时,他安排另一名保安员引导周围宾客离开现场,维持秩序,避免事态进一步升级。

在将男子撤离至大堂一侧的休息区后,李明立即联系警方,并简要说明了情况。在等待警方到来的过程中,他迅速调取了酒店监控录像,通过画面比对和总台接待员小丽的回忆,确认了该男子的身份——902房间的王先生。

不久,警方赶到现场,对王先生进行了初步检查。在询问和观察后,警方初步判断王先生可能因过量吸毒以及过度沉迷于佛教信仰而引发了精神状态的异常。为了保障公共安全,警方决定将其带走进行进一步调查和处理。

在警方将王先生带走后,李明立即通知总台将该客人列入黑名单,并详细记录了整个事件的经过和处理结果。他深知,这样的突发事件对酒店形象和服务质量都是一次严峻的考验。因此,他迅速组织了一次紧急会议,与酒店各部门负责人共同讨论如何在入住前加强对客人的身份核实、背景调查以及对客人异常行为的监控,并如何增强酒店的应急处理能力……第二天,酒店再次恢复了往日的宁静与和谐。

(资料来源:百度文库《酒店大堂副理案例》。)

案例讨论

温馨回访,续写美好回忆

这天,凯宾斯基酒店的宾客关系主任刘云(May)女士留意到一位刚离店不久的家庭客人——李先生一家。他们带着孩子入住,本应是充满欢声笑语的旅程,却因房型选择的小插曲而略显遗憾。幸运的是,酒店团队迅速响应,不仅为他们更换了更为合适的房型,还精心准备了孩子所需的一切生活用品,让这个小插曲在他们的旅途中留下了温暖的记忆

为了确保客人对这次住宿体验满意,并收集宝贵的反馈意见,刘云女士决定亲自进行电话回访。她拨通了李先生的电话,电话那端传来了熟悉而亲切的声音。

"李先生,您好!我是凯宾斯基酒店的宾客关系主任刘云,非常感谢您及家人选择我们酒店作为您的旅行居所。我注意到您在入住期间遇到了一些小困扰,想了解一下您现在的感受以及对我们服务的整体评价。"刘云女士的话语温柔而诚恳。

李先生对刘云女士的回访感到意外又感动,他详细讲述了自己一家的入住经

历,特别是酒店如何迅速解决房型问题,并贴心提供儿童用品的细节。当谈到大床换双床产生的差价时,李先生原本以为这只是个小插曲,没想到刘云女士会主动提及并询问他的意见。

"真的非常感谢您的理解和支持,李先生。我们非常重视每一位客人的感受,关于您提到的大床换双床差价问题,经过我们酒店内部讨论,我们决定退还给您这部分差价,以表达我们对您此次住宿体验的歉意和重视。"刘云女士的话语中充满了真诚与尊重。

听到这一消息,李先生一家感到既惊喜又满意。他们没想到酒店会如此周到地考虑客人的感受,并给予实质性的补偿。李先生连连表示感谢,并称赞凯宾斯基酒店的服务不仅专业而且充满人文关怀。

"刘女士,您和您的团队真的让我感到非常温暖和舒心。下次出行,我们一定还会选择凯宾斯基酒店,我也会向朋友们推荐它。"李先生的话语中充满了信任与期待。

(资料来源:朱媛媛《凯宾斯基酒店客户关系管理的现状分析与改进路径》。)

案例思考题:

1.简述上述案例中的宾客关系主任是如何有效识别并快速响应宾客的特殊需求或不满。

2.在解决客户关系问题时,应该如何平衡标准化服务与个性化关怀?

3.如何进行有效的宾客回访,以收集反馈并提升服务质量?

4.如何构建和维护宾客的长期信任和忠诚度?

扫码
看答案

第三节　礼宾服务管理

礼宾服务不仅是酒店形象的窗口,更是连接酒店与宾客情感的桥梁。从宾客踏入酒店的第一步起,它便因其独特的魅力,悄然编织着一段段温馨而难忘的故事。本节将探讨礼宾服务的核心价值、服务人员应具备的素质要求,以及服务管理流程的精细化运作,旨在探讨如何在专业与细节并重的情况下,提供超越宾客期待的礼宾服务体验。

一、礼宾服务的核心价值

(一)塑造酒店第一印象

在心理学中,"首因效应"强调人们对他人的第一印象往往最为深刻且难以改变。对酒店而言,礼宾服务便是这至关重要的第一印象塑造者。当宾客踏入酒店大堂,迎面而来的是礼宾员温暖的笑容、专业的问候以及恰到好处的引导,这一切都在无声中展示着酒店的品牌理念和服务态度。一个精心设计的迎宾仪式,不仅能够让宾客感到被重视和尊重,还能瞬间激起他们对后续住宿体验的期待。

（二）提供个性化与便捷的服务体验

随着旅游市场的日益成熟,宾客已不再满足于基本的住宿需求,而是更加追求个性化和便捷性,礼宾服务正是实现这一目标的关键所在。通过深入了解宾客的喜好、需求乃至特殊需求(如无障碍设施、儿童托管等),礼宾员能够量身定制服务方案,确保每位宾客都能享受到独一无二的入住体验。同时,利用现代科技手段(如智能导览系统、在线预订平台等),还能极大地提升礼宾服务的便捷性,让宾客在享受个性化服务的同时,也能感受到科技带来的便利与舒适。

二、酒店"金钥匙"

服务品质是区分各酒店品牌、吸引并留住顾客的关键因素。随着旅游市场的不断成熟和消费者需求的日益多样化,宾客对于酒店服务的期待已远远超出了基本的住宿需求,追求的是一种超越常规的、个性化的奢华体验。正是在这样的背景下,"金钥匙"服务应运而生,以其独特的魅力和卓越的品质,成为酒店业中服务创新与品质提升的典范。

"金钥匙"服务,这一源自法国的高端服务理念,自诞生以来便以其独特的魅力和高标准的服务要求,赢得了全球宾客的广泛赞誉。它不仅仅是一种服务形式,更是一种生活态度的体现,代表着酒店对宾客无微不至的关怀与尊重。

（一）"金钥匙"概念起源与发展

1."金钥匙"的起源

"金钥匙"服务的起源可以追溯到20世纪初的法国巴黎。当时,一位名叫斐迪南·吉列的酒店礼宾司,为了向宾客提供更加贴心、便捷的服务,萌生了成立一个特别服务团队的想法。他将自己团队的成员称为"金钥匙",寓意着他们拥有开启宾客各种需求的"金钥匙"。这一理念迅速在巴黎的酒店业中传播开来,并逐渐得到了全球范围内的认可与推崇。斐迪南·吉列先生为"金钥匙"事业呕心沥血,是"金钥匙"组织的主要创始人,并被尊称为"金钥匙之父"。

2."金钥匙"在中国的兴起

随着时间的推移,"金钥匙"服务逐渐从法国走向全球,成为国际酒店业中不可或缺的一部分。不同国家和地区的酒店根据自身特点和市场需求,对"金钥匙"服务进行了本地化创新和融合,使其更加符合当地宾客的口味和习惯。如今,"金钥匙"服务已成为全球高端酒店品牌的标配之一,代表着酒店业中最高的服务标准和最优质的服务体验。

"金钥匙"服务在中国的兴起与发展,可追溯到20世纪90年代,由著名爱国人士霍英东先生倡导并引入广州白天鹅宾馆,标志着中国酒店业"金钥匙"服务的诞生。此后,在国家旅游局及协会领导的积极推动下,2000年中国旅游饭店业金钥匙专业委员会正式成立,将"金钥匙"服务纳入国家星级饭店标准之一。经过数十年的发展,中国"金钥匙"已成为全球唯一的网络化、专业化、个性化、国际化的品牌服务体系,致力于培养生活和旅途中最可信赖的人,其服务范围已覆盖全国330多个城市,覆盖3200多家高端服务企业,拥有超过5250名金钥匙会员,成为中国服务业的一大亮点。

(二)"金钥匙"服务的特点与优势

1.个性化服务

"金钥匙"服务的最大特点在于其个性化服务。每一位"金钥匙"成员都经过严格的选拔和培训,具备敏锐的观察力和良好的沟通能力。他们能够在与宾客的短暂交流中迅速捕捉到宾客的个性化需求,并据此提供量身定制的服务方案。无论是为宾客安排一场浪漫的烛光晚餐,还是为宾客预订一张一票难求的演出门票,"金钥匙"能以超乎想象的方式满足宾客的每一个细微需求。

2.一站式服务

"金钥匙"服务还以其一站式服务而著称。从宾客踏入酒店大门的那一刻起,"金钥匙"便成为宾客的私人助理和贴心伙伴。他们不仅负责宾客的入住手续、行李搬运等基本服务,还会主动为宾客提供旅游咨询、行程规划、购物指南等全方位服务。这种一站式服务模式极大地简化了宾客的旅行流程,让宾客能够全身心地享受旅行的乐趣。

3.高效与专业

"金钥匙"服务的另一个显著优势在于其高效与专业性。每一位"金钥匙"成员都具备丰富的行业经验和专业知识,能够迅速处理各种突发情况和复杂问题。无论是宾客的紧急求助还是特殊需求,"金钥匙"都能以最快的速度、最专业的态度为宾客提供解决方案。这种高效与专业的服务品质赢得了众多宾客的信赖和好评。

4.国际网络支持

"金钥匙"服务还拥有一个庞大的国际网络支持体系。这一网络由全球各地的"金钥匙"成员组成,他们通过共享资源、交流经验、互相支持等方式形成了一个紧密联系的共同体。当宾客在全球范围内的任何一家"金钥匙"酒店寻求帮助时,都可以享受到来自全球"金钥匙"成员的支持,这种跨国界、跨文化的服务支持让"金钥匙"服务更加具有吸引力和竞争力。

(三)"金钥匙"服务对酒店的影响与贡献

1.提升宾客满意度与忠诚度

"金钥匙"服务以其个性化、高效、专业的特点,极大地提升了宾客的满意度和忠诚度。当宾客在酒店中享受超出预期的服务时,他们会对酒店产生更加深厚的感情和认同感。这种正面的情感体验会促使他们把该酒店作为旅行或商务活动的首选之地,并为酒店进行口碑传播。

2. 塑造品牌形象与口碑

"金钥匙"服务作为酒店品牌形象的重要组成部分,对于塑造酒店的高端形象和良好口碑具有至关重要的作用。当宾客在社交媒体、旅游论坛等渠道上分享自己在"金钥匙"酒店中的美好体验时,这种正面的口碑传播会吸引更多的潜在宾客关注和选择该酒店。这种口碑效应对酒店的市场推广和品牌建设具有重要意义。

3. 推动酒店服务创新与升级

"金钥匙"服务所代表的高品质、个性化服务标准不断推动着酒店业的服务创新与升级。为了保持竞争力并满足宾客日益增长的需求,酒店需要不断借鉴"金钥匙"服务理念,探索新的服务模式和技术应用。例如,利用大数据和人工智能技术优化宾客体验、开发个性化旅游产品等。这些创新举措不仅提升了酒店的服务水平,也推动着整个酒店业的进步与发展。

"金钥匙"服务作为酒店业中服务创新与品质提升的典范,以其独特的魅力和卓越的品质赢得了全球宾客的广泛赞誉。在未来,随着旅游市场的不断发展和消费者需求的不断变化,"金钥匙"服务将继续发挥其引领作用,为宾客提供更加卓越的服务体验,推动酒店业向着更加个性化、高品质的方向发展。

三、礼宾服务的素质要求与管理流程

(一)礼宾服务人员的素质要求

1. 优秀的礼仪与形象

作为酒店的形象大使,礼宾员必须具备良好的礼仪素养和专业的形象展示,这包括得体的着装、整洁的仪表、优雅的举止以及恰到好处的肢体语言。在接待宾客时,礼宾员应始终保持微笑,用礼貌的语言和恰当的称呼与宾客交流,展现出酒店的专业与热情。此外,良好的个人卫生习惯和积极向上的精神面貌也是礼宾员不可或缺的品质。

2. 丰富的地理与文化知识

优秀的礼宾员不仅是酒店的服务者,更是宾客的旅行顾问。他们需要对所在城市的地理位置、交通状况、旅游景点、文化特色等有着深入的了解,为宾客提供中肯的出行建议和实用的旅游信息。同时,具备一定的国际视野和跨文化交流能力也是必不可少的,这有助于礼宾员更好地理解和满足来自不同国家和地区宾客的需求,促进文化的交流与融合。

3. 高效的问题解决与协调能力

在礼宾服务过程中,难免会遇到各种突发情况和问题。因此,礼宾员必须具备高效的问题解决能力和良好的协调能力。面对宾客的投诉或求助,礼宾员应迅速反应、冷静分析,找到问题的根源并给出合理的解决方案。同时,他们还需要与酒店内部各部门保持紧密的沟通与合作,确保问题得到及时有效的处理,保障宾客的权益和满意度。

4.敏锐的观察力与预见性服务思维

优秀的礼宾员往往具备敏锐的观察力和预见性服务思维。他们能够通过观察宾客的言行举止、情绪变化等细节,提前预判宾客的需求和期望,并主动提供超出宾客预期的服务。这不仅能够提升宾客的满意度和忠诚度,还能为酒店赢得良好的口碑和声誉。

(二)礼宾服务管理流程

1.客户需求识别与记录

礼宾服务的起点在于对宾客需求的准确识别。这要求礼宾员在接待宾客时,不仅要仔细聆听宾客的明确需求,还要通过细致的观察和询问,挖掘出宾客潜在的需求和期望。为了确保信息的准确性和完整性,礼宾员应将宾客的需求详细记录在案,包括宾客的姓名、房间号、需求内容、特殊要求等,以便后续服务的跟进和落实。

2.服务方案设计与实施

在明确了宾客的需求后,礼宾员需要根据实际情况,设计出一套符合宾客期望的服务方案。这个方案应充分考虑宾客的个性化需求和特殊情况,确保服务的针对性和有效性。同时,礼宾员还需要与酒店内部相关部门进行沟通协调,确保服务方案的顺利实施。在实施过程中,礼宾员应密切关注服务进展,及时调整服务策略,确保服务质量的稳定性和连续性。

3.服务过程监控与调整

服务过程的监控与调整是确保服务质量的关键环节。礼宾员应定期对服务过程进行回顾和总结,分析服务中存在的不足和问题,并采取相应的措施进行改进。同时,礼宾员还需要关注宾客的反馈意见和建议,及时调整服务策略和服务流程,以满足宾客不断变化的需求和期望。此外,礼宾员还应注重与其他服务人员的协作与配合,共同提升酒店的整体服务水平。

4.客户反馈收集与服务质量改进

客户反馈是评估服务质量的重要依据。礼宾员应主动收集宾客的反馈意见和建议,了解宾客对服务的满意度和不足之处。对于宾客的表扬和肯定,礼宾员应表示感谢并继续努力;对于宾客提出的意见和建议,礼宾员则需以开放和诚恳的态度予以接纳,并将其视为提升服务质量的因素。

(1)客户反馈机制。

及时、定期收集宾客反馈,通过面谈、问卷、电子反馈及回访机制,确保快速响应与长期跟踪,同时利用第三方平台获取更广泛评价,为服务优化提供依据。

(2)服务质量提升策略。

分析反馈,归类问题,制定并实施针对性改进措施,强化流程、培训与技术创新。设立监控机制,确保持续改进,并鼓励创新,适应市场变化。

(3)服务文化建设。

除了具体的服务管理流程和改进措施外,酒店还应注重培养以宾客为中心的服务文化。

这种文化应贯穿于酒店的每一个环节和每一位员工的心中,成为酒店发展的核心动力。酒店应强化服务理念,树立服务榜样,激励员工;营造积极氛围,提升工作效率与服务质量,推动酒店持续发展。

典型案例　礼宾服务典范——匠心服务,传递城市温度印记

在武汉洲际酒店的服务谱系中,每个服务触点都是对行业标杆的致敬演绎。近期,酒店金钥匙团队的礼宾学员,以系统化的服务方法论与人文情怀,为国际宾客定制了一段智能化融合人文的温度之旅。2024年9月23日,新加坡籍宾客Kee夫妇初抵武汉,在酒店大堂驻留时呈现典型的文化过渡期特征——既怀有城市探索热情又显露环境疏离感。礼宾学员通过微表情识别技术应用,精准洞悉宾客的需求痛点,并立即启动主动式服务介入程序。

1.服务策略实施

通过需求访谈,礼宾学员了解到宾客渴望深度体验城市文化,却苦于缺乏系统性的导览规划。礼宾学院随即为其构建三重服务解决方案。

一是悉心筹备双语版《武汉文化解码手册》,内容涵盖武汉知名景点、特色美食街区以及便捷的交通指南。

二是提供个性化旅游线路规划服务,根据宾客需求定制合理的游玩路线,并详细说明相关注意事项。

三是部署全程交通保障,考虑到宾客出行的便利性,协助其预订前往东湖、黄鹤楼、粮道街等地的出租车服务,并逐一仔细确认行程中的每一处细节。

2.服务价值升维

在次日服务场景中,礼宾学员创造性地实施三项增值服务。

(1)亲情陪伴:为宾客提前妥善安排好每一处景点门票及最佳游览规划,亲自驾车陪伴客人游览武汉。

(2)知识服务嵌入:礼宾学员化身专业导游,绘声绘色地讲述武汉的历史文化、风土人情与背后的传奇故事。

(3)新奇体验:引导宾客体验智慧交通试点项目——"萝卜快跑"无人自动驾驶,令宾客充分领略科技与城市生活的精妙融合。

3.服务闭环管理

在宾客离境阶段,礼宾学员完成服务体系最终迭代。

(1)协助宾客办理网上值机手续;

(2)核验送机出租车的安排事宜,准备交通预案。

4.服务哲学诠释

Kee夫妇在服务反馈中强调:"此次武汉之行因你们的卓越服务而终生难忘,

我们必定会再度光临,期待与你们的重逢!"此案例作为武汉洲际酒店精英服务体系的标准化输出模块,印证了现代礼宾服务的三重进阶法则:数据驱动的需求预见、跨界资源的链路整合、情感纽带的持续运营,终达成"服务即记忆载体"的价值创造目标。

（资料来源:网易号《金钥匙学员服务故事|以心相伴,铸就非凡服务之旅》。）

第四节 酒店客户经理

在竞争日益激烈的酒店行业中,客户关系不仅是酒店生存的基础,更是酒店持续发展的关键。作为这一战略实施的核心角色,酒店客户经理肩负着构建并维护深度客户关系的重任。他们不仅是酒店与客人之间的桥梁,更是酒店品牌形象与服务质量的直接代言人。

一、客户经理的角色定位

（一）高价值客户的专属服务顾问

在酒店的客户群体中,高价值客户是酒店营收与口碑的重要支柱,客户经理的首要角色便是充当这些尊贵宾客的专属服务顾问。他们需深入了解每一位高价值客户的个性化需求、偏好及消费习惯,从而为其提供超越期望的定制化服务体验。这包括但不限于房间布置的特别要求、餐饮口味的专属定制,甚至是行程规划的细致安排。通过一对一的贴心服务,客户经理让客人感受到独一无二的尊贵与关怀,增强其对酒店的归属感和忠诚度。

（二）客户关系深度挖掘与拓展的推动者

客户经理除了是服务顾问,还是酒店客户关系深度挖掘与拓展的关键推动者。他们不仅要维护现有客户的满意度,更要积极挖掘潜在的高价值客户,并通过有效的沟通与互动,将新客户转化为忠诚客户。这要求客户经理具备敏锐的市场洞察力,能够识别出哪些客户具有成为高价值客户的潜力,并通过个性化营销策略和增值服务,逐步深化与这些客户的联系,拓宽酒店的客户基础。

二、客户经理的岗位职责与能力要求

（一）客户经理的岗位职责

在强化宾客体验与深化市场渗透力的背景下,酒店需重新审视并提升客户管理的战略地位,在大堂经理与宾客服务主管的职能之外,设立专业的客户经理岗位。此职位核心在于全面统筹客户信息收集与档案管理、客户关系培育、线上线下活动策划与执行,旨在构建并深化客户对酒店的信赖与依赖。

客户经理在市场营销体系中扮演着至关重要的角色,他们隶属于市场部,或直接向营销总监、大堂经理乃至总经理办公室进行工作汇报。客户经理的岗位职责广泛,具体如表2-3所示,覆盖了从日常维护现有客户关系到积极开拓新市场领域的全方位工作。

表2-3　客户经理岗位职责

遵循管理规范	严格遵守酒店规章制度,积极参与各类接待活动,高效完成上级指派任务
深化客户联系	定期拜访客户,特别是重要客户与高频消费者,推介酒店新品与促销活动,引导消费趋势
市场洞察与分析	监控客户消费动态,对比竞品,分析客户流失原因,提出改进建议
市场开发与拓展	在巩固老客户基础的同时,积极挖掘潜在客户,拓宽客源渠道
客户接待与信息反馈	热情接待访客,收集并上报客户意见,为酒店服务优化提供依据
营销策略制定与执行	基于市场动态,制定并实施个性化营销计划,提升客户体验
客户档案管理	细致记录每次拜访与互动,建立完善的客户档案,为个性化服务提供依据
线上预订与VIP服务	跟踪线上预订流程,确保VIP客户享受专属礼遇,包括入住前后的全面服务安排
合约管理与业务洽谈	参与合同谈判,管理销售合约与客户资料,确保业务顺畅进行
客户关怀与节日祝福	在特殊节日向重要客户发送祝福,邀请其参与酒店活动,增强情感联系
日常汇报与跨部门协作	定期向领导汇报工作进展,与各部门紧密合作,确保服务无缝对接

(二)客户经理的能力要求

1.深入的市场洞察与客户需求分析能力

在当今快速变化的市场环境中,客户经理需具备敏锐的市场洞察力,能够准确把握行业动态、竞争对手策略以及消费者趋势。同时,客户经理还需具备出色的客户需求分析能力,通过细致入微的观察与沟通,深入了解客户的真实需求与潜在期望。这种能力不仅有助于客户经理提供更为精准的服务提案,还能为酒店的战略决策提供有力支持。

2.高级的销售谈判与合同签订技巧

作为酒店与客户之间的桥梁,客户经理经常需要参与销售谈判与合同签订。因此,客户经理必须掌握高级的销售谈判技巧,在保证酒店利益的同时,满足客户的合理需求,达成双赢的合作协议。此外,客户经理还需熟悉合同条款的制定与审核流程,确保每一份合同的合法性与有效性,为酒店与客户之间的长期合作奠定坚实基础。

3.定制化服务方案设计与实施能力

定制化服务是酒店吸引并留住高价值客户的重要手段。客户经理需具备出色的定制化服务方案设计与实施能力,能够根据客户的具体需求与偏好,设计出既符合酒店品牌形象又充满个性化的服务方案。同时,客户经理还需协调酒店内部各部门资源,确保服务方案的顺利实施与完美呈现。这种能力不仅展示了客户经理的专业素养与创新能力,也彰显了酒店对客户需求的极致关注与尊重。

4. 客户管理与维护的长期策略规划

客户管理是一项系统工程,需要客户经理具备长远的眼光与战略思维。客户经理需制定并实施客户关系管理与维护的长期策略规划,通过定期的客户回访、满意度调查、积分奖励计划等手段,持续跟踪客户并优化客户关系。同时,客户经理还需关注客户的反馈与建议,及时调整服务策略与方案,以适应客户需求的不断变化。这种持续的努力与投入将有助于酒店建立稳定而忠诚的客户群体,为酒店的长期发展奠定坚实的基础。

三、客户经理的工作流程

(一)客户识别与细分

客户经理的工作始于对客户的识别与细分。他们需通过酒店的 CRM 系统、前台接待记录、客户反馈等渠道收集客户信息,并运用数据分析工具对客户进行细分。根据客户的消费能力、消费频率、消费偏好等因素,将客户划分为不同的价值等级与类型。这一过程有助于客户经理更加精准地把握客户需求与期望,为后续的服务提案与营销策略制定提供有力支持。

(二)定制化服务提案与谈判

在深入了解客户需求与期望的基础上,客户经理需设计并提出定制化服务方案。这些方案应充分体现酒店的品牌特色与服务优势,同时满足客户的个性化需求。在提案过程中,客户经理需与客户保持密切的沟通与互动,确保方案能够准确传达酒店的诚意与关怀。随后,双方将进入谈判阶段,就服务内容、价格、期限等细节进行深入讨论并达成共识。这一阶段要求客户经理具备出色的谈判技巧与沟通能力,以确保双方利益的最大化。

(三)服务方案实施与过程监控

服务方案的实施是客户经理工作的关键环节。在这一阶段,客户经理需协调酒店内部各部门资源,确保服务方案的顺利执行。同时,他们还需密切关注服务过程中的每一个环节与细节,确保服务质量的稳定与提升。为了及时发现并解决潜在问题,客户经理还需建立有效的过程监控机制,对服务过程进行全程跟踪与评估。这一过程不仅有助于提升客户满意度与忠诚度,还能为酒店的服务改进与创新提供宝贵经验。

(四)客户忠诚度维护与升级

客户忠诚度的维护与升级是客户经理工作的最终目标。为了实现这一目标,客户经理需持续关注客户的反馈与建议,及时调整服务策略与方案以满足客户不断变化的需求。同时,客户经理还需通过积分奖励计划、会员专属活动等多种方式提升客户的归属感与忠诚度。

案例讨论

精准市场洞察,引领健康养生新风尚

某知名酒店客户经理赵经理端坐在办公室里,双眼紧盯着电脑屏幕上的 CRM 系统数据。这些数据,如同浩瀚星空中闪烁的星辰,每一颗都蕴含着客户的偏好与需求。经过一番细致入微的分析,赵经理的眼中闪过一丝惊喜。他发现,一批来自特定行业的尊贵宾客,在追求商务便捷的同时,对健康养生类服务展现出了前所未有的热情与渴望。

赵经理深知,在这个快节奏的时代,健康已成为人们最为珍视的财富之一。于是,他结合当前健康养生的行业趋势,以及这批特定客户的实际需求,精心策划了一场服务升级的革命。他向酒店管理层提交了一份详尽的报告,建议引入一系列以健康养生为主题的增值服务,旨在打造独一无二的健康住宿体验。

在他的提案中,健康早餐不再是简单的面包牛奶,而是融合了营养学精髓的定制餐点,每一口都是对味蕾与健康的双重呵护;瑜伽课程则由经验丰富的导师亲自授课,让宾客在晨光初照或夜幕低垂时,于酒店精心打造的静谧空间中,享受身心的和谐统一;而 SPA 套餐,则更是将自然元素与现代科技完美融合,为宾客带来深度放松与疗愈的盛宴。

为了进一步提升客户的满意度与忠诚度,赵经理还特意设计了专属的优惠套餐和积分奖励计划。这些精心设计的方案,不仅让宾客在享受服务的同时感受到酒店的用心与关怀,更激发了他们再次光临并将该酒店推荐给他人的欲望。

当这些新服务正式推出时,整个酒店仿佛被一股清新的健康之风所吹拂。目标客户群体纷纷表示,这些服务精准地击中了他们的需求痛点,让他们在忙碌的商务之旅中也能找到一片属于自己的健康"绿洲"。随着口碑的逐渐传播,酒店的入住率与客户满意度均实现了显著提升,而健康养生类服务也成为酒店新的增长点,引领着行业发展的新潮流。

(资料来源:《2020 年中国养生酒店行业概览》。)

案例思考题:

1.赵经理为什么能够成功发现健康养生类服务的风口?

2.在上述案例中,赵经理的行动体现了哪些客户经理所应具备的素质与能力要求?

3.赵经理还可以采取哪些行动推动酒店客户满意度和忠诚度提升?

扫码
看答案

第五节　酒店贴身管家

在高端酒店业,贴身管家服务如同璀璨的明珠,以其独有的光芒,照亮了宾客入住体验的每一个细微角落。这不仅仅是一项服务,更是一种艺术,一种将奢华、细致与个性化完美融合的生活哲学。本节将深入探讨酒店贴身管家的服务理念、素质要求、服务内容与管理策略,揭示其如何成为奢华服务领域的典范。

一、贴身管家的服务理念

(一)提供超越客户期待的个性化服务

在五星级乃至更高标准的酒店中,贴身管家服务的核心在于"超越"宾客期望。这意味着,管家们不应仅满足于满足宾客的基本需求,还应通过敏锐的洞察力和创造性的思维,预见并满足客户的潜在需求。贴身管家像是一位私人助理兼生活顾问,将每一位宾客视为独一无二的个体,为其量身定制服务方案,力求每一次服务都能触动宾客的心弦,从而留下深刻而美好的印象。

(二)创造独一无二的居住体验

贴身管家服务的最终目标是打造一种前所未有的居住体验,让宾客在酒店的每一刻都感受到家的温馨。这不仅仅体现在物质层面,如精美的装饰和高端的设施,更体现在情感层面的细腻关怀和个性化定制。管家们会深入了解宾客的喜好、习惯乃至潜在需求,通过精心策划的活动、定制化的礼物的,让宾客的旅程成为一次难忘的心灵之旅。

二、贴身管家的素质要求

(一)极高的专业素养与服务意识

作为酒店服务的精英代表,贴身管家必须具备极高的专业素养和服务意识。他们需要对酒店的所有服务项目了如指掌,包括但不限于客房服务、餐饮服务、休闲娱乐设施等,并能根据宾客的需求迅速调动资源,提供最佳解决方案。同时,他们还需具备强烈的服务意识,将宾客的满意度视为工作的最高标准,时刻保持谦逊、热情、耐心的态度,为宾客提供无微不至的关怀。

(二)细致入微的观察力与预见性

贴身管家的工作往往需要对宾客的言行举止进行细致入微的观察,从中捕捉宾客的潜在需求和情绪变化。这种观察力不仅要求管家们具备敏锐的直觉和判断力,还需要具备一定的心理学知识,能够准确解读宾客的非言语信息。此外,预见性也是贴身管家不可或缺的一项素质。他们需要根据宾客的行程安排、天气变化、节日庆典等因素,提前预判宾客可能遇到的需求和挑战,并提前做好相应的准备和安排。

(三)强大的多任务处理能力与优先级排序能力

贴身管家往往需要同时处理多位宾客的多种需求,这就要求他们具备强大的多任务处理能力。贴身管家需要在纷繁复杂的信息中迅速做出判断,确定各项任务的优先级,并合理安排时间和资源,确保每一项任务都能得到及时、有效的处理。同时,贴身管家还需要保持高度的专注力和应变能力,随时准备应对突发情况,确保宾客的旅程顺利进行。

(四)优秀的心理调适与情绪管理能力

贴身管家的工作充满了挑战和不确定性,他们需要与性格迥异、需求多样的宾客打交道,并时刻保持专业的态度和良好的情绪状态。因此,优秀的心理调适能力和情绪管理能力对于贴身管家来说至关重要。贴身管家需要学会在压力之下保持冷静和理智,以积极的心态面对工作中的困难和挑战;同时,贴身管家还需要具备良好的情绪感染力,能够用热情和乐观感染宾客,营造愉悦和谐的氛围。

三、贴身管家的服务内容与管理

(一)贴身管家的服务内容

1.客户日常需求的即时响应与解决

贴身管家服务的首要任务是确保宾客的日常需求得到即时响应和有效解决。无论是客房清洁、餐饮服务还是其他任何需求,管家们都需要在第一时间了解并处理。他们需要通过电话、短信、邮件等多种渠道与宾客保持密切联系,确保信息的及时传递和反馈。同时,贴身管家还需要建立一套完善的客户服务流程,确保每一项服务都能按照既定的标准和流程进行,从而提高服务效率和质量。

2.旅行规划与行程安排

对于许多宾客来说,酒店不仅是休息的场所,更是探索目的地的重要起点。因此,贴身管家还需要为宾客提供全面的旅行规划和行程安排服务。贴身管家需要根据宾客的兴趣爱好、时间安排和预算等因素,为宾客量身制订旅行计划,包括景点推荐、交通安排、餐饮预订等。在行程执行过程中,贴身管家还需要密切关注天气变化、交通状况等实时信息,确保行程的顺利进行。此外,他们还需要为宾客提供必要的旅行建议和注意事项,帮助宾客更好地享受旅行的乐趣。

3.特殊需求与偏好的满足

宾客往往拥有特殊需求和偏好。为了满足这些需求,贴身管家需要具备高度的灵活性和创造力。贴身管家需要与宾客进行深入的沟通和交流,了解宾客的具体需求和期望,然后根据这些信息制定个性化的服务方案,并调动酒店内外的资源来实施这些方案。无论是为宾客准备特殊的膳食、安排私人音乐会还是提供其他任何形式的定制服务,贴身管家都需要全力以赴地满足宾客的需求和期望,让宾客舒适并感受到被尊重。

4. 客户关系维护与情感链接建立

在贴身管家服务中,客户关系的维护和情感链接的建立同样重要。贴身管家需要通过真诚的关怀和细致的服务,与宾客建立起深厚的情感链接,让宾客感受到家一般的温暖与归属感。这不仅仅是在宾客入住期间的任务,更是一个长期的过程,旨在让宾客在未来的每一次旅行中,都能首先想到并选择这家酒店。

(二)贴身管家的工作流程

为了实现这一目标,贴身管家需要采取一系列策略。其一,贴身管家会在宾客入住前进行充分的准备工作,包括了解宾客的基本信息、喜好、特殊需求等,以便在宾客到达时能够迅速与其建立起初步的联系;其二,在宾客入住期间,管家们会密切关注宾客的动态,主动询问宾客的感受和意见,并根据宾客的反馈及时调整服务方案。贴身管家还会通过一些小细节来表达对宾客的关怀,比如记住宾客的名字、偏爱的饮品、阅读习惯等,让宾客感受到被重视。

此外,贴身管家还会利用现代科技手段来加强客户关系管理。贴身管家会利用酒店的客户关系管理系统(CRM)记录宾客的信息和偏好,以便后续提供更加个性化的服务。同时,贴身管家还会通过社交媒体、电子邮件等渠道与宾客保持联系,分享酒店的最新动态、优惠活动等信息,增强宾客对酒店的归属感和忠诚度。

在宾客离店后,贴身管家的工作并未结束。贴身管家会及时跟进宾客的反馈意见,针对服务过程中存在的不足进行反思和改进。同时,贴身管家还会通过赠送小礼品、发送感谢信等方式来表达对宾客的感激之情,并邀请宾客再次光临。这种持续的关怀和联系,不仅有助于巩固现有的客户关系,还有助于吸引新的宾客,为酒店带来稳定的客源和良好的口碑。

北京 R 酒店是亚太区首个提供全店式专职管家的高星级酒店,其历史可以追溯到 1904 年。在纽约成立的第一家 R 酒店就有标志性的管家服务。下面以 R 酒店为例说明管家服务的服务标准和工作流程。

早班(6:30—15:30)管家工作内容和流程如下。

1. 准备与初步服务(6:30—8:30)

(1)检查交接日志:管家首先查阅夜班管家的交接日志,了解夜间发生的任何重要事项或客人需求,确保信息的连续性和服务的无缝对接。

(2)准备叫醒服务:根据预定的叫醒服务单,精心准备个性化的叫醒饮品(如特调咖啡、鲜榨果汁等),并准时送达客人房间,确保客人以最佳状态开始新的一天。

(3)更新工作间信息:利用 Opera 系统更新楼层工作间的白板信息,包括待清洁房间、特殊注意事项等,为日间客房服务员提供清晰的指引。

（4）收集客人衣物与物品：收集客人需要清洗、熨烫的衣物及擦鞋服务需求，确保这些服务能够及时准确地得到满足。

（5）检查物资储备：巡查楼层内的消耗品（如牛奶、糖、咖啡、茶叶）库存，及时通知客房部补货，确保客人随时享受充足的便利。

2. 深入服务与细节关注（8:30—13:30）

（1）参加晨会：与团队成员共聚一堂，分享工作信息，明确当日重点任务，确保每位管家对特殊需求或紧急事项有充分了解。

（2）传达特殊事宜：向楼层服务员详细说明特殊客人的需求或注意事项，如早到客人的勿扰时间等，确保服务细致入微。

（3）检查公共区域：巡视楼层客梯间，确保其整洁有序，必要时通知清洁人员立即处理，营造舒适的公共环境。

（4）预抵客人准备：利用Opera系统提前获取预抵客人信息，根据客史记录个性化布置房间，如调整床品、摆放喜爱的读物或小礼品等。

（5）监督客房清洁：确保楼层服务员在规定时间内高效完成客房清洁工作，同时检查清洁质量，保持房间整洁如新。

（6）客房巡查与信息收集：定期巡查住客房间，收集洗衣、熨衣及擦鞋需求，回收咖啡茶具，同时观察并记录客人的生活习惯和偏好，为下一次服务提供参考。

（7）处理工程问题：发现客房内任何工程问题时，立即通知工程部并跟进解决情况，确保客房设施始终处于良好状态。

（8）迎接与引导服务：在客梯间热情迎接新入住的客人，必要时亲自前往大堂迎接，并引领至房间，详细介绍房间设施及服务，增强客人的入住体验。

3. 午会交接与收尾工作（13:30—15:30）

（1）午会汇报：在管家办公室召开午会，简短汇报上午的工作进展，分享遇到的特殊情况及处理结果，确保信息透明。

（2）特殊服务安排：根据需求将特殊水果等送至指定客房，进一步提升客人的满意度。

（3）信息更新与追踪：持续更新楼层工作白板信息，追踪上午未解决的工程问题，确保问题得到及时解决。

（4）整理工作间：将使用过的饮品用具归位放好，保持工作间的整洁有序，为下午的服务做好准备。

（5）交接工作：与下午班的同事进行详细交接，包括未完成的工作、特殊需求及注意事项等，确保服务的连续性和高效性。

（6）记录交接日志：认真填写交接记录，确保所有重要信息得以准确传递，为夜班管家的工作提供有力支持。

通过这一系列精细而周到的服务流程，R酒店的贴身管家不仅为客人提供了超越期待的个性化服务，还成功提供了独一无二的居住体验，彰显了酒店作为亚太区顶尖服务品牌的独特魅力。

国产电影《大腕》，让标准伦敦腔的贴身管家"惊鸿一现"。电视剧《五星大饭店》的热播，贴身管家才开始被大众知道。现实生活中五星级大饭店真有像电视剧里"潘玉龙"那样的贴身管家吗？他们是怎么贴身为明星、名流服务的？昨日记者采访了为张学友成都之行服务的专业"贴身管家"华运鸿先生，昨日记者采访了为张学友成都之行服务的专业"贴身管家"华运鸿先生，这位六十多岁的神秘人物言辞谨慎，讲着一口流利的英语。

1.第一印象——让人温暖的老人

昨日下午，记者见到了身穿笔挺的西装、系着金色领带，戴着金框眼镜的华老。见到记者后，他就亲切地询问是否需要饮料，担心大家听不懂他生硬的普通话，还一个劲儿给记者道歉："我讲得不好，还请你们帮我做一下修改，很感谢你们今天给我这个访问时间。"老先生的亲切让人感到温暖。

在香港，华运鸿的岗位的正式称呼是"前堂大使"。虽然已年过六十，但是他对自己职业的热情和责任心，使他继续从事这个工作。华老介绍，自己13岁就开始工作。送过外卖，当过银行职员、售货员、办公助理，直到18岁才找到较好的工作。一次机缘巧合，他从试用生成为"贴身管家"，尼泊尔一位王室人员在入住华运鸿工作的酒店时，需要一位"贴身管家"，当时酒店没这项服务，耐心细致的华运鸿就被派去照顾这位显贵人物的衣食住行，受到好评，从此开始了他的"贴身管家"之路。

2.服务明星——为张学友守门直到入眠

尽管酒店现有服务已经很周到，但华运鸿提供的服务，却没有人能够代替。"做我们这一行，需要给大家一个快乐的感觉。"华运鸿阐释。2007年张学友来开演唱会，被总部派来服务。开演唱会期间，张学友很早就出门彩排，很晚才回来休息，为了不打扰张学友，并能够及时提供最好的服务，他总是在张学友回来前就准备好毛巾、茶水，并在张学友回来后，依然站在门外守候。有时候张学友希望老先生去休息，并表示如果有事会叫他，但老先生依然会敬业地站在门外直到对方入睡。他解释说，这是为了第一时间能给张学友服务，站在门外也不会影响他的休息。他认为只有用心服务才能让别人感觉到你的真诚。华运鸿的行为，让张学友十分感动，临走时，他亲切地握着老先生的手说："非常感谢你的服务，希望回香港我们能够再见面。"

3.服务总统——全凭惊人记忆力

2005年时任德国总理的施罗德来长春，华运鸿也特地从总部过来服务。英语能力出众的他还服务过马来西亚、美国、德国、新加坡等国的首脑。

如何服务各个国家的元首及社会名流？华运鸿表示，必须收集服务对象的资料，除了通过客服部或客人的助理了解客人的喜好外，还得通过细节来发现对方的习惯。"比如有的客人喜欢喝酸奶，还要低脂、无糖或者某品牌的，而这时如果发现当地没有，我就会尽量在香港购买回来，但最后客人可能也没有食用，不过这没有关系，只要自己尽力就可以了。还比如用餐时，有总统、总统夫人，还可能有领事、领事夫人等，必须记住每个人的相貌、职位、点餐内容，绝不能因为记不住、不明白再问一遍，或者先给领事上菜，却把总统放在最后。还有就是要尽量把姿态放低，例如，如果客人是坐着的，在客人面前走过时，身体要放到与坐着的客人差不多一样高度。由于太忙，我一天不吃饭更是常事，但不能因此表现出疲惫没精神的样子，反而要依旧显得精力充沛。"

华运鸿表示，目前经验丰富的贴身管家在香港也不多，在英国会多一些，因为英国有专门的管家培训机构。他认为未来中国对这个职业的需求会越来越大，例如在香港，客人通常都会事先问一下有没有贴身管家服务。

电影《大腕》中，有位房产界大亨说："要造就造最豪华的物业，楼子里站一个英国管家，戴假发，特绅士的那种，业主一进门，甭管有事没事，都得跟人家说，'May I help you，Sir？'（我能为您做点什么吗？），一口地道的英国伦敦腔，倍儿有面子！"

（资料来源：豆丁网《贴身管家案例：港著名"贴身管家"解密幕后服务明显》。）

53

第六节　酒店一线部门员工

酒店行业一线部门员工，如前台、客房服务、餐饮服务部门的员工，是直接面向客户的前线服务团队，不仅承载着提供基础服务的重任，更是酒店价值传递的关键环节，在客户管理中扮演协同角色。

一线部门的员工通过其专业、细致的服务，直接塑造着客户对酒店的第一印象与整体体验，深刻影响着客户的忠诚度与口碑传播。一线部门员工不仅传递着酒店的关怀与温暖，还收集着宝贵的客户反馈，为酒店的持续改进与创新提供了重要依据。

一、市场营销部：客户关系的开拓者与维护者

在酒店运营体系中，市场营销部作为客户接触的前沿阵地，其职能不局限于吸引新客户，还在于维护与深化现有客户的关系，为酒店的持续繁荣奠定坚实基础。该部门通过精细化的分工与协作，全方位地完成着客户招揽、服务与管理的核心任务。

（一）主要分工与协作机制

市场营销总监与协调员：作为部门的核心领导，市场营销总监负责制订年度工作计划，并细化至季度、月度，确保团队目标的稳步实现。协调员则扮演着桥梁角色，确保各部门间

信息的畅通无阻,及时传递客户需求,跟进服务执行情况。

1. 公关部

公关部以提升酒店知名度和形象为核心使命,通过精心策划的公共形象设计和促销活动,搭建与各类社会群体之间的信任桥梁。在危机事件中,公关部是酒店形象的坚实守护者,通过高效的沟通策略,最大限度地降低负面影响。此外,公关部还承担市场调研、活动策划、VIP接待、客户资料收集与分析等职责,为酒店的战略发展提供有力支持。

2. 预订部

作为客户与酒店之间的"订房中枢",预订部员工需具备高度的职业素养与服务意识,确保每一次预订准确无误。他们不仅负责接收订房业务,还需精准控制房价与可售房数量,通过灵活的策略调整,最大化客房收入。预订部还承担着网络留言回复与客户需求跟进的重要职责,确保客户体验的持续优化。

3. 业务部(销售部)

业务部专注于各类客户群体的招揽与维护工作,业务部员工需深入了解所负责区域的客户特性与需求,通过精准营销与个性化服务,巩固与拓展客户基础。末位淘汰制的实施,进一步激发了团队的竞争活力与服务意识。

4. 宴会销售部

宴会销售部专注于餐饮预订与大型宴会活动的推广。宴会销售部通过建立详尽的客户资料库,提供个性化预订服务,确保每一次宴会活动的圆满成功。将客户视为朋友,是宴会销售部员工成功的关键。

(二)客户招揽的艺术

客户招揽是一项系统工程,需要市场营销部全体成员的共同努力与持续创新。通过登门拜访、接待方案制定、迎接礼仪展示、引领礼节执行、协助入住安排、约定时间确认、参观酒店引导、用餐与娱乐活动安排等一系列精心设计的环节,市场营销部致力于为客户打造独一无二的入住体验,从而赢得客户的信任与忠诚。

(三)客户档案管理的智慧

完善的客户档案是提供个性化服务的基础。市场营销部通过建立详尽的客户档案,记录客户的每一次入住经历与反馈,确保在客户再次入住时能够迅速响应其个性化需求,避免重复错误,提升服务品质。

(四)客户回访的温情

客户回访是维护客户关系的重要手段。市场营销部通过定期与临时回访相结合的方式,了解客户近况与需求,增进双方友谊与信任。在回访过程中,准备一份小礼物或酒店优惠券,不仅能够表达酒店的关怀与感谢,更能激发客户的再次光临意愿。

市场营销部在酒店客户管理中扮演着举足轻重的角色。通过精细化的分工与协作、创新性的客户招揽策略、智能化的客户档案管理以及温情的客户回访机制,市场营销部正不断推动着酒店服务品质的提升与客户满意度的增长,为酒店的可持续发展注入了强劲动力。

二、房务部:舒适住宿体验的保障者

在酒店运营体系中,房务部作为客户体验的核心部门,涵盖前厅部、客房部、公共区域维护以及洗衣房等多个关键环节,其服务质量直接关乎顾客满意度与酒店整体形象。房务部不仅承载着酒店基础设施的日常运营,更是通过细致入微的服务,为宾客打造温馨、安全、舒适的住宿环境,成为酒店利润的重要支柱。

(一)前厅部的个性化迎宾与服务

前台部门是客户接触酒店的第一窗口,其重要性不言而喻。作为酒店的形象大使,前台员工是客户体验旅程的起点。他们以专业的服务态度和高效的业务流程,为客户留下深刻的第一印象,为后续的服务体验奠定良好基础。

1. 精准预知,热情接待

前厅团队提前掌握预订信息,利用客户管理系统(CRM)回顾客户历史记录,个性化编排房间并准备欢迎词,力求在客户踏入酒店的那一刻起,就能感受到专属的关怀。

2. 细致入微的入住流程

从微笑迎接、亲切称呼到高效办理入住手续,每一个细节都彰显着酒店的专业与热情。同时,通过行李员的贴心服务,如主动寻找熟悉面孔、介绍酒店设施等,进一步加深客户对酒店的良好印象。

3. 安全防线,严防诈骗

在提供优质服务的同时,前厅部也承担着保障酒店财产安全的重要职责。通过严格执行住宿登记制度、细致审核支付凭证等措施,有效防范诈骗风险,确保客户与酒店的双重安全。

(二)客房部的细致关怀与个性化服务

客房是客户在酒店停留时间最长的地方,其舒适度与整洁度直接影响客户的整体体验。客房部门通过精细化的管理与服务,为客户创造温馨、舒适的住宿环境。

1. 客户信息的精准把握

客服中心与前台紧密合作,及时获取并更新客户信息,确保客房准备工作的精准无误。领班与服务员通过熟记客户姓名与特征,实现楼层迎候的个性化服务。

2. 感动服务的实施

客房部员工在为客户提供基础清洁服务的同时,更注重细节关怀。例如为生病客户提供慰问字条、为使用电脑的客户提供鼠标垫等,这些细微之处往往能给客户留下深刻印象。

3.信息记录与传递

客房部将客户的特殊需求与偏好详细记录在案,并及时传递给相关部门,确保客户在酒店的每一步都能享受到量身定制的服务。同时,通过与营销部的紧密合作,将客户反馈转化为酒店持续改进的动力。

三、餐饮部:味蕾享受与社交平台的营造者

餐饮部门是酒店中与客户互动最为频繁的部门之一。通过提供美味可口的餐食与优质的服务,餐饮部门能够加深客户对酒店的印象与喜爱。

(一)客源开发的多元化与精准化

餐饮部与市场部紧密合作,共同策划并执行多样化的促销活动,旨在吸引并留住当地及周边地区的客户。同时,餐饮部设立宴会销售接待台,为有意预订大型活动的客户提供一站式服务。通过展现酒店过往成功案例,增强客户信心。在预订过程中,宴会销售团队会细致了解客户需求,邀请厨师长共同参与,确保菜品与服务的高度个性化与满意度。此外,完善的预付款制度与持续的客户跟进机制,确保了活动的顺利进行与客户的长期忠诚度。

(二)餐饮策划的创新与品质控制

餐饮部不断创新菜单设计,定期更新中西餐及自助餐菜单,以满足客户多样化的口味需求;严格控制菜品质量,特别是针对高规格及贵宾的菜品,力求每一道菜肴都能达到精致与美味的完美平衡。同时,餐饮部提供便捷的订餐服务与客房送餐服务,确保客户在任何时间都能享受到贴心的服务。在客户用餐结束后,积极收集客户反馈,持续改进菜品与服务质量,并妥善处理客户投诉,营造和谐的就餐环境。

(三)餐饮服务的全程关怀

在餐饮服务中,餐饮部注重每一个细节,从售前、售中到售后,全方位提升客户体验。售前服务中,迎宾员以专业、礼貌的态度迎接每一位客户,细致记录预订信息,确保无遗漏。售中服务时,服务员以热情周到的服务迎接客户,从拉椅让座到菜品介绍,每一步都力求完美。同时,关注客户饮酒情况,适时提醒,确保客户用餐安全。售后服务阶段,通过电话回访、赠送菜品或店内酒水等方式,表达对客户的感谢与关怀,进一步加深客户对酒店的印象与好感。

(四)客户档案的建立与管理

为了更好地了解客户需求,提升服务质量,餐饮部建立了完善的客户档案系统。根据客户的不同特点与需求,将客户档案细分为常规档案、个性档案、习俗档案及反馈意见档案等多个维度。通过CRM系统或手工记录的方式,详细记录客户的姓名、性别、年龄、用餐习惯、特殊需求及反馈意见等信息。这些信息不仅有助于餐饮部为客户提供更加个性化的服务,

还能为酒店的市场营销与产品创新提供宝贵的数据支持。

餐饮部在客户管理方面通过多元化与精准化的客源开发、创新与品质控制的餐饮策划、全程关怀的餐饮服务以及完善的客户档案管理等措施,不断提升客户满意度与忠诚度,为酒店的持续发展与品牌建设奠定了坚实的基础。

四、康乐部:休闲娱乐体验的提供者

康乐部作为经营性辅助部门,集健身房、游泳池、桑拿中心、卡拉OK娱乐城等功能于一体,为客户提供丰富的休闲娱乐体验。为确保每位客户都能享受到贴心且专业的服务,康乐部需采取一系列高效的管理措施并制定相关服务标准。

(一)经营特点与服务创新

康乐部面对的客户群体广泛而独特,涵盖当地企业家、文化名人及年轻爱好者。为满足不同客户群体的需求,部门推行了灵活多样的会员卡制度,包括年卡、季卡、月卡及单次购票,并创新性地将住房券与餐饮券整合到会员卡中,提升客户价值感。在设施设备上,康乐部紧跟时代潮流,选用大品牌并注重设计感,如健身房装修追求大气高端,以吸引年轻客户,同时配备专业教练团队,根据会员个性化需求制订训练计划,确保服务具有专业性与针对性。

(二)精细化客户服务标准

1. 健身房服务

服务人员提前到岗,以饱满的热情迎接每位客户,细致安排运动项目,并协助客户完成更衣等准备工作。针对初访者,服务人员应耐心介绍器材的使用方法,并全程指导锻炼,确保人员安全与健身效果并重。同时,注重环境维护,及时清理废弃物,保障客户体验。

2. 游泳池管理

管理员兼具救生员资质,确保水质安全。通过定期检测水质与温度,投放消毒剂,维护良好游泳环境。注重细节服务,如整理躺椅、拖鞋,提供浴巾及饮料,并在关键时刻迅速响应,进行救援。

3. 桑拿房服务

服务人员提前准备,调节适宜温度,主动引导客户更衣并提供使用说明。服务过程中,密切关注客户安全,及时补充用品,保持环境整洁,让客户在放松之余享受贴心服务。

4. 按摩与美容服务

按摩师与美容师均提前到岗,做好充分准备。在服务过程中,注重与客户的沟通,根据客户需求与身体状况,提供个性化服务。按摩师手法专业,美容师操作细致,力求使每位客户都能获得最佳体验。

5. 理发与卡拉OK服务

理发师细致询问客户需求,结合其头型、脸型提供建议,确保理发效果满意。卡拉OK服务中,服务人员主动推销酒水,及时响应点歌需求,并通过精准调控音响灯光,营造愉悦氛围。营业结束后,各部门均会认真清理工作区域,整理物品,为下次营业做好准备。

通过上述精细化管理与服务标准的实施,康乐部不仅提升了客户满意度与忠诚度,还为酒店整体形象与品牌价值的提升贡献了重要力量。在未来发展中,康乐部将继续秉持客户至上的原则,不断创新服务模式与管理机制,为客户带来更加优质、多元的休闲娱乐体验。

五、安保部:安全保障与秩序维护的守护者

安保部作为维护酒店安全与客户安心的核心部门,其职能远不止于简单的安全守护,更在于将高标准的服务意识融入日常工作中。作为酒店安全委员会的执行机构,安保部在高层领导的直接指导下,遵循国家及行业安全规范,秉持"宾客至上,服务为先"的核心理念,精心规划并执行各项安全保卫策略,确保酒店环境的安全与和谐。

(一)强化服务意识,提升客户体验

安保人员不仅是安全的守护者,更是服务的提供者。他们需具备三大核心素养:一是敏锐的安全警觉性,时刻防范潜在风险;二是专业的职业素养,通过规范的言行举止展现酒店形象;三是强烈的服务意识,以积极主动、热情周到的态度,让每一位宾客感受到家的温暖。微笑服务、礼貌待客,是保安人员不可或缺的基本功。

(二)精细化客户安全管理流程

针对客户可能遇到的安全问题,安保部制定了一系列高效应对机制。以住店客人财物丢失为例,当接到报案后,安保团队迅速响应,携带专业工具赶赴现场,细致询问并记录失物详情,同时保护现场完整,必要时及时报警。在处理过程中,通过详细询问、现场勘查、逐一排查等方式,力求还原事件真相,为失主提供最大帮助。此外,对于未能立即解决的案件,安保部保持与失主的密切联系,定期通报进展,展现酒店的责任感与关怀。

(三)应对突发事件,维护酒店秩序

面对打架斗殴、流氓滋扰等突发事件,安保部采取预防为主、快速响应的策略。通过加强日常巡逻,特别是对易发生冲突区域的监控,及时发现并制止潜在的不安全行为。同时,与酒店其他部门紧密合作,如大堂副理、歌舞厅及酒吧负责人等,共同构建全方位的安全防护网。对于已发生的冲突事件,安保部迅速介入,有效控制事态发展,确保宾客及员工的人身安全,维护酒店正常运营秩序。

安保部在客户管理中的表现,直接关系到酒店的品牌形象与顾客满意度。通过不断强化服务意识、优化安全管理流程、提升应急处理能力,安保部正逐步构建起一套高效、专业、

人性化的客户安全保障体系。未来,安保部将继续秉承初心,以更加饱满的热情和专业的态度,为每一位宾客营造一个安全、舒适、温馨的住宿环境。

典型案例　　　　　一杯茶的故事

一天晚上,某酒店中餐厅来了一位姓吕的客人,是一家公司的总经理,今天是他做东,所以很早就到了酒店包间,服务员小李很热情地询问吕总需要什么茶水。"那来杯苦丁吧,多放点茶叶。"吕总说。服务员泡了茶水,吕总边喝边说:"我最喜欢喝这个茶了,可以清热祛火,还不影响睡眠。"服务员微笑着点头示意,表示赞同。然后吕总接着说:"等会儿我的客人来了,就泡一壶算了,每人一杯太浪费了。"

随后,吕总拿起菜单开始点菜,其间他不停地抱怨菜品价格昂贵,仅挑选了几道特色菜肴,并特别吩咐服务员在上菜时一定要对这些菜品进行详细介绍,强调这是店里的特色菜品,以免自己在客人面前失了面子。

客人入座后,每位面前都被放置了一杯清澈的茶水,只是杯中并没有茶叶。主宾望向一旁的吕总,又环顾四周,随后对服务员说道:"难道是因为我不常来,就连茶叶都不给放吗?你看吕总的茶杯里,茶叶满满当当的,是不是因为他今天买单,你们就格外照顾?快!把这杯拿走,重新泡一杯来。怎么回事?为什么不能泡得一样呢?"

服务员并未慌乱,她注意到吕总杯中的茶叶在灯光下熠熠生辉,确实引人注目。在众目睽睽之下,吕总的茶杯显得格外突出。这时,服务员面带微笑,以柔和甜美的声音向主宾解释了泡茶的特别原因,瞬间,整个房间的气氛达到了高潮,充满了笑声、掌声和称赞声……最终,大家举杯相庆。

第一杯酒过后,餐桌上洋溢着欢乐的气氛。自此以后,吕总成了这家餐厅的常客,而且几乎每次都点名要小李为他服务。

其实,服务员小李是这样回答的:"吕总今天来得早,先点了一杯茶。但在喝茶的过程中,他发现茶叶总是飘在杯子里,觉得不太方便。所以,他特别交代我们,准备充足的上等茶叶,提前泡在茶壶里,这样既能避免茶叶倒入杯中,又能让茶水更加浓郁可口。如果您不喜欢这样喝,我马上给您多放些茶叶,您看怎么样?"说着,小李便拿起托盘准备为客人重新泡茶。这时,客人决定不再更换茶叶,认为这是吕总的一片心意,并连声向吕总道谢。

思考与练习

1. 酒店客户管理体系的意义有哪些？
2. 酒店客户管理人员应该具备哪些素质？
3. 大堂副理的工作职责是什么？
4. "金钥匙"服务的特点是什么？
5. 礼宾服务人员应该具备哪些素质？
6. 试阐述客户经理的日常工作流程。
7. 贴身管家的服务理念是什么？

扫码看
答案

第三章 →

酒店市场类型与酒店客户

学习目标

1. 了解不同类型的酒店及其目标市场
2. 掌握各类酒店客户及其消费特征
3. 熟悉客户增长管理的手段与目标

核心概念

主题酒店（Theme Hotel）

在线旅行社（Online Travel Agency，OTA）

客户识别（Customer Identification）

RCCCRE 客户增长模型（RCCCRE Customer Growth Model）

会员管理（Membership Management）

积分管理（Reward Points Management）

储值制度（Stored Value System）

　　旅游与休闲方式日益丰富，酒店类型呈现多样化态势。从奢华度假酒店到经济型连锁酒店，每种类型都精准对接了不同消费群体的需求。与此同时，随着消费者群体的不断扩大与分化，酒店客户形态也日趋多样，表现出前所未有的多元化需求。面对日益复杂的市场环境，酒店实行正确的客户增长管理成为决定其生存与发展的关键。本章将探讨当前市场中多种类型的酒店，不同类型的客户与其消费特征，以及如何识别酒店客户，实现客户增长，并进一步实现酒店会员培养。

第一节　酒店市场类型及其客户群体

　　全球旅游业的蓬勃发展，加速了酒店业务的扩张。除了对传统酒店服务的需求不断增加之外,酒店业也在不断变革和创新,呈现多元化发展趋势。基于主要功能、星级评定以及地理位置等因素,酒店市场可以被细分为多个具有特色的细分市场。这些不同的细分市场中的客户群体,在设施与服务的期望、价格敏感度、档次定位以及整体偏好等方面,均展现出显著的差异性。

一、根据酒店的主要功能分类

(一)商务酒店

商务酒店是配合商旅需求而设立的酒店,客户群体主要是商务出差人士和消费能力较强的旅游者,以及与旅行社合作的团购客户。代表性的商务酒店有希尔顿酒店(Hilton Hotels & Resorts)、万豪酒店(Marriott Hotels)、半岛酒店(The Peninsula Hotels)等。

1.地理位置

商务酒店通常选址于城市中心或商业繁华地段,如CBD区域,以确保商务客户能够便捷地参与各类商务活动和会议,同时方便接触到潜在的商务合作对象。

2.设施设备

商务酒店力求设施设备齐全且先进。客房内不仅配备有高品质的床品、独立卫浴等基础设施,还特别注重商务需求的满足,如提供网络接口、打印机等办公设备,以便客户随时处理公务。此外,商务型酒店通常还设有宴会厅、会议室和商务中心等商务设施,以满足客户举办会议、宴请宾客等需求。

3.服务设计

商务酒店追求高效与贴心的对客服务。前台接待区设计合理,能够高效处理客户的入住和咨询需求;会议和宴会服务专业且细致,从会议设备的配置到餐饮服务的提供都力求完美;同时,酒店还提供礼宾车队接送、票务预订等便捷服务,确保客户在商务旅行中的每一个环节都能得到妥善安排。

4.定价方面

商务酒店在价格定位上也相对较高,主要在于为商务客户提供了高品质的服务和设施。尽管价格不菲,但商务客户往往对价格并不敏感,他们注重酒店的品质和服务能否满足其商务需求。

(二)会议酒店

会议酒店是以会议团体为主要市场,满足其会议活动需求的酒店。它不仅提供传统的住宿服务,还具备举办大中型会议的接待能力。国际会议协会规定,会议酒店的会议服务业务与会议举办空间,需占其酒店总业务与总面积的60%以上。代表性的会议酒店有纽约希尔顿中城(New York Hilton Midtown)、亚特兰大凯悦酒店(Hyatt Regency Atlanta)、奥兰多世界中心万豪酒店(Orlando World Center Marriott)等。

1.核心服务能力

会议酒店必须具备独立举办会议的能力,包括拥有完善的会议设施、专业的会议服务团队以及丰富的会议策划经验,能够承接各种类型的会议活动,包括小型研讨会、大型国际会议等。

2.综合服务及设施

会议酒店通常提供多种经营项目和全面服务,如餐饮、客房、会场、健身娱乐等。这些服务旨在提升客户的整体体验,确保会议活动的顺利进行。同时,为了满足会议活动的需求,会议酒店在硬件设施上往往投入巨大,包括现代化的会议中心、多功能的宴会厅、先进的音响灯光设备等。

3.服务人员配备

专业的会议酒店通常拥有一支专门的会议服务团队,他们具备丰富的会议策划和执行经验,能够为客户提供全方位的会议服务。从会议前的筹备工作到会议中的现场服务再到会议后的总结评估,会议服务团队始终陪伴在客户身边,确保会议活动的圆满举办。

4.地理位置

会议酒店多位于城市的中心地带,配有便利的交通条件,或者位于自然条件良好的风景名胜区。

(三)度假酒店

度假酒店主要面向前往旅游目的地进行休闲度假的游客。度假酒店通常拥有优美的自然环境或丰富的文化遗产,为游客提供独特的度假体验。代表性的度假酒店有马尔代夫白马庄园(Cheval Blanc Randheli)、夏威夷茂宜岛威雷亚四季度假酒店(Four Seasons Resort Maui at Wailea)、意大利阿马尔菲海岸米拉马雷酒店(Hotel Miramare Positano)等。

1.地理位置

度假酒店多建在滨海、山野、林地、峡谷、乡村、湖泊、温泉等自然风景区附近,拥有得天独厚的自然资源。越来越多的度假酒店开始出现在城市或者近郊,满足人们的短距离休闲度假需求。

2.综合服务

除了提供基本的住宿服务外,度假酒店还配备有餐厅、酒吧、健身房、泳池、SPA等休闲及娱乐服务以满足客户的休闲度假需求。

3.体验设计

大多数的度假酒店有较为鲜明的主题特色,许多度假酒店会根据当地的文化、历史或自然风光设计独特的主题,如海洋主题、森林主题、温泉主题等,为客户提供独特的住宿体验。

(四)观光酒店

观光酒店主要的目标市场为观光游客和旅行社等旅游供给商。代表性的观光酒店有香港半岛酒店（The Peninsula Hong Kong）、东京品川王子酒店（Shinagawa Prince Hotel）、佛罗伦萨圣母玛利亚酒店（Hotel Santa Maria Novella）等。

1. 地理位置

观光酒店通常位于交通便利的地点，如靠近机场、火车站或主要交通枢纽，便于游客到达和出行，或紧邻旅游目的地，便于游客进行参观游览。

2. 综合服务

在提供基本的住宿和餐饮服务的同时，观光酒店还会提供旅游信息、行李寄存、导游服务等旅游服务。

3. 淡旺季表现

观光酒店突出的特点是与旅游业联系密切，季节性强，淡旺季差异大。观光酒店的经营受季节影响较大，旅游旺季时生意兴隆，淡季时则需要采取措施吸引客人。

4. 业务合作

购买型客户占比较大，许多观光酒店与旅行社等中介购买者有较大的业务合作，这类客户为酒店产品的购买者而非直接消费者，对酒店产品的需求与消费型客户有所区别。

（五）经济型酒店

经济型酒店以大众旅游者、中小商务者为主要服务对象，目标市场是一般商务人士、工薪阶层、普通自费旅游者和学生群体等。

经济型酒店最早出现在20世纪50年代的美国，如今在欧美国家已是相当成熟的酒店形式。法国雅高集团的"宜必思"和美国的"速8"近年相继进入中国市场。1996年，锦江国际集团旗下的锦江之星旅馆投资管理有限公司在上海建成了中国第一家经济型酒店，标志着中国经济型酒店的起步。近年来，随着我国大众旅游和在线预订的发展，经济型酒店在酒店业中扮演着愈发重要的角色。

根据《2024年中国酒店业发展报告》，截至2023年底，我国酒店业设施总数约为32.3万家，其中经济型酒店的设施数约为25.4万家，在酒店业设施总数中的占比约为78.64%。我国经济型酒店市场占比大，以大众旅游者为服务对象的特点，代表性的经济型酒店有锦江之星、汉庭酒店、7天连锁酒店、如家快捷、格林豪泰等。

1. 核心服务

经济型酒店又称为有限服务酒店，不提供全面服务（Full Service），核心服务模式为"B&B"（住宿＋早餐），以客房为核心产品。

2. 价格方面

经济型酒店最大的特点是房价便宜，性价比高。经济型酒店严格控制成本，能够提供相对低廉的价格，吸引大量对价格敏感的消费者。

3. 服务设施

经济型酒店以客房产品为灵魂，去除了其他非必需的服务，如豪华装修和娱乐设施，以大幅度削减成本。虽然服务有限,但经济型酒店非常强调客房设施的舒适性和服务的标准化,突出清洁卫生、舒适方便的特点。

4. 区位布局

经济型酒店的餐饮、康乐、会议等配套设施很少或没有,一般在酒店四周300米半径范围之内应有满足客人综合需要又步行可及的餐馆、酒吧、商店、邮政、便利店等设施,距离交通站点较近。

5. 经营模式

经济型酒店一般采取连锁经营方式,以实现规模经济和提高品牌价值,这是经济型酒店区别于其他星级酒店和社会旅馆的一个明显特征。经济型酒店通常不具备特殊的装饰风格,但近年来,为了提升市场竞争力,一些经济型酒店开始追求特定的艺术效果和主题内涵,并强调营造人性化的住宿环境,从而形成了各自独特的风格。

（六）主题酒店

随着经济的发展和居民生活水平的提高,消费者对旅游住宿的需求不再仅仅满足于基本的住宿功能,而是更加注重住宿体验的独特性和文化性。同时,传统酒店行业在发展过程中出现了同质化严重的问题,导致部分酒店失去核心竞争力,主题酒店正是在这一背景下诞生的。

主题酒店是指以酒店所在地最有影响力的地域特征或某一特定的文化概念为素材,进行设计、装饰、提供服务的酒店,其最大特点是赋予酒店某种主题,并围绕这种主题建设具有全方位差异性的建筑实体和酒店氛围,从而打造出难以模仿和复制的独特魅力与个性特征。

主题酒店的目标市场是被其主题所吸引的爱好者。代表性的主题酒店有长隆熊猫酒店、东京迪士尼海洋观海景大酒店（Tokyo DisneySea Hotel MiraCosta）、澳门巴黎人酒店（The Parisian Macao）等。

1. 独特性

主题酒店的最大特点是其独特性,通过特定的主题来定义酒店的建筑风格和装饰艺术,营造出一种无法模仿和复制的独特魅力,这种独特性成为酒店的核心竞争力。

2. 文化性

主题酒店通常追求文化内涵,通过文化来获得竞争优势,酒店的主题选择、内外部装饰、服务理念等都与其主题文化密不可分,为顾客提供富有个性的文化体验。

3. 体验性

主题酒店注重顾客的体验效果,通过建设主题客房和装饰,提供与主题相关的服务和活动,使顾客能够收获与众不同的住宿体验。

（七）非标准住宿

非标准住宿是指那些不同于传统酒店的住宿形式,它们由个人业主、房源承租者或商业机构提供,旨在满足旅游度假、商务出行以及其他居住需求的消费者。除了提供基本的床铺和卫浴设施外,这些非标准住宿还注重提供更多个性化的设施和服务。非标准住宿,包括公寓、民宿、青年旅舍、客栈、度假别墅、小木屋、帐篷、房车、集装箱等。

非标准住宿具备一系列鲜明特征:房源分布更为分散,单个地点的房源数量相对较少;每个房间都倾向于展现独特的个性化设计;经营主体呈现多元化,包括个人业主、承租者及商业机构等;在服务方面,它们不仅提供基本的住宿设施,还额外提供如家用电器、厨房设备以及城市导游等丰富的个性化服务和附加价值。与传统酒店相比,非标准住宿在管理方式、运营模式及销售渠道上更加依赖"互联网+"技术。

1. 公寓酒店

公寓酒店,通常也被称为服务式公寓,是一种融合了酒店服务便捷性与公寓居住舒适性的住宿形式,其特色在于提供类似家庭的居住环境以及灵活的租赁期限。代表性公寓酒店有雅诗阁服务公寓(Ascott The Residence)、四季酒店公寓(Four Seasons Private Residences)、辉盛国际公寓(Fraser Suites)等。

家庭旅客、长期住宿需求者(长期出差的商务人士和留学生等需要长期住宿但又不愿签订传统租房合同的人)是公寓酒店的主要客户群体。相比常规的酒店,公寓酒店通常以更实惠的价格提供家庭式的舒适体验,因此更受有长期居住需求客户的青睐。在住宿配置上,公寓式酒店类似于公寓,拥有完整的居家格局和优越的居住功能,包括卧室、客厅、厨房和卫生间等区域,并配备了必要的家具和家电,如沙发、餐桌椅、电视、空调、冰箱、洗衣机及微波炉等,满足住户的日常生活需求。

2. 民宿

民宿是指当地居民利用自家闲置资源,亲自参与接待工作,为游客提供体验当地自然、文化与生产生活方式的小型住宿设施。不同于传统意义上的酒店,民宿是房主将空置的房间或整个住宅出租给游客的住宿经营模式。民宿的兴起与旅游业的快速发展密切相关,它为旅客提供了一种更加贴近当地生活、体验当地文化的住宿方式。我国代表性的民宿有慢屋·大理揽清、隐庐·同里别院、松赞梅里等。

民宿为城市居民提供了休闲度假的新选择,促进了城乡之间的交流与融合。同时,民宿发展有利于增加农民收入,推动农村经济结构转型,促进开发和保护当地人文历史与自然生态资源。通过运用现代文化创意手段,民宿能够传承和弘扬当地的文化民俗,提升乡村文化旅游的竞争力。随着我国民宿产业的发展,不同于以往的民居式民宿,越来越多的专营化民宿开始出现,这些民宿有着独特的主题与优美的设计,引领了旅游住宿的新风尚。

民宿通常具有以下特征:一是小规模与精细化,民宿规模相对较小,但服务精致、设施舒适、环境适宜,民宿主人通常亲自参与接待,为游客提供家庭式的温馨服务;二是提供多元化体验,优质的民宿通常注重文化的体验、环境的差异性、感受的独特性,并提供与民宿自身特点相符的体验服务,如农业体验、民俗体验、特色美食等,让游客能够深层次地感受当地的文化和生活方式;三是多样化的地理位置,民宿可以分布在城市、乡村、海滨、草原、温泉等拥有独特旅游资源的地方,从而衍生出各具特色的民宿类型。

3. 青年旅舍

青年旅舍(Youth Hostel)是一种为背包客、青年学生及预算有限的旅行者提供短期住宿服务的场所。它起源于20世纪初的德国,由德国教师查理德·希尔曼创立。1932年,总部设于英国的非营利组织——国际青年旅舍联盟(IYHF)在阿姆斯特丹成立。该组织是联合国教科文组织成员、世界旅游组织成员,目前已成为全球最大的青年旅行服务连锁组织,在全世界青年人中享有极高声誉和知名度。

青年旅舍奉行的理念是:"通过旅舍服务,鼓励世界各国青少年,尤其是那些条件有限的青年人,认识及关心大自然,发掘和欣赏世界各地的城市和乡村的文化价值,并提倡在不分种族、国籍、肤色、宗教、性别、阶级和政见的旅舍活动中促进世界青年间的相互了解,进而促进世界和平。"

青年旅舍的价格通常比传统酒店更为低廉,因此其提供的住宿服务以床位为主,通常有"通铺"或"上下铺"的团体房间可供选择,并设有公共区域,如大堂、休息室、厨房等,在满足基本住宿需求的同时鼓励住客之间的交流。

部分青年旅舍是非营利性质的组织,其收入主要用于维护和改善设施,以及推广青年旅舍的理念。代表性的青年旅舍有成都夏木花园青年旅舍、哈尔滨北方国际青年旅舍、圣克里斯托弗运河青年旅馆(St. Christopher's Inns)等。

典型案例　　　　　　　上海迪士尼乐园酒店

67

上海迪士尼乐园酒店,作为上海迪士尼度假区的标志性建筑之一,以其独特的"新艺术主义"设计风格与丰富的迪士尼文化元素,在一众主题酒店中脱颖而出。迪士尼文化元素在整个酒店随处可见,如客房墙壁上的动漫装饰、门廊处的米奇和米妮铜塑等。这些主题元素不仅体现在外观上,更是融入了酒店的各个环节之中。在餐饮方面,酒店内设有多个迪士尼主题餐厅,以卢米亚厨房自助餐厅为例,作为酒店最受欢迎的主题餐厅,在这里客人可以与迪士尼明星们共同进餐。在服务方面,酒店提供了商品领取服务,客人在乐园内或迪士尼小镇的迪士尼商店购买的商品,可以免费递送至酒店内的奇妙仙子礼品屋。在活动方面,上海迪士尼乐园酒店经常举办各种特色活动,如定期举办迪士尼主题派对和表演活动,邀请客人参与其中,使其收获全方位的迪士尼体验。

总的来说,上海迪士尼乐园酒店以其独特的主题设计与丰富的文化元素,为游客提供了一个充满迪士尼魔法与欢乐的住宿体验。无论是外观的梦幻感、主题房间的童趣可爱、特色服务的别出心裁还是特色活动的丰富多彩,都充分展现了酒店作为迪士尼度假区标志性建筑的独特魅力。在这里,每一位宾客都能感受到迪士尼的神奇与欢乐,留下难忘的回忆。

(资料来源:豆瓣网《上海迪士尼主题酒店神奇体验大揭秘!》。)

二、根据酒店星级及价格分类

（一）高端酒店

高端酒店通常指的是那些拥有高星级评定、价格相对较高的酒店。这些高星级酒店被业界视为标杆，其等级评定基于酒店规模、建筑设施、服务质量、管理水平等多个方面的综合考量，确保它们处于行业的领先地位。

五星级酒店、四星级酒店属于高星级酒店，价格高于酒店市场平均价格，其服务标准极高，以细节为王，旨在为客户提供舒适、贴心的服务体验。高星级酒店通常拥有豪华的房间设施，包括高档床品、高标准洗漱用品、智能控制系统等；能够满足住客多样需求的公共区域，如餐厅、酒吧、宴会厅、健身房等；以及细致周到的客房、餐饮、礼宾等服务。

高星级酒店的客户通常具有如下特征：一是高消费能力，五星级酒店的平均客房单价普遍较高，这些客户通常具有较高的消费能力和支付意愿，他们愿意为高品质的服务、豪华的住宿环境和丰富的设施支付高价；二是高忠诚度，高星级酒店通常注重经营高价值客户，在服务上追求定制化与细节化，同时配套相应的会员制，高星级酒店客户通常会对自己认可的酒店品牌有较高的忠诚度。

（二）中低端酒店

中低端酒店一般指中低星级、中低价格的酒店。中低星级酒店的市场更多偏向于追求性价比、预算相对有限的客户，这部分客户既追求一定的住宿品质和服务水平，又希望价格相对合理。这类酒店客户，大多为价格敏感型。

中低端酒店相较高端酒店，在地理位置、客房配置、公共设施等方面都稍逊一筹。中低端酒店客房配置面积适中，设施相对较为简单，装修风格较为朴素，有基本的餐厅和娱乐设施，或者基本没有。中低端酒店在服务方面也有着较为明显的区别。高端酒店强调定制化、个性化的服务，而中低端酒店的服务则更偏向于标准化。

三、根据酒店的地理位置分类

（一）根据城乡区位划分

根据城乡区位划分，有城市型酒店、郊区型酒店两种类型。

（1）城市型酒店：通常位于城市的政治、商业中心，交通便利，周边设施完善，主要面向商务、会议旅客以及寻求便利生活和舒适的游客。

（2）郊区型酒店：位于城市郊区或乡村边缘，环境相对宁静，并且可能提供更大的私人空间、更清新的空气和更贴近自然的环境，适合对环境风景有需求、喜欢宁静的游客。

（二）根据交通区位划分

根据交通区位划分酒店，主要有近交通枢纽酒店、公路沿线酒店、近旅游目的地酒店等类型。

（1）近交通枢纽酒店：位于机场、火车站等交通枢纽附近，大多数有着经济快捷的特征，主要面向具有转乘过夜需求的旅客。

（2）公路沿线酒店：位于主要公路或高速公路沿线，通常设有停车场、餐厅等设施，为长途旅行者提供方便的住宿需求。

（3）近旅游目的地酒店：位于游客的旅游目的地周边，如海滨、山地以及具体风景名胜地等，是具有休闲度假需求游客的首选。

⬚ 第二节　酒店客户类型与特征

对于酒店客户这一概念，通常有广义和狭义两种定义。从广义上来说，一切与酒店经营关联的利益相关者都是酒店的客户，通常包括酒店的直接消费者、酒店合作组织（政府、协会、旅行社等）、酒店供应商（食材、设备、消耗品等供给方）、酒店内部客户（以酒店的某一部门为主体，将其他部门当作自己的客户）与酒店相关的社交媒体与在线评论者等。从狭义上来说，酒店客户特指实际购买酒店产品与具有潜在消费意愿的自然人或组织团体。本节将重点从狭义角度来探讨酒店客户的类型。

一、根据客户的消费性质分类

（一）个人客户

个人客户是传统意义上的酒店客户，即直接入住酒店进行消费的住客。住客既是购买者也是消费者，但也可能不是购买者（例如被安排出差的企业职工，房费由公司报销）。住客是酒店服务的直接体验者，因此较为关注入住的酒店的服务、品质、功能等使用价值。同时，住客也是酒店的评价者，其反馈对酒店的改进、品牌形象和口碑传播具有重要影响。

（二）组织购买者

组织购买者，通常是中间商或政府，代表其客户向酒店预订房间和服务，从事二次出售获取利润。相较于住客，这类客户的购买量更为庞大，且通常与酒店具有长期合作关系，因此更注重整体性价比和批量预订的优惠条件，对具体服务细节的关注度相对较低。以下为几类典型的组织购买者。

1. 旅游批发商

旅游批发商是指主要从事组织和批发包价旅游业务的商家。他们与酒店、交通运输部门、旅游景点及包价旅游所涉及的其他部门签订协议，预先购买这些服务项目，然后根据旅游者的不同需求和消费水平，设计出各具特色的包价旅游产品，再通过旅行社等零售商向最终客户销售。

旅游批发商诞生于旅游业分工逐渐细化的过程中。随着旅游市场的不断扩大和消费者需求的多样化,旅游业内部逐渐形成了专业化的分工体系,在这个过程中,一些旅行社开始专注于组织和批发包价旅游业务,他们通过购买大批量的酒店产品,将其与旅游线路、导游服务等旅游产品组合,形成包价旅游产品,然后专注于这些产品的批发销售,最终逐渐转型为旅游批发商。

作为酒店的购买客户,旅游批发商是酒店的重要合作伙伴。首先,旅游批发商通常会以较大的批量向酒店采购房间和服务,这种规模化的采购方式有助于酒店稳定客源和收入。同时,为了获得更稳定的供应和价格优势,旅游批发商倾向于与酒店建立长期合作关系。对于酒店而言,这种长期合作带来了业务上的可预测性和规划性,有助于降低淡季时的房间空置率。此外,长期合作促使旅游批发商与酒店保持紧密沟通与合作,双方在产品设计、服务流程优化、投诉处理等方面展开深入交流,共同应对挑战,解决问题。其次,旅游批发商对酒店的产品销售有着市场曝光与市场反馈两方面的作用。他们可以通过自己的销售渠道和客户资源为酒店带来额外的曝光和宣传机会,同时也会将市场的最新动态反馈给酒店,进一步拓宽酒店经营管理的信息来源。

2.旅行社

旅行社并不只是旅游零售商,某些旅行社也会如旅游批发商一般直接大批量地购买旅游产品。相较于旅游批发商,旅行社有如下特征。一是旅行社的酒店订单量更为稳定,这些订单通常基于其自身的旅游业务,并遵循一定的季节性规律,因此不会出现订单量过大或过小的情况;二是旅行社对质量标准有较高要求,由于旅行社承担直接对客的业务,酒店质量的好坏直接影响游客的满意度和旅行社的声誉,因此旅行社通常会有自己的服务标准和要求,并希望酒店能够满足这些标准。

3.在线旅行社(OTA)

在线旅行社(Online Travel Agency,OTA),诞生于互联网与在线支付高速发展的背景之下,是通过互联网平台为个人和企业提供旅游景点、酒店、机票、火车票等预订服务的公司或网站,属于酒店代理商的一种。OTA作为酒店购买者的一种类型,其营利模式主要是通过作为中介平台销售交通票务、酒店客房及旅游产品,并从中抽取佣金来获取收益。此外,部分OTA平台还兼具批发商的角色,通过批发酒店等产品并赚取其中的差价来增加利润。

OTA作为信息化时代的酒店批发商,具有较为突出的优点。一是OTA有着更强的市场影响力。传统的旅游批发商,其批发的酒店产品主要面向旅游经营商,在旅游行业内有一定的影响力,而OTA则直接面向广大消费者,同时平台自身拥有庞大的用户基础,因此市场影响力更加广泛。二是在定价策略上具有灵活性,相较于传统批发商的一次性交易,OTA可以根据市场需求和竞争情况动态调整酒店产品的定价,因而可以帮助酒店实施更为灵活的定价策略。三是在消费反馈上具有显著优势,OTA通常设有客户评价系统,用户可以直接进行在线评论,信息反馈更为直接高效。同时,OTA具有更为庞大的用户信息数据,能够为酒店提供丰富的市场信息。

4.政府客户

酒店的政府客户,是指因公务活动,如会议、考察、培训等需求而入住酒店的政府机构及其工作人员,包括各级政府官员、公务员、事业单位人员等。这类客户因其特殊身份和公务需求,对酒店的服务品质、设施配备、安全保障等方面有着较高的要求,且期望得到住宿、会议、餐饮等全方位的周到服务。

多个因素共同影响着政府客户在酒店选择上的购买行为。一是酒店服务和设施能否满足公务需求。政府客户的住宿需求往往与公务活动联系紧密,对酒店的服务,如响应速度、会议设施、网络通信等方面有较高的要求,并且比较看重酒店提供的服务是否周全。二是重视酒店的安全与隐私程度。由于政府客户的特殊身份,他们对酒店的安全保障和隐私保护尤为关注。这就要求酒店建立完善的安保体系,确保客户的人身和信息安全,并且在提供舒适的住宿环境同时,尊重客户的隐私需求。三是关注酒店公众形象。酒店形象是影响政府购买酒店产品的关键因素之一,政府人员由于其工作的特殊性,一般十分看重自身的公共形象。政府人员入住的酒店也一定程度上代表着其公共形象,因此,拥有良好口碑,且奢华度适当的酒店往往会受到政府客户的青睐。四是政府相关政策规定。随着中央八项规定和党的群众路线教育实践活动持续深入推进,政府消费行为愈发理性。公款消费受到严格控制,每一笔支出都必须符合相关标准,以此维护政府公正、公开、廉洁的公共形象。

拓展阅读

▼

清山酒店的多元客户群体

二、根据客户消费阶段分类

酒店客户在不同的消费阶段有着不同的心理和需求特征,对其进行分析有利于优化酒店服务,提高顾客满意度与忠诚度,实现酒店客户关系管理的目标。

(一)消费前的客户

客户在酒店消费前通常会根据自身需求、过往经验和多种渠道(如互联网、朋友推荐等)搜集到的酒店信息,对酒店形成一定的期望,这些期望将直接影响客户的预订决策和后续评价。消费前的客户主要关注以下几个方面。

1.地理位置与交通

客户通常会选择地理位置优越、交通便捷的酒店,他们希望酒店能够靠近自己的目的地,方便出行和旅游,以降低交通成本。值得注意的是,一些具有中转需求的客户,会关注酒店是否有接送机的接驳服务。针对这一情况,酒店需要根据自身的定位考虑是否设计此项服务。

2.价格

价格是客户选择酒店时考虑的重要因素之一,客户会比较不同酒店的价格,选择符合自己预算的住宿地点。他们可能会关注酒店的折扣、优惠活动以及是否提供早餐等附加服务来综合评估性价比。因此,合适的定价与优惠策略将提高客户选择酒店的概率。

3. 设施与服务

酒店的服务与设施要与其定价相匹配,即便是服务超出设施水平的不匹配情况,也可能引发客户的疑虑,进而降低客户选择该酒店的概率。"一分钱一分货"的原则既是市场经济中价值规律的体现,也是酒店和客户之间的信任契约。

4. 安全性

客户期望酒店能够提供安全的住宿环境,保障自己的人身和财产安全。此外,隐私安全同样值得注意,酒店需要有明确的说明和服务保障客户的隐私,让客户住感受到真正的安心。

5. 口碑与品牌

良好的口碑是获得客户青睐的基础,会让客户认为这些酒店更有保障,服务质量更高。在此基础之上,酒店的品牌更是让客户产生信任的保障。因此,酒店要注重自身的口碑维护,并进一步进行品牌建设。

(二)消费中的客户

消费中的客户经过了选择酒店的信息处理阶段,最终来到酒店进行消费,在这一阶段客户更加重视整个消费过程的体验感受。消费中的客户主要关注以下方面。

1. 服务

服务是客户消费体验的核心,让客户满意的服务通常需要符合这几个维度。首要的是尊重。无论面对什么样的客户,服务人员都应展现出基本的人格尊重,确保不会让客户感受到歧视或不平等对待。在此基础之上,需要进一步了解客户的社会文化背景、宗教信仰等,以便更好地理解并满足客户的多元化需求,避免任何可能冒犯客户的行为。

2. 态度

每位入住酒店的客人,都希望见到酒店员工亲切的微笑、热情真诚的问候以及彬彬有礼的举止,这是酒店给客人的第一印象,也是建立良好关系的基础。同时,每一次的对客接触,都考验着服务人员是否能够运用恰到好处的态度对待客户。态度是构成客户最终体验的主要部分。

3. 效率

无论是前台登记、餐厅用餐还是客房服务,服务人员都应确保服务快捷、规范和准确无误。这要求酒店的服务人员一方面具有良好的语言沟通能力,能够清晰地与客户交流,高效解答疑问;另一方面具有过硬的专业能力,能够迅速识别客户的需求和问题,进而提供准确的服务。

4. 环境

这里的环境指酒店内部的实体环境与氛围环境。在实体环境方面,需要注重酒店的卫生情况,如确保客房、公共区域等地方干净整洁,床单、被套、卫生纸、洗发水等起居用品的齐全干净。酒店内部的空间布局要规划合理,确保客户活动的流畅性和舒适度。在氛围环境方面,内部装饰要注意色彩的协调统一,考虑客人的视觉心理感受,避免使用过于刺眼或沉闷的色彩。同时可以适当从气味、灯光、背景音乐等方面进行综合的设计,整体营造出舒适、温馨的氛围。

(三)消费后的客户

通常情况下,在经历了酒店消费之后,客户普遍会对这次消费体验进行回顾,如果消费体验符合甚至高于自己的预期,则会有较高的满意度,日后继续选择同一酒店的可能性也会增加;如果低于预期,满意度就会降低,影响酒店的客户留存率。

为了确保客户满意度,酒店在客户消费后还需提供周到的后续服务。例如,建立酒店会员制度,每当客户退房时给予一定积分,这些积分可用于享受酒店折扣优惠或兑换精美礼品。此外,酒店还可以赠送特色礼品,或者允许客户带走部分酒店物品,如高档酒店常提供的高品质洗漱用品,客户在退房时可一并带走作为纪念。总之,通过这些恰当的后续服务措施,可以有效提升客户满意度与重复购买意愿,进而培养客户的忠诚度,构建更加稳固和长久的客户关系。

典型案例　　　丽思卡尔顿酒店的精品离店礼物

73

丽思卡尔顿酒店,作为全球知名的奢华酒店品牌,一直以来以其卓越的客户服务、精致的住宿体验和个性化的服务细节而著称。其奢华与细致的服务理念不仅体现在客户的入住期间,精致的离店礼物更是这一理念的突出象征。

丽思卡尔顿酒店与国际知名奢侈品品牌爱斯普瑞(Asprey)进行合作,其房间内部的洗漱用品均来自Asprey。对于这些较为昂贵的洗漱用品,丽思卡尔顿酒店没有表现出丝毫吝啬,反而鼓励每一位入住的客人将他们作为酒店的礼物带走。许多客户将此举视为一种定制化服务的体现,感受到了酒店的尊重。对于入住行政楼层及套房的客人,丽思卡尔顿酒店还准备了特别的纪念礼物,如带有客人姓名的烫金信笺及名片、定制的文具等。丽思卡尔顿酒店经营者深知,优质的酒店服务不仅限于客人入住期间的服务,离店服务同样不容忽视。因此,丽思卡尔顿鼓励客户带走酒店的物品,并精心设计纪念礼物,旨在让宾客感受到酒店的细致关怀和超值服务,从而在酒店服务的最后一环持续提升客户满意度。

(资料来源:拱墅发布《入住五星级酒店,房间里哪些东西可以拿走?》。)

三、根据客户的人口特征分类

客户的人口特征通常包括性别、年龄、婚姻状态等因素。这些人口特征因素即是一般意义上的客户基本信息,是酒店最容易获取的客户信息。因此,当酒店进行客户细分时,以人口特征分类往往是最主要的细分策略之一。

（一）根据客户性别分类

在酒店行业的早期，根据客户性别的分类策略并没有受到重视，酒店房间的设计可能更倾向于中性风格，注重房间的舒适与华丽程度。随着市场竞争的加剧和消费者需求的多样化，酒店业开始逐渐意识到性别细分的重要性，性别因素逐渐成为营销酒店经营策略的一大主要影响因素。例如，一份2017年精品酒店行业市场分析显示，女性占精品酒店总消费人群的52.6%，显示出女性消费者在精品酒店市场已占据半壁江山。可见，伴随着女性消费能力的提升，其消费需求是酒店行业不容忽视和值得深入关注的。

许多酒店开始根据性别特征，制定更加精准的市场定位和营销策略。例如，一些酒店会推出女性专属楼层或房间，提供更加细致入微的服务和设施，如柔和的灯光、舒适的床品、精致的梳妆台等，以满足女性客户的独特需求。同时，一些酒店还会在营销推广中突出性别特色，吸引目标客户群体的关注。总的来说，随着市场竞争的加剧和消费者需求的不断变化，性别划分策略将在酒店业中发挥越来越重要的作用。

（二）根据客户年龄分类

根据年龄，客户可以被分为青年客户、中年客户、老年客户三个年龄层级。

青年客户群体，通常追求新奇与时尚，喜欢通过社交媒体平台表达自己的个性，但同时经济条件又相对拮据。对于青年客户群体，酒店可以与本地热门景点、酒吧、餐厅合作，提供联名优惠或体验券，通过推出热点活动来吸引他们。与此同时，酒店可以利用社交媒体进行营销，推出限时折扣、早鸟优惠等进一步在营销与价格策略上迎合青年客户群体的需求。

中年客户群体，是酒店消费的主力军。这一群体的酒店需求通常在商务出行与家庭出游两方面，他们的价格敏感度相对较低，更注重酒店的品质与服务。这就要求酒店在内部设计上要注重提供商务服务（如会议室、商务中心）、家庭服务（如儿童游乐区、婴儿床）等功能性设施，根据客户需求提供相应服务如接送机、商务接待等。

老年客户群体，通常追求安全、舒适和便利的住宿环境，并对医疗、健康服务有一定需求。如果酒店的老年客户群体占比较大，应该注重温馨、舒适的装修风格，并注意酒店设计的细节和人文关怀，如提供无障碍设施（电梯、卫生间扶手等）、配备医疗急救服务等。

（三）根据客户婚姻状态分类

婚姻状态是酒店在进行客户分类时的重要参考因素，婚姻状态主要可分为单身、已婚和有子女的家庭。单身客户与已婚客户的需求区别并没有特别突出，单身客户会比较注重个性与多样化，而已婚客户则因为要考虑到两个人共同的居住环境，更加注重住宿的舒适程度。

需要特别注意的是有子女的家庭客户，这一类酒店客户通常为夫妻两人加子女的组合，注重家庭的共同体验感。家庭客户通常家庭观念较强，出行时优先考虑孩子的需求和舒适度。针对这一特征，酒店要注重家庭友好型客房的设计。例如，在客房设计上采用温馨、舒适的设计风格,配备婴儿床等儿童住宿设施;注重客房的安全防护,确保客房内安装儿童安全防护设施,如防护栏、防滑地垫等;提供儿童餐具、儿童洗漱用品等起居用品。

第三节 酒店客户增长管理

识别客户资源并重视加强客户增长管理是现代酒店打造品牌、提高顾客忠诚度的有效途径。酒店存在着有限服务能力与无限营利需要之间的矛盾,这一矛盾促使酒店需要选择能够给酒店带来最大收益的客户,并实施客户增长措施。

一、酒店客户识别

酒店客户增长管理,首先需要明确谁是客户。传统观念认为,酒店的客户越多越好,客户越多无异于利润越多,因此酒店应尽可能多地吸引客户。但在具体探讨该问题时会发现,客户的需求是多种多样的,并不存在一个全能的酒店能够满足客户的所有差异化需求(价格、偏好、功能等)。酒店的人力、物力等资源是有限的,这决定了酒店只能提供有限的服务,即酒店能够有效服务的客户数量是有限的。同时,酒店经营的最终目的是营利,只有不断营利酒店才能运营下去。因此,酒店存在着有限服务能力与无限营利需要之间的根本矛盾,这促使酒店需要选择能够给酒店带来最大收益的客户,并且这种客户的需求能够以相对低成本的服务来满足。

(一)酒店客户识别标准

现代营销学之父菲利普·科特勒曾指出,对企业有益的客户可以被认为是那些能够为企业带来长期价值、促进企业发展并符合企业战略目标的客户。据此定义,可以得出以下的酒店优质客户识别标准。

1.高消费能力

优质酒店客户往往具备较高的消费能力,愿意为高品质的住宿体验和服务支付相应的费用。优质客户的住宿费用、餐饮消费,以及其他增值服务(如SPA、健身、娱乐等)的支出都相对较高,能够为酒店带来可观的直接收入。

2.高忠诚度

优质酒店客户不仅单次消费高,区别于只进行一次消费的高消费酒店客户,通常具有较高的忠诚度,会多次选择同一家酒店入住。优质酒店客户的回头客行为能给酒店带来稳定的收入来源,还能通过口碑传播为酒店吸引更多新客户。

3.有潜在增长价值

优质酒店客户可能具备潜在的增长价值,如商务客户可能带来会议和宴会业务;家庭客户可能随着家庭成员的增加而增加住宿需求;旅游客户可能因为对酒店所在地区的喜爱而多次光顾酒店等。

4. 低服务成本

低服务成本是一个相对的概念,它并不意味着酒店通过偷工减料或欺骗易受骗的消费者来刻意降低成本;相反,它指的是酒店在不额外增加成本的基础上,精准匹配高消费能力客户的需求,这更侧重于寻找与目标客户群体相契合的服务。例如,一家配备有游泳池的酒店,其理想的目标客户应当是热爱游泳的宾客,而非为了吸引搏击爱好者而额外增设拳击馆,这样的做法并不符合成本效益原则,也偏离了目标客户群体的定位。

5. 经营风险小

能够为酒店带来稳定的低风险收入,也是判断优质客户的一大标准。通常这类酒店客户的特征是消费习惯稳定、信誉记录良好。例如商务或者会议酒店通常拥有一批长期合作的协议客户,这些客户包括大型企业、政府机构以及高端旅行社。这些客户每年都会根据协议在酒店预订一定数量的房间和会议室,用于会议、培训或接待活动。这些酒店客户具有稳定的消费习惯,酒店可以提前规划并准备相应的资源,从而降低经营风险。同时,这些酒店客户信誉度尚佳,往往能够按时支付账单,是酒店稳定收入来源的一大保障。

6. 市场影响力强

某些酒店客户具有较高的知名度、良好的声誉和广泛的人脉资源,市场影响力大,能够对酒店的品牌形象推广、市场份额扩大和客户群体塑造产生积极的推动作用,助力酒店的品牌价值创建和市场竞争力提升。例如,某行业协会的领导者经常在某五星级酒店举办行业会议和论坛,并邀请众多行业内的重要人物参加。由于该领导者在行业内的权威地位和广泛影响力,这些活动不仅为酒店带来了稳定的会议收入,还极大地提升了酒店在该行业内的知名度和影响力。许多参会者因此成为酒店的潜在客户,为酒店带来了更多的业务机会。

(二)酒店客户识别策略

1. 深入了解市场趋势

酒店通过实时把控市场动态,可以更好地制定经营战略,这也是对客户进行动态识别的有效方式。首先,酒店可以分析竞争对手的客户群体及其服务策略,识别市场空白与机会,寻找优质客户;其次,酒店可通过跟踪社交媒体和在线评价平台,了解客户的最新需求特征,进而挖掘消费潜力大的客户群体;最后,通过对市场中营销渠道的分析,酒店可以选择合适的沟通渠道与客户互动,深入且全面地了解目标客户。

2. 选择与酒店定位匹配的客户

与酒店定位最匹配的客户即是最好的客户。这种匹配带来的好处有很多,例如服务成本低、客户满意度高、客户忠诚度培养较为容易等。同时,不同于以小博大或者降价促销等短期经营策略,为酒店找到匹配的客户是酒店长期稳定经营的长久之计。这要求酒店能够根据市场需求与自身条件,找到目标群体,建立明确的市场定位,进行品牌建设,吸引目标客户。

3.基于客户关系管理(CRM)系统的动态识别

酒店客户识别并不仅限于寻找客户的初级阶段,在酒店整个经营过程当中,都应该对客户进行实时识别,建立完善的CRM系统是实现这一目标的有效手段。通过CRM系统,酒店可以收集如预订频率、消费金额、入住时长、偏好房型等客户信息,并实时进行信息更新,动态评估酒店客户的消费行为,识别优质的酒店客户。

二、基于RCCCRE模型的酒店客户增长措施

在通过客户识别确定目标客户群体之后,酒店便要正式实施自己的客户增长措施。RCCCRE增长模型,主要适用于线下低频消费为主的酒店业。RCCCRE模型能够体现现代客户关系管理的三大职能,即客户全接触点管理、客户体验管理和客户协作管理,具体可进一步细分成六步骤,即客户接触(Reach)、客户连接(Connect)、客户培育(Cultivate)、客户转化(Convert)、客户留存(Retention)和客户拥护(Endorse),如图3-1所示。

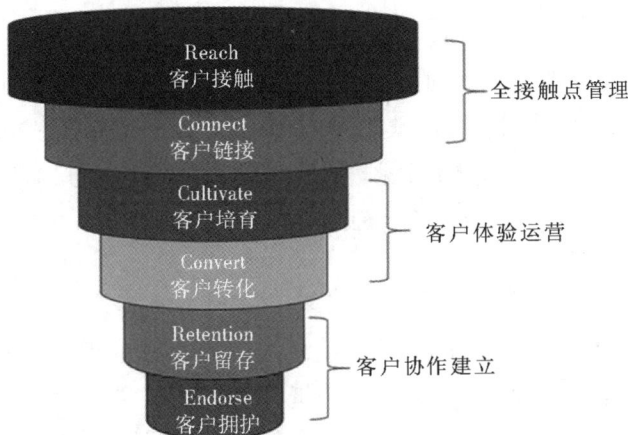

图3-1　RCCCRE客户增长模型

(资料来源:葛璐璐,武健宇,高先豪,张远连.基于RCCCRE模型的古镇民宿咖啡店客户关系管理研究——以南京市江宁区佘村民宿咖啡店为例[J].经济学,2024,7(4):153-155.)

(一)客户接触(Reach)

客户接触是酒店客户增长的第一步,旨在对酒店的产品、服务、理念等信息进行传播,以吸引潜在客户,激发其消费动机。酒店业以线下实体消费为主,需要其尽可能多地利用分销与推广渠道来扩大与新客户的接触面和接触点,以实现有效的客户获取。

在接触方式方面,传统的接触方式有面对面接触、广告与电话推销等。进入互联网信息时代之后,接触方式进一步线上化,如互联网信息搜索、网络社交媒体等。近年来由于大数据技术迅猛发展,根据计算机算法而产生的匹配推送,进一步优化了酒店与客户接触的准确

度与效率。

酒店可以根据具体的业务选择不同的接触方式。在面对旅行社等企业客户谈合作时，酒店主要采用面对面或电话沟通的接触方式，这种接触能够保证双方的有效沟通。在面对消费者时，需要更加高效与广泛的信息传播，社交媒体与算法推送这种接触方式更为高效。在接触管理方面，一方面要将客户进行市场细分，如年龄、偏好、收入等，进行精准接触，提高接触的效率；另一方面，要在合适的接触点用合适的接触对象进行客户接触，例如在客户出行前浏览社交媒体时推送精致的酒店广告等。

（二）客户连接（Connect）

酒店客户连接，旨在酒店接触到客户之后，能够与客户建立双向互动的联系关系，进而初步获得用户画像。酒店客户连接主要分为线上与线下两种模式。传统的线下模式为，当酒店获得有价值的客户信息后，会通过上门拜访或电话营销等方式进行关系建立。这种线下模式在建立连接方面无疑是困难的，获取信息更是低效的。在如今的数字化时代，线上的连接模式得到了极大的推崇。

线上客户连接模式主要有两种。其一，酒店通过运营的社交媒体账号，与客户展开活跃而富有成效的互动，这种即时且多向的沟通方式极大地拉近了双方的距离；其二，鼓励用户在酒店官网注册成为会员，以此为基础建立长期稳定的客户关系，确保双方能在将来开展持续、深度的了解与合作。通过客户的注册信息与长期的线上互动，酒店可以获取有用的信息。另外，酒店在通过互联网获取用户信息时，要遵守相关的法律法规，规范数据采集行为。

（三）客户培育（Cultivate）

在建立连接并获得客户的初步信息之后，需要通过持续的用户互动来维持关系。酒店客户培育阶段的核心在于，基于初步的客户分析，酒店需采取有针对性的互动方式和信息传递策略，旨在深化与客户的关系。线下培育方式通常有预约拜访、线下聚会活动等。线上培育方式则要更为精细化。首要步骤是深入剖析所获取的酒店客户信息，精心构建酒店客户画像，这一画像不仅详尽描绘了酒店客户的特征，还揭示了其潜在需求与偏好。随后，基于这些酒店客户画像进行细致分类，确保每一类别都精准对应特定的酒店客户群体。接下来，针对每一类别设计独一无二的个性化信息内容，这些内容紧密贴合该类酒店客户的兴趣与需求，旨在通过精准营销直达酒店客户内心。通过这一系列的精细化操作，达到培育酒店客户的目的。

在线上培育过程中，需重点关注三个方面。一是信息内容的设计至关重要。推送给酒店客户的内容需紧密贴合用户画像，确保与酒店产品紧密相关，同时具备权威性、情感共鸣及参与性，且内容形式应丰富多样。二是互动渠道的选择不容忽视。当前，微信公众号、小红书等新兴社交媒体平台已成为热门的互动渠道，它们在激发酒店客户参与互动方面表现出色。三是线上客户培育的核心在于有效获取并利用用户数据。数据的支持是确保互动有效性的基础,因此,必须重视每一次与酒店客户的互动数据收集工作,并持续完善用户画像,以提升培育效果。

(四)客户转化(Convert)

酒店客户转化是客户增长管理的关键阶段,这意味着酒店成功完成了商品出售的"惊险一跃",即潜在酒店客户进行了购买行为,转变成了现实酒店客户。转化量与转化率是这一阶段要重点关注的两个衡量标准。转化量是指实际发生购买行为的酒店客户数量,这一数量是通过一系列转化过程逐步累积而成的:从最初接触的酒店用户群体,到建立联系的用户,再到产生互动并最终完成购买的用户,形成了一个层层递进的转化链条。

转化率是指在线购买用户占总体访问用户的比例,主要受到价格、产品、体验这三个要素的影响。首先,在价格策略上,酒店业因其渠道分散性和产品组合的丰富多样性,广泛采用了差别性定价方式。其中,按顾客购买时间的不同实施差别定价,以及根据季节变化灵活调整价格等,是行业内常见的定价策略。其次,就酒店产品设计而言,从传播效果与转化率优化的角度出发,酒店产品的核心理念需涵盖客户关切点、产品的核心构成元素以及独特的差异化卖点。因此,在酒店产品设计上,应紧密围绕这三个核心要素构建内容体系,确保能够迅速且有效地触达客户的感知点,从而增强他们对产品价值的认同,进而推动转化率的显著提升。最后,为了有效提升线上购买转化率,酒店用户体验被置于至关重要的地位。这意味着必须精心打造线上产品展示的视觉呈现与交互设计,确保它们能够充分满足并超越客户的期望,从而保障高品质的客户体验。

(五)客户留存(Retention)

酒店客户留存指的是已成功转化为客户的群体,在后续阶段持续保持对酒店营销计划的积极支持与参与,同时展现出在未来有需求时倾向于再次选择并购买酒店产品的忠诚度行为。酒店客户留存主要体现在两大核心方面:一是酒店客户的忠诚度,体现在客户对酒店品牌或产品的持续信赖与偏好;二是酒店客户的重购行为,即酒店客户在初次购买后,因满意度或需求再次选择购买该酒店产品的实际行动。

酒店客户忠诚,深刻体现在客户面临消费需求时,对特定酒店产品或服务所展现出的偏好性购买行为。酒店客户忠诚的构建根植于:一是酒店客户对品牌的满意度,这是情感认同的基础;二是酒店客户重复购买的频率,直接反映了忠诚度的强度;三是酒店客户主动推荐或宣传产品信息的意愿,这是忠诚度的外化表现。酒店客户忠诚可以进一步细化为态度忠诚与行为忠诚两大模式。态度忠诚,即客户在心理上对酒店品牌建立起深厚的信赖与偏好,这种内心的倾向促使他们在未来较长一段时期内,将该酒店视为首选,优先考虑其产品和服务。行为忠诚,则是这一心理倾向在行动上的具体体现,表现为客户持续不断地对该酒店的产品和服务进行消费。值得注意的是,它们之间并不构成直接的因果关系。

酒店客户的重购行为作为酒店客户留存的另一显著标志,展现了超越品牌忠诚度的复杂动因。尽管部分酒店客户可能并未对酒店品牌产生特别的情感联结,却仍因一系列外部因素的吸引而重复选择该酒店。这些因素主要包括但不限于产品与服务的持续创新,为酒店客户带来新鲜感与惊喜;体验的不断优化,使酒店客户收获更好的感受;优惠与福利政策的适时推出,以实实在在的利益回馈客户。这些因素共同的作用,促使酒店客户在综合考虑后,选择再次光顾。

(六)客户拥护(Endorse)

酒店客户拥护,即酒店客户自发成为酒店品牌的"忠实传播者"与"口碑缔造者",他们不仅乐于分享酒店品牌,还积极将酒店产品与服务推荐给周围人群。相较于酒店客户转化与酒店客户留存需要酒店持续投入与努力,酒店客户拥护则取决于客户自身的社交影响力,这种自主性的分享与推荐行为,如同为酒店装上了高效的"新客户放大器",帮助酒店拓宽了市场范围。

酒店客户拥护的表现形式丰富多样,如主动在社交平台分享酒店体验、参与酒店精心设计的分销计划,积极为产品改进与优化建言献策等。这种正向的链式反应尤为显著。一位满意的酒店客户向多位朋友推荐后,其中部分朋友又成为新的传播节点,继续将信息传递给更广泛的社交圈,从而在几乎零成本的情况下,让酒店品牌触及并吸引众多潜在客户。因此,酒店客户拥护是酒店实现可持续增长与品牌影响力扩大的宝贵资产。

三、酒店会员制度

传统意义上的会员制度起源于17世纪的欧洲。当时,封建贵族阶层为了将自身与平民阶层区隔开来,创建了各种类型的封闭式俱乐部,即会员俱乐部。这些俱乐部通过为会员提供身份上的尊贵感及特权来维持其会员制度,成为当时社会阶层分化的重要标志。伴随着商业的发展,会员制度已从特权身份的象征转变为一种商业模式,即企业为一部分客户群体提供专属服务和优惠,来吸引与留住客户。对于客户流动性较强的酒店行业来说,会员制度在发展与稳定酒店客户群体方面具有重要意义。

(一)会员管理

酒店会员管理是现代酒店业中不可或缺的一环,它旨在通过维护和管理客户关系,培养客户忠诚度,增加重复消费和口碑传播,进而提升酒店业绩和品牌形象。酒店会员管理主要包括会员等级与权益、会员卡管理等内容。

1. 会员等级与权益

酒店会员管理通常根据客户的消费金额或积分累积进行分级,不同级别的会员享有不同的权益。不同酒店的会员等级分类标准不同,以希尔顿酒店为例,其会员等级为蓝卡会员、银卡会员、金卡会员、钻石卡会员四个等级,其会员获取条件与对应权益如表3-1所示。

表 3-1　希尔顿酒店会员等级与权益表

会员等级	获取条件	权益
注册会员	注册即可	在线选房,奖励住宿无须支付度假村费,专属荣誉会客体验
银卡会员	入住4次或10晚,或累积25000点基础积分	享受注册会员权益,住宿赚取额外奖励积分20%,积分兑换住宿住五付四
金卡会员	入住20次或40晚,或累积75000点基础积分	享受银卡会员权益,住宿赚取额外奖励积分80%,根据房态免费升房,每日餐饮消费额度或欧陆早餐,里程碑奖励
钻石会员	入住30次或60晚,或累积120000点基础积分	享受金卡会员权益,住宿赚取额外奖励积分100%,行政酒廊使用权,48小时客房保证,礼赠尊贵会籍

(资料来源:飞客资讯《2024年更新! 希尔顿荣誉客会 会员计划权益及介绍》。)

总体而言,酒店会员等级制度是会员制度的具体体现,酒店通过对会员进行等级划分,逐级提高会员权益,进一步鼓励客户消费,留存高价值客户。

2.会员卡管理

会员卡是会员制度的现实载体,酒店会员管理的大部分内容都是通过会员卡管理实现的。会员卡管理主要包括会员卡的注册、查询、升降级等。首先,在会员卡注册方面,这是酒店客户转变为酒店会员的关键环节,需要在诸多方面加以关注设计。例如:便利的会员注册渠道(酒店可以在官方网站、移动应用、社交媒体平台及酒店前台设置注册入口,确保客户可以方便地找到注册途径);合理的注册条件(如不需消费即可注册成为普通会员,或设定一定的消费门槛以吸引高价值客户);注册激励(为新注册会员提供积分奖励、首次入住优惠等激励措施,增强注册吸引力)。其次,在会员卡查询方面,这一功能的主要目的在于通过查询服务,让客户随时了解自己的会员卡信息、积分余额及交易记录,保证客户的消费知情权,鼓励其利用好自己的现有权益进行消费。对于查询功能的设计,酒店可以在官方网站、移动应用等渠道设置会员卡查询功能,支持会员自助查询,或通过电子邮件、短信等方式定期向会员推送积分余额、会员权益等信息,提高客户关注度。最后,在会员卡升降级方面,升降级机制在激励会员消费、提供差异化服务培育客户忠诚度、识别客户价值等方面具有重要意义。因此,酒店要设计明确且合理的会员升降级标准(包括消费金额、入住次数、积分累积等),并在此基础之上做出及时的评估与调整,如利用酒店管理系统自动评估会员的消费情况,根据升降级标准自动调整会员等级。

（二）积分管理

在前文我们了解到,会员积分制作为会员体系中的核心环节之一,充当了衡量会员等级的标准。与此同时,在一些酒店,积分还可以用来换取特定福利,其本身已经变成了会员权益的一种,对于酒店客户具有重要意义。因此,酒店能否巧妙运用会员积分策略,不仅关乎客户体验的升级,更是衡量其会员制度实施成效的重要标尺。

1. 积分获取

酒店会员积分获取主要分为以下几个途径：入住积分（会员在酒店入住时，根据房价金额及入住天数累积相应的积分）；消费积分（除了房费外，会员在酒店内的其他消费，如餐饮、SPA、洗衣等，也可以累积相应的积分）；活动积分（酒店定期举办各类促销活动，如会员日、节日庆典等，会员参与这些活动可获得额外的积分奖励）；推荐积分（会员通过成功推荐新会员入住酒店，可获得一定数量的积分奖励）；合作伙伴积分（酒店与合作伙伴，如航空公司、信用卡公司等合作，会员在合作伙伴处消费也可获得酒店积分）。酒店可以基于自身的实际情况，采取多样化的积分获取设计，利用积分激励客户充分消费。

2. 积分兑换

积分兑换是客户重点关注的会员权益，一些客户可能并不会注重会员等级增长所带来的权益，却十分关注自己获取的积分能否带来立竿见影的收益。因此，设计有效的积分兑换奖励对酒店来说至关重要。大多数情况下，酒店的积分兑换奖励包括客房兑换（积分可直接用于兑换免费客房或客房升级服务）、服务兑换（接送机、餐饮等），这些兑换奖励虽然常见，但对酒店客户来说却是最实在的，同时也最契合酒店自身的产品供给优势。随着近年来线上经济的发展，酒店积分兑换的种类也日趋丰富。一些酒店开始设有积分商城，客户可以在线上利用积分，自主兑换各类礼品，如酒店纪念品、旅行用品等。

3. 积分规则

合理的会员积分规则能够促使客户为获取积分积极消费，是酒店会员积分管理的重要部分。本章节的前两个部分介绍了酒店会员积分获取与积分兑换的相关内容，针对这两部分内容的规则细化，如根据消费金额获取相应比例的积分、设定积分兑换范围与兑换比例等，共同构成了积分规则的内容。除此之外，需要注意的另一重要内容是积分有效期管理。酒店要设定积分的有效期，一般为一年至两年不等。在有效期内，客户可以使用积分进行兑换，过期后，积分将自动失效，不再保留。这是保证酒店会员积分制有效存续的重要途径。同时，为了避免客户积分过期造成损失，酒店可以设置提醒机制，通过短信、邮件、APP 推送等方式提前通知客户积分余额和有效期情况，提醒客户及时使用。

（三）储值制度

酒店储值制度是指酒店向客户提供的一种预先充值服务，客户可以通过线上或线下渠道向酒店账户存入一定金额的资金，并在未来消费时直接使用这些储值金额和享受相应的优惠。该制度的主要目的是通过提供优惠和便利，吸引客户预先储值，从而锁定客户的未来消费，提升客户忠诚度和酒店收益。

在酒店行业中，许多酒店都会利用储值制度作为会员制度的补充，即储值制度通过资金的预先锁定和优惠的即时享受来吸引客户，并通过会员制度实现长期的客户关系维护和专属优惠来增强客户忠诚度。两者共同作用于增强客户对酒店的依赖性和忠诚度，从而实现酒店的持续发展。表 3-2 是对储值制度与会员制度的对比分析。

表 3-2　储值制度与会员制度的差异

	储值制度	会员制度
核心机制	侧重于客户预先在酒店进行资金存储,以便未来消费时直接使用,为酒店带来直接的现金流	基于客户的消费行为和忠诚度进行分级管理,不同级别的会员享有不同的特权和优惠,着眼于长期的客户关系培养
优惠方式	通常提供较为直接的折扣或优惠,如预先存入一定金额后享受更高的折扣率或特定服务,优惠的获取与储值金额直接相关	优惠的获取与会员的消费行为和忠诚度紧密相关。除了直接的折扣和优惠外,还可能包括积分奖励、生日礼物、专属活动邀请等多元化的福利
客户关系	基于储值预付提前锁定客户的未来消费,与客户形成简单高效的供给与消费关系	侧重于逐步培养客户的消费习惯与忠诚度,形成持久的客户关系

　　值得注意的是,许多酒店实行储值制度的根本目的在于提前锁定未来收入,以获得现金流解决当下的经营问题。这可能导致酒店轻视其未来的服务质量,致使客户在消费完其储值额度之后便再也不会光顾该酒店。因此,酒店应善用储值制度,切勿因锁定客户的消费额度之后便轻视其后续的服务体验,导致长期客户关系的难以为继与酒店口碑受损。

思考与练习

1. 结合案例分析酒店业态变化趋势及细分市场客户需求。
2. 酒店客户组织主要包含哪些类型?
3. 结合案例探讨在客人离店及往后这一阶段如何实施酒店客户关系管理。
4. 如何理解"与酒店最匹配的客户即是酒店最好的客户"这句话?
5. 在移动互联网时代应该如何更好地开展客户接触?
6. 简述酒店储值制度的风险。

扫码看
答案

第四章 →

酒店客户价值管理

学习目标

1. 了解酒店客户价值和客户价值管理的内涵
2. 掌握顾客价值理论和顾客价值分析的理论公式
3. 探究新时代数字化系统驱动下提升酒店客户价值的途径

核心概念

客户价值(Customer Value)

顾客价值理论(Customer Value Theory)

顾客感知价值(Customer Perceived Value)

客户让渡价值(Customer Delivered Value)

客户终生价值(Customer Lifetime Value)

客户生命周期(Customer Lifecycle)

VIP 客户(Very Important Person,VIP Customer)

酒店客户分级管理(Hotel Customer Grading Management)

顾客营利率(Customer Profitability)

顾客生命周期价值(Customer Lifetime Value)

贵宾型客户(Most Valuable Customer,MVC)

改进型客户(Most Growable Customer,MGC)

维持型客户(Maintained Customer)

放弃型客户(Below-Zero Customer)

  酒店客户价值管理的核心目标在于,通过精准识别与分析顾客价值,并实施分级管理策略,以实现资源的优化配置和精细化管理。这一做法旨在增强客户的忠诚度,提高酒店的营利率,从而最大化酒店客户价值。本章将深入探讨酒店客户价值的本质,针对不同客户群体构建差异化的分级管理体系,并提出有效的客户价值识别分析方法及提升策略。

第一节　酒店客户价值概述

明确酒店客户价值的内涵,衡量和识别酒店客户价值,是开展酒店客户价值管理的首要步骤。借鉴客户顾客价值的相关理论,结合酒店客户关系生命周期,酒店可以更细致地对客户进行初步分类和发现潜在客户。

一、酒店客户价值的内涵

(一)价值的内涵

关于价值的定义与内涵,学者们从不同研究角度给出过各种定义。例如在《中国大百科全书·哲学卷》(1987)中,价值是主体与客体间的某种相对性关联;莫里斯·霍尔布鲁克提出价值与个人经历有关,它会随着个人偏好的不同、不确定性因素的存在,以及所选择对象的变化而相应地发生改变。

综合多方观点,并着眼于酒店企业经营管理的实际需求,本书提出,在探究价值判断时,应首先明确价值感受的主体,将其分为酒店企业与客户两大类,作为研究的前提。这样的设定有助于更全面、系统地开展价值判断工作。同时,价值具有一定的相对性、主观性和动态性。酒店企业需要站在客户的角度充分认识目标客户的需求,掌握信息和需求途径,有效地为客户创造和提升价值。

(二)顾客价值理论

自20世纪80年代以来,在实际管理操作和顾客价值研究领域,众多学者从不同角度出发,对顾客价值进行了多样化的定义,旨在探讨顾客如何评估他们从产品或服务中所获得的利益,以及这些利益与他们所付出的成本之间的平衡,形成了关于顾客价值理论的各种学派。

1.载瑟摩尔顾客感知价值理论

载瑟摩尔(1988)最早提出顾客价值理论,受到了后来学者的广泛认同和深入思考。该理论认为顾客价值的本质其实是顾客感知价值(Customer Perceived Value,CPV),价值是顾客根据其所付出和获得的主观感受而对企业产生的主观评价。

载瑟摩尔研究发现,顾客感知价值中的付出部分不仅涵盖货币成本,还包括非货币成本,如投入的时间和精力等。一方面,顾客在衡量成本时,会根据个人偏好有所侧重,有的人可能更看重价格,而另一些人则可能更关注购物的便捷性或品牌声誉。这些非货币因素,即所谓的"价值信号",往往在顾客的购买决策中扮演着重要角色,甚至在某些情况下超越了金钱价值的关键性。另一方面,在评估产品或服务的价值时,顾客所得的部分也呈现出多维度的考量。顾客不仅看重产品本身的质量,即内部特性,还会被包装、颜色这些外部特性所吸引,并且品牌形象和信誉对他们来说同样重要。产品的内部特性价值,往往要通过顾客首先感知到的外部特性表达出来。

2.格隆罗斯顾客价值过程理论

关系营销和管理领域专家格隆罗斯(Gronroos,2004)认为,顾客价值不应仅限于单次交易,而应体现在与顾客建立的长期关系中,这一过程就被称为价值过程。格隆罗斯顾客价值过程理论强调,关系营销的核心在于创造持续的价值,这种价值超越了单次交易的局限。在这一系列行为构成中,顾客更看中整体体验,而非单一的产品或服务,因此即使产品不是市场上最佳的,只要双方之间的关系本身具有价值,顾客仍有可能继续选择该企业。由此可见,企业在关系营销中创造的卓越价值不仅能够助力企业在市场中脱颖而出,还能帮助企业构建持久的竞争优势。由此,格隆罗斯认为仅靠顾客感知来定义价值是片面的,真正的顾客价值应该涵盖企业与顾客之间的互动,以及长期关系所带来的影响。

在整个生命周期中,顾客感知价值(CPV)可由以下公式表示:

$$CPV=(TB+RB)/(TC+RC)$$

其中,CPV表示顾客感知价值,TB表示交易利益,RB表示关系利益,TC表示交易成本,RC表示关系成本。

基于格隆罗斯的关系营销概念,他与拉伍德(Ravald)共同提出了全情景价值的概念。他们认为,在探讨顾客感知价值时,应当更加重视关系本身的价值,这种价值不仅涵盖了核心产品、附加服务,还包括为维护关系所做的各种努力。这一理论超越了仅关注单一客户交易阶段的"情景片段"视角,为顾客价值的理解提供了一个更为深刻和全面的框架。全情景价值(TSV)可由以下公式表达:

$$TSV=(SS+RB)/(SL+RC)$$

其中,TSV表示全情景价值,SS表示情景所得,RB表示关系利益,SL表示情景所失,RC表示关系成本。

这一全情境价值的概念将顾客与企业服务的整个关系发生过程看作全情景,顾客在每一次服务接触中会获得一定的收益,这就是"情景所得",同时在关系接触整体过程中会有一些付出的成本,这就是"情景所失"。至于关系利益与成本,从这一视角来看,当我们衡量顾客感知价值时,主要关注的是顾客对关系的认同程度。因此,在关系的发展过程中,顾客表现出的对服务提供者的认同、信任或是达成的某种关系成就,便构成了这里的"关系利益"。而为了建立这种关系所付出的努力和资源,则被视为"关系成本"。

根据上述格隆罗斯和拉伍德对顾客感知价值的补充发展,我们也能够得出顾客感知价值的另一种表达形式:

$$CPV=CV\pm AV$$

其中,CV表示核心价值,AV表示附加价值。

在这一视角下,价值被细分为核心价值和附加价值。核心价值指的是在关系建立过程中,顾客从具体产品中获得的利益与其所支付价格之间的差额,而附加价值则是通过比较附加服务的所得与为维持关系所付出的服务成本来确定的。这一分类表明,顾客感知价值是全面且综合的,它要求企业在提供价值时,必须在产品和关系服务之间取得平衡,两者都不可或缺。

3. 服务营销顾客价值理论

从服务营销的视角来看,顾客感知价值的评估需要同时考量两个核心要素:服务获取所需的全部成本投入以及由此获得的综合效用。这种效用不仅局限于产品本身的物质价值,更重要的是强调顾客在整个服务过程中感受到的服务质量。

特别值得注意的是,在实际购买决策过程中,顾客对服务质量的价值期望往往会显著超越产品本身的基础属性。在营销理论中,这种综合性的价值维度被定义为"地点、时间和形式的效用",这一概念充分说明服务的可获得性、适时性以及呈现方式等因素都构成了顾客价值感知的重要组成部分。服务营销角度的CPV可以由以下公式表达:

$$CPV = U/C = (SU + SPQ)/(MP + NMC)$$

其中,U表示效用,C表示成本,SU表示为顾客创造的服务效用,SPQ表示服务过程质量,MP表示服务的货币价格,NMC表示获得服务的成本(非货币)。

不同的顾客对便利性的需求各异,这要求服务提供者必须细致观察并满足这些个性化的需求。因此,要提升顾客感知价值,服务提供者需要全面考虑所有影响因素。另外,顾客往往更倾向于成本的降低而非单纯的利益增加。这意味着,如果服务提供者能够减少顾客的感知成本,比如通过简化服务流程、缩短等待时间或提供更加灵活的服务选项,就能显著提高顾客的感知价值。简而言之,服务提供者通过降低顾客的非货币成本可以在不降低服务质量的前提下,有效地增强顾客的整体价值感知。

4. 科特勒顾客让渡理论

根据菲利普·科特勒的观点,在顾客的价值感知过程中,"顾客让渡价值"占据着核心地位。这一概念具体指顾客通过对产品或服务进行综合评估后,所得到的客户总利益与其付出的总成本之间的差值。客户总利益(Total Customer Value,TCV)基于以下几个关键要素:产品价值、服务价值、人员价值和形象价值。产品价值体现在酒店提供的住宿和餐饮的质量、设计和功能性上;服务价值则来自酒店在销售过程中提供的额外服务,如房间布置、活动安排等;人员价值与酒店员工的专业能力、服务态度和解决问题的能力密切相关;形象价值则是客户基于酒店的品牌形象和市场声誉所产生的感知价值。

客户总成本(Total Customer Cost,TCC)不仅包括货币成本,即客户为获取服务或产品支付的直接费用;还涵盖了时间成本,即客户在选择和消费过程中投入的时间;以及精力成本,即客户在购买决策和服务体验中所耗费的精神和体力。因此顾客让渡价值(Customer Delivered Value,CDV)可以由以下公式表达:

$$CDV = TCV - TCC$$
$$TCV = PV + SV + PEV + IV$$
$$TCC = MC + TC + EC$$

其中,CDV表示顾客让渡价值,TCV表示客户总利益,PV表示产品价值,SV表示服务价值,PEV表示人员价值,IV表示形象价值,TCC表示客户总成本,MC表示货币成本,TC表示时间成本,EC表示精力成本。

虽然众多学者从不同视角对顾客感知价值提出了各自的定义,但这些定义的核心内涵高度一致。其本质都指向一个基本概念:顾客感知价值是顾客在评估所获得的产品与服务总效用,与为此付出的货币及非货币成本之间的差额。

(三)酒店客户价值

综合各界学者对顾客价值的综合看法与理论定义,本书从酒店企业管理的角度对酒店客户价值进行系统性阐释。

1. 以客户为价值感受主体:客户让渡价值

在酒店客户价值管理中,以客户为价值感受的主体,意味着酒店所提供的每一项服务和产品都应以增强客户的价值感知为核心。客户价值指客户从酒店的服务和产品中获得的效用,是消费者对这些服务和产品所带来的总利益与所付出的总成本之间让渡的主观评估。

在酒店客户价值管理中,以客户为主体的价值,要求酒店深入了解并关注客户的需求和期望,通过提供高质量的产品和服务、专业的服务团队、积极的客户服务策略和强有力的品牌形象,来增加客户的总利益。同时,酒店应努力降低客户的总成本,包括提供更具竞争力的价格、简化预订流程、减少客户的等待时间,并确保客户体验的便捷性和舒适性。通过这种方式,酒店能够提升客户的价值感知,增强客户满意度和忠诚度,最终实现客户价值的最大化。

2. 以酒店为价值感受主体:客户终生价值

客户终生价值是指酒店在与客户保持客户关系过程中,从客户那里所获得的全部价值,反映了每位客户在未来一段时间内为酒店带来的潜在收益总额,是衡量客户对酒店长期财务贡献的重要指标,它包括购买价值、口碑价值、信息价值、客户交易价值。酒店行业的特点在于其能够提供重复消费的机会,客户可能周期性地回归,享受酒店的服务。

(1)客户终生价值包括财务价值、非财务价值。

在顾客感知价值中,考量的因素不只有货币价值还有非货币的服务价值。而在以酒店为价值感受主体时,一个客户对酒店的长期贡献不仅仅由他们入住的频率和周期体现的财务价值来衡量,还涉及他们对酒店品牌的忠诚度、重复购买行为等非财务价值。

在酒店行业中,客户的财务价值直接体现在他们与酒店的经济交易中,这种价值能够通过酒店的财务报表进行精准量化。具体而言,财务价值等于客户在预订房间、餐饮服务及其他酒店产品时支付的总金额减去酒店提供这些服务所产生的成本。客户为酒店带来的财务收益受其消费金额、消费频率及消费习惯的影响。如果客户频繁访问、单次消费额较高,并且倾向于不需要额外营销成本的直接预订,那么他们对酒店的财务贡献就更大。酒店财务价值的关键在于客户消费行为的直接经济回报,它是酒店收益和利润增长的基石。

酒店的非财务价值体现在那些虽不直接反映在财务报表中,但对企业长期发展至关重要的无形资产上。这类价值包括客户的口碑推荐、品牌忠诚度,以及他们提供的信息反馈。例如,通过客户的正面评价和推荐,酒店能够吸引新客户并保持现有客户的忠诚度,这种口碑营销比传统的广告更为有效和可信。此外,客户的反馈可以为酒店提供宝贵的信息,帮助酒店改进服务和产品。客户与员工之间的良好互动还能提升员工的工作满意度和效率,间接推动企业的整体发展。尽管这些非财务价值难以量化,但它们在增强客户关系、提升品牌形象和培养客户忠诚度方面发挥着至关重要的作用。

(2)酒店客户的终身价值也可分为历史价值、当前价值、潜在价值。

历史价值,是客户在过去已经为酒店创造的价值总和,它反映了客户迄今为止通过消费行为对酒店的财务贡献,包括他们之前的预订、购买服务和产品所累积的收益。当前价值,代表基于客户当前的消费行为和模式,预计在未来将为酒店带来的价值。潜在价值,指酒店通过采取的积极营销策略和提升客户体验的措施,可能激发的客户额外购买力,这包括运用交叉销售、提供增值服务或推行客户推荐计划等手段,挖掘并实现客户未被充分利用的购买潜力,从而为酒店带来的额外收益。

二、酒店客户关系生命周期

任何一个客户关系都有它的生命周期,酒店业在客户管理中更应注重这一连续的过程。客户关系生命周期是指从企业与客户建立关系到完全终止关系的全过程,是客户关系水平随时间变化的发展轨迹,它动态地描述了客户关系在不同阶段的总体特征。酒店客户关系生命周期可分为考察期、形成期、稳定期和退化期四个阶段,这一周期性变化要求酒店对客户进行持续地观察和分析,以便及时调整服务策略。

(一)考察期

在客户生命周期的考察期,客户首次与酒店接触,这种接触可能源自广告、口碑或是直接的个人体验。这个阶段是识别和吸引潜在客户的关键时期,需要投入相应的资源来展示酒店的价值主张和服务质量,同时建立起与客户的初步联系。在这个阶段,客户初次接触到酒店品牌及其产品,心中充满了好奇与探索欲。他们往往会投入大量时间和精力去搜集相关信息,进行比较分析,并最终做出尝试性的购买决定。为了促进客户建立起初步的信任,酒店需要提供详尽的信息,并及时解答他们的疑问。

(二)形成期

随着客户对酒店的信任逐渐建立,这一客户关系进入形成期。在这一阶段,酒店客户愿意承担一定的风险,对价格的敏感度降低,购买频率和交易量开始增加。为了巩固和加深与客户的关系,酒店需要持续提供高质量且一致的服务,并积极响应客户的各项需求。同时,酒店应致力于完善客户档案信息,通过有效的沟通深入理解客户的真实需求,并传达企业的核心价值观,从而建立起长久且稳固的信任关系。

（三）稳定期

当客户与酒店的关系进入稳定期,标志着双方已经建立了长期且稳定的合作关系。客户对酒店的产品或服务有了深入的了解和信任,愿意大量消费,并对价格的敏感度进一步降低。此时,酒店的主要任务是维护现有客户关系,通过提供持续的优质服务和创新的产品,保持客户的满意度和忠诚度。

（四）退化期

并非所有客户关系都能永久维持在稳定期,一些客户关系可能会进入退化期,客户的购买频率和交易量开始下降,对酒店的产品和服务满意度降低,甚至可能开始考虑转向竞争对手。酒店此时需要迅速识别客户关系退化的迹象,分析原因,并采取有效的恢复策略,比如提供定制化的解决方案或增强客户服务体验,以重建客户的信任和挽回客户关系。

典型案例　　"尊享亚马逊":Prime会员计划的客户生命周期管理

亚马逊是全球最大的电子商务公司之一,拥有庞大的用户群体。为了提升客户的满意度与忠诚度,亚马逊推出了Prime会员计划,提供包括快速配送、视频流媒体、专属折扣等多项增值服务。通过Prime会员计划,亚马逊成功建立并维持了长期的客户关系。

计划初期,为了吸引新用户加入Prime会员计划,亚马逊提供30天的免费试用期。用户在此期间可以体验Prime会员的所有福利,如两日达的免费配送服务、Prime Video的电影和电视剧观看权等。通过免费试用,亚马逊降低了用户的参与门槛,让潜在客户能够更好地理解和感受到Prime会员的价值。

在用户成为会员后,亚马逊通过电子邮件和个性化推荐,持续向用户推送Prime会员的优势及相关服务,鼓励他们更多使用和消费。同时,为了确保会员的活跃度和满意度,亚马逊不断加大Prime会员福利,增加了Prime Video内容和推出Prime Day专属折扣。

此后,亚马逊通过每年一度的Prime Day大促销和自动续订服务,持续增加会员专享的福利,增强用户对Prime会员计划的忠诚度。

尽管亚马逊通过多种方式提升会员黏性,仍有部分用户可能会选择取消会员订阅。对于这些用户,亚马逊会在取消后发送调查问卷,了解取消原因。在适当的情况下,亚马逊可能会提供一个月的免费会员延期服务,或是以折扣价格邀请他们继续订阅,以此来降低会员的流失率。

通过这一系列的客户生命周期管理策略,亚马逊成功地将Prime会员计划发展成为全球数亿用户的忠诚计划,不仅获得了可观的收益,还在竞争激烈的电商市场中稳固了其领先地位。

（资料来源：刘志远《亚马逊持续增长的秘诀：有 **2** 亿人选择为 **Prime** 会员付费》。）

三、基于生命周期的酒店客户分类

通过对客户生命周期的理解,顾客价值表现为随时间推移呈现出不同的发展趋势,酒店可以更细致地对客户进行初步分类。

（一）现实客户的细分

现实客户,即那些已经与酒店建立交易关系的客户。根据他们的消费行为和活跃度,可进一步细分为老客户、新客户、停滞客户和消亡客户。

1. 老客户

老客户是酒店业务成功的基石,他们不仅频繁使用酒店的产品和服务,而且是品牌忠实度和口碑传播的关键客户。老客户通常对酒店有较高的信任度和忠诚度,愿意尝试新产品并推荐给其他人。因此,维护老客户的满意度对于酒店管理至关重要。和新客户相比,老客户的营销成本更低,他们对新产品的尝试意愿也更高,这为酒店提供了市场验证的初步基础。酒店必须不断创新,提供超出期望的服务,建立一个以客户满意度为核心的管理体系,及时响应老客户的需求并收集其反馈,不断改进服务,创造令人惊喜的体验。这种持续的创新和改进是保持老客户忠诚度和活跃度的关键。

与此同时,酒店也必须理性评估客户的长期价值,应该考虑将资源向更具潜力的客户群体上倾斜,学会放弃无效客户。这种策略并不是对客户的忽视,而是对资源的优化,确保酒店能够将精力更多放在有价值的客户上,从而提高整体的客户管理及服务效率。通过这种方式,酒店可以在维护老客户群体的同时,积极发展新客户。

2. 新客户

新客户对于酒店而言,代表着新鲜的血液和增长潜力。他们可能是通过直接预订、在线平台推荐或是口碑宣传等途径首次入住的旅客。酒店对新客户的重视程度,直接影响着他们初次体验的满意度,并关乎这些客户未来是否会再次光顾。酒店业务的持续发展,需要不断地吸引新客户,以补充因各种原因而流失的老客户。原则上一个经营了五年以上的酒店,新客户开发量应该在 10%—20%,同样,老客户丢失量也会有 10% 左右。若缺乏持续的新客户开发,酒店将无法维持长久经营。因此,保持酒店吸引新客源的能力,对于维持其竞争力和市场份额至关重要。酒店管理者不能仅凭广告宣传,而应采取更加积极主动且多元化的策略来开发新客户。这包括鼓励现有客户进行口碑推荐、积极参与行业展会、充分利用网络和社交媒体平台进行宣传,以及直接通过地推活动接触并吸引潜在客户。这种积极主动的客户开发策略,有助于酒店构建一个稳定且持续增长的客户群体。

3.停滞客户

停滞客户指那些曾经消费但现在长时间未有交易的客户。酒店需要深入分析这些客户停滞交易的原因,比如是否由于服务不满意,或是受到了其他外部因素的影响,进而判断是否需要采取相应的服务补救措施。酒店可以通过主动沟通和提供特别优惠,重新吸引这些客户。

4.消亡客户

消亡客户是指那些连续两年或更长时间处于无交易状态的客户。这些客户的停滞可能有多种原因。针对这部分客户,酒店应当进行深入分析,探究其流失的具体原因,区分是客观不可控因素导致的,还是因为他们被其他酒店所吸引。对于那些曾经是优质客户的消亡客户,酒店应当尝试采取挽回策略,力求使他们"重获新生"。

拓展阅读　　　　　　客户生命周期理论

客户生命周期理论是一种管理理论,强调企业与客户之间关系的发展随着时间的推移而经历不同的阶段。该理论认为,客户并非一次性的交易对象,而是一个需要长期关注和维护的资产,通过全面了解和满足客户需求,可以实现客户的忠诚度提升、销售额增加以及企业长期稳健的增长。客户生命周期理论通常包括以下几个核心阶段。

(1)获取阶段:在这一阶段,企业致力于吸引新客户并建立起初步的关系。通过市场营销、广告宣传等手段,吸引潜在客户的注意并促使其成为实际客户。

(2)激励阶段:一旦客户完成首次购买或交易,企业需要努力提供优质的产品和服务,满足客户需求并建立良好的体验。通过积极的售后服务和个性化回馈,促使客户更多地重复购买并与企业建立起长期的关系。

(3)成长阶段:在这一阶段,企业通过深度了解客户需求并提供定制化的解决方案,不断提升客户满意度和忠诚度。通过定期的沟通和关怀,促使客户逐渐成为忠实支持者,推荐企业产品和服务给他人。

(4)挽留阶段:有时客户可能由于各种原因而减少购买频率或转向竞争对手,企业需要及时发现客户忠诚度下降的迹象并采取措施挽留客户。通过个性化的回馈措施、折扣优惠或促销活动等手段,帮助客户重新建立忠诚度。

(5)流失阶段:客户流失是企业经营中不可避免的现象。部分客户可能因需求变化、市场竞争或其他因素选择离开。在这种情况下,企业需要进行流失客户分析,了解流失原因并努力提高客户保留率,以减少客户流失对企业造成的不利影响。

总的来说,客户生命周期理论强调了客户关系管理的重要性,企业需要以客户为中心,不断优化客户体验、满足客户需求,从而实现客户忠诚度和企业利润的双赢。通过有效地管理客户生命周期,企业可以实现持续增长、市场领先和企业价值最大化。

（二）潜在客户的挖掘

潜在客户是指那些有消费能力但尚未成为酒店客户的人群,他们构成了酒店业务增长的关键储备。尽管目前尚未成为酒店的现有客户,但他们具有一定的消费能力和对酒店服务的潜在需求。这些客户可能对酒店的了解不足,或者酒店的现有产品尚未能满足他们的期望。

1. 洞察潜在客户的"痛点",利用适当营销手段,吸引潜在客户转化客户

首先,酒店应当依赖深入的市场调研,了解庞大潜在客户最迫切的需求和偏好,据此设计出符合客户期望的产品和服务,为将潜在客户转化为实际消费者提供坚实的基础。其次,根据客户的特点和需求,酒店可以推出定制化服务套餐和专属优惠,个性化关怀不仅能够引起潜在客户的注意,更能提升他们对酒店品牌的信任和好感。最后,酒店需要积极利用现有客户的口碑传播力量,通过他们的推荐来吸引新客户,基于信任的推荐往往能够有效提高潜在客户的转化率。

2. 持续跟进曾经访问过酒店但尚未进行消费的潜在客户,增加其转化可能性

酒店可以采取邮件营销、社交媒体互动等手段,与这些客户保持积极的沟通和联系,不断提醒他们酒店的存在和价值,利用持续的接触沟通尝试将他们逐步转化为忠实客户。酒店应该认识到,每一位踏入酒店的访客,无论他们此行是否消费,都应被视为潜在客户,值得认真对待。在客户数量庞大的市场中,即使是小部分潜在客户的转化,也能为酒店带来显著的业绩提升,所以提供卓越的服务体验和创造积极的互动是很有必要的,酒店通过培养这些潜在客户的好感,从而增加他们未来选择酒店服务的可能性,进而提升酒店的客户价值。

第二节　酒店客户分级管理

酒店实施客户分级管理具有重要意义,这一策略能够有效优化资源配置,提升服务精准度和个性化水平,从而实现客户价值最大化,建立长期稳定的互利客户关系。

一、对酒店客户的分级

（一）为什么要对客户分级

客户分级管理是提升服务精准性和客户认同感的有效手段。酒店业务的复杂性和客户需求的多样性更要求酒店对客户进行细致的分级管理。酒店企业通过建立客户分级管理体系,依据消费贡献度、社会影响力等核心指标对客户进行科学分类,实现差异化服务管理。

这样的分级不仅增强了服务的个性化和专业性,还可以助力酒店合理、高效地分配有限资源,从而有效提升酒店的收益与价值。

1. 客户价值的识别与差异化服务

酒店客户分级管理的核心在于识别不同客户对企业的价值贡献。通过分级,酒店能够清晰地辨识哪些是高频消费的客户、哪些是具有高忠诚度的客户,以及哪些是潜在的高价值客户。这种识别使得酒店能够为不同层级的客户设计差异化的服务方案,确保资源得到最有效的分配,同时满足不同客户群体的特定需求。

2. 资源优化配置与成本效益分析

酒店资源,包括人力、物力、财力等,总是有限的。客户分级管理帮助酒店识别哪些客户群体值得更多的投入,哪些可能需要较少的关注。例如,对于消费量大、信誉好、忠诚度高的VIP客户和大客户,酒店可能会提供更加个性化和高成本的服务;对于普通客户或风险客户,则可能提供标准化服务,以降低成本。这种策略不仅提升了资源使用的效率,也增强了酒店的营利能力。

例如,对于高额保单或存在异常情况的保单,监管分局实行了更为严格的关注和管控措施,确保了业务的合规性和风险的最小化。这种分级分类管理不仅提高了业务员的专业水平,也让消费者在享受保险服务时更加安心,有效促进了保险行业的健康发展和消费者权益的保护。

3. 客户沟通与满意度提升

有效的客户沟通是提升客户满意度和忠诚度的关键。通过客户分级,酒店能够更深入地了解每个客户群体的期望和偏好,从而制定出更加精准的沟通策略。例如,对于高价值客户,酒店可能会采取更加主动、个性化的沟通方式,提供专属优惠和定制服务,以表达对他们价值的认可和尊重。这种差异化的沟通不仅能够加深客户的满意度,还能够建立起更紧密的客户关系,促进客户的长期忠诚。

客户分级管理是酒店实现资源优化和客户满意度提升的关键策略。通过识别客户对酒店的不同价值贡献,酒店能够有针对性地分配有限资源,为高价值客户提供更优质的服务,同时合理控制对低价值客户的服务成本。这种差异化的服务方法不仅巩固了与重要客户的关系,还提高了企业整体的服务效率和营利能力,确保了客户满意与企业收益的双赢。

(二)酒店的客户分级

酒店通过动态分级管理的方式,定期更新客户信息库,并根据客户的合同履约情况、欠款支付情况、诚信情况等进行阶段性评审。这种评审机制有助于酒店及时调整客户分级,确保资源得到最有效的分配,同时维护酒店的财务健康和客户关系的稳定性。

1. VIP客户

这类客户应该是酒店最为重视的客户群体,例如企业高层、社会名流等。鉴于他们对酒店声誉及经营业绩的关键性影响,酒店应当给予这些VIP客户格外的关注。为此,酒店应提供最高水准的个性化服务,并赋予他们特别的礼遇,以确保他们的满意度与忠诚度。

2.优质客户(大客户)

这些客户在本地区有一定的知名度,具有相当的消费潜力,并且表现出较高的诚信度和忠诚度。他们可能不会一次性消费巨大,但消费频繁,与酒店有长期合作的意愿。优质客户对酒店的稳定收益和市场地位同样有着重要影响,酒店也需要建立特定的长期服务模式,加强他们的客户价值。

3.普通客户

普通客户是指除了VIP客户和优质客户之外的其他客户群体。虽然个体贡献不多,没有显著的消费能力或知名度,但这类客户规模占客户基础的大多数,也是酒店不可忽视的市场。

4.危险客户

有一些客户可能看似消费频繁,但存在收款极度困难的问题,他们可能在其他领域已经存在一些不良信用记录,已经收到商业预警或被拉入黑名单。对于酒店企业来说,这类客户可能会因信用问题或其他因素给酒店带来财务风险。因此,酒店一方面需要细致地进行背景调查,另一方面则需迅速对这类客户采取相应措施,建立健全且有效的风险管理机制,以保障酒店的财务安全。

二、对各级酒店客户的管理

(一)VIP客户管理

1.针对性和专门性地服务VIP客户

酒店对VIP客户的管理策略是高度定制化和个性化的,这些客户群体通常由企业高管和社会名流等组成。为了确保这些高端客户享受到最优质的服务体验,酒店提供了一系列特权服务,包括专属客户经理的一对一服务、优先预订权,以及根据客户个人喜好定制的个性化服务。在服务过程中,酒店注重服务的细节和私密性,确保每位VIP客户的需求都能得到迅速而周到的响应。

2.动态评审与升降级制度

酒店对VIP客户实行动态的评审和升降级制度,每半年对客户的消费行为、合同履约情况、欠款支付情况以及诚信度进行综合评估。这种评审机制有助于酒店及时发现并解决客户关系中可能出现的问题,同时也为VIP客户提供了持续改进服务的动力。如果在评审期间发现VIP客户存在问题,如付款不及时或对酒店运营产生重大负面影响,酒店将根据评审结果和问题的严重程度,考虑是否将其降级处理。这样的管理制度不仅保障了酒店的利益,也保持了对VIP客户群体的整体服务质量和服务水平。

3. 沟通与情感交流使双方关系更密切

酒店应当把握每一个机会,加强与VIP及其他关键客户的沟通。通过有计划地实施定期拜访或采用多样化的沟通手段来接触这些客户,并经常性地征求他们的意见与建议,这不仅能够增加客户的信任度,还能确保酒店能够及时有效地解决关键客户的投诉或抱怨。为此,酒店应建立专业且有效的机制,以妥善处理他们面临的问题。

4. 集中资源服务关键客户

在酒店业务中,二八法则(又称为"帕累托原则")揭示了一个普遍现象:大约20%的客户创造了80%的收益。这一原则在VIP客户管理中尤为重要,指导酒店集中优势资源服务那些关键客户,即那些为酒店带来大部分利润的少数人。

基于这一原则,酒店业应将优势资源集中于服务这些数量少但具有较高价值的VIP客户。这些客户通常包括重要的商务人士或社会名流,他们对酒店的忠诚度和满意度直接影响着酒店的声誉和营利能力。因此,酒店需为这些客户提供顶级服务,包括专属的客户经理、个性化服务体验、优先预订权等,确保他们的每一次入住都能感受到尊贵与舒适。通过这种方式,酒店不仅能够巩固与关键客户的关系,还能通过他们的推荐和正面评价吸引新客户。二八法则在VIP客户管理中的应用,促使酒店在服务上做到精准定位和高效投入,从而在保证客户满意度的同时将利润最大化。

(二)优质客户(大客户)管理

酒店对优质客户,也就是大客户群体的管理策略着重于维持和增强这一关键客群的满意度与忠诚度。这些客户虽然在数量上可能仅占客户总数的一小部分,却贡献了酒店收入的大部分。他们通常是高消费的商务旅客或有特定需求的团体客户,对酒店的经济效益有着显著影响。

酒店会投入相应的资源,为优质客户提供个性化服务和特别关照,比如专属客户经理、优先服务和定制化体验,确保这些客户的期望得到满足。此外,酒店还会定期与这些客户进行沟通,了解他们的需求变化,及时调整服务内容,保持业务的连续性和稳定性。

同时,酒店对大客户的管理也包括对合作关系的持续评估和优化。通过分析客户的消费行为和市场趋势,酒店能够预测并应对大客户的需求变化,从而在竞争激烈的市场中保持优势。主动式的客户关系管理,不仅有助于防止大客户的流失,还能通过口口相传,吸引新客户,进一步扩大酒店的市场份额。

(三)普通客户管理

普通客户群体庞大,消费潜力相对较低。酒店对于有升级潜力的普通客户,需要通过引导和激励措施,在一些大范围的促销活动中,扩大他们的客户价值,同时瞄准部分客户,鼓励他们购买具备更高价值的产品或服务以提升他们的层级。对于那些没有显示出升级潜力的普通客户,酒店会采取维持策略,具体措施包括降低服务成本、减少促销活动的投入,甚至可能会要求客户现款支付或提前预付费用。

（四）小客户管理

酒店在制定管理小客户的策略时，需要采取既细致又前瞻性的方法，因为这些客户虽然个体消费能力有限，但累积起来却能形成一股不可忽视的重要市场力量。

通过差异化和动态的管理方法，酒店能够更有效地从小客户群体中培养潜在的价值客户，同时维护成本效益和企业利润。对于展现出增长潜力的小客户，酒店应该通过提供个性化服务、定制化体验或特别优惠来培养他们的忠诚度，并提高他们的消费频率。例如，为大学生提供专属优惠，不仅能满足他们当前的需求，还能预见性地适应他们未来的需求，逐步将他们培养成为普通客户或关键客户。对于没有显著升级潜力的小客户，酒店可以提高服务价格，或者对原本免费提供的服务项目开始收费，或者推荐高利润的产品，以提升从这些客户这里获得的收入。例如，对于账户余额低于特定金额的客户，酒店可以引入小额账户管理费，鼓励客户增加存款或选择其他服务。为了避免小客户感到被忽视或不公平对待，酒店应采取分隔服务策略，确保不同级别的客户都能接受适合自己需求的服务，减少不满情绪的产生。

降低服务成本对于小客户的管理同样重要。酒店可以限制服务内容和范围，减少服务时间，或者转向成本更低的服务方式，如自助服务或线上预订系统。例如，通过ATM机或在线服务平台提供服务，减少对人工服务的依赖，有效降低成本。

（五）危险客户淘汰

酒店需要识别并淘汰劣质客户，特别是那些信用差、缺乏发展前景或对酒店利润产生负面影响的客户。在酒店的客户管理体系中，危险客户往往会吞噬酒店的利润和发展，消耗酒店宝贵的时间和资源，却未能提供相应的回报。危险客户可能会对酒店的财务健康和声誉造成损害。酒店需要建立明确的识别和淘汰机制，通过持续的客户评估和改进，必要时采取果断措施及时终止与危险客户的业务关系，让酒店能更专注于那些能够带来长期利益的客户群体。

酒店实施的"客户黑名单"制度是管理危险客户的核心措施之一。该制度由市场营销部门负责，将那些存在严重信用风险、频繁拖欠款项或有其他不良行为的客户列入黑名单，并定期更新名单。一旦客户被列入黑名单，酒店内所有部门和员工均不得与这些客户进行任何形式的商业交易，迅速切断与这些客户的联系，减少可能的损失。黑名单的有效期通常设定为六个月，在这个时间段内，如果客户情况有所改善且通过了酒店领导和营销部门领导的综合评审和批准，客户有可能被重新接纳，但通常需要从普通客户级别开始。

酒店在淘汰危险客户时，会采取包括停止信贷支持、积极追回欠款，甚至终止业务关系等措施。同时，酒店也会加强新客户审查流程，避免潜在的危险客户对酒店造成损害。通过这种主动的客户管理策略，酒店能够维护一个健康、高效的客户生态，促进企业的长期稳定发展。

三、各级酒店客户的权利和义务

在酒店业务的客户分级管理体系中,不同级别的客户享有不同的权利和承担相应的义务,这些权利和义务构建了客户与酒店之间的互动基础。

(一)VIP客户的权利与义务

VIP客户作为酒店最尊贵的客户群体,享有一系列特权。VIP客户可以享受酒店提供的专属折扣,无论是住宿还是用餐,都能获得比其他客户更低的价格。VIP客户在对酒店服务有异议时,有权向客户管理部门咨询或投诉,并可以优先处理。更重要的是,VIP客户享有"四优先"服务,即在拜访、入住、售后服务以及争议解决等方面享有优先权。

相应的,VIP客户需要承担一些义务。他们必须遵守国家法律法规,并在酒店进行客户调查时提供公正、客观的资料。同时,VIP客户应积极配合酒店销售部门,认真执行消费合同,并在发生工商变更或注销时,及时书面通知酒店销售部门,配合办理客户资格变更或注销手续。

(二)优质客户的权利与义务

优质客户在酒店享有的权利仅次于VIP客户。他们除了享有与VIP客户相同的前三项基本权利外,也享有"四优先"的权利,但这些权利的行使应在VIP客户之后。这意味着在资源有限的情况下,优质客户可能需要等待VIP客户的需求得到满足后才能享受相应服务。

在义务方面,优质客户与VIP客户承担的义务相同。他们需要遵守法律法规,并在必要时配合酒店的各项工作。

(三)普通客户的权利与义务

普通客户的权利相对有限,主要享有法律、法规和规章中规定的权利,如基本的消费者权益保护等。他们可能无法享受到VIP客户和优质客户的一些特殊优惠和服务。普通客户需要承担的义务也是基于法律法规的规定,包括但不限于遵守酒店的规定和政策。

通过以上分级管理,酒店能够更有效地分配资源,为不同级别的客户提供差异化服务。VIP客户作为酒店的高端客户群体,享有最高级别的服务和特权,同时也需要履行相应的义务,以维护与酒店的良好合作关系。优质客户和普通客户虽然享有的权利和特权较少,但酒店依然会根据法律规定为他们提供必要的服务和保护。这种分级管理不仅有助于提升客户满意度,还能促进酒店业务的持续发展和客户忠诚度的建立。

第三节 提升酒店客户价值

掌握酒店客户价值识别与分析的方法,有助于酒店发掘并增强客户价值,从而获得长期价值。酒店营销策略应与客户价值管理相结合,全面探索提升客户价值的有效途径。

一、酒店客户价值管理的本质

（一）酒店价值管理

酒店客户价值的核心是客户让渡价值，而酒店客户价值管理的核心就是发现和增强客户价值，合理利用有限资源形成差异化管理，目的就是提高客户的忠诚度和保持率，这也是客户关系管理中的重要核心部分。

在对酒店客户的价值识别中，我们通常衡量的指标是客户终生价值，也就是"客户营利率"（Customer Profitability），又可以称为"客户生命周期价值"（Customer Lifetime Value，CLV），是指客户在与企业的整个生命周期内为企业创造的价值。在价值管理中通过CLV评估或计算，酒店能够更精准地评估每位客户的长期价值，并据此制定相应的客户关系管理策略。

（二）酒店客户价值管理存在的误区

在接触客户价值管理的概念时，很多人会将其理解为探讨酒店如何为客户创造价值，但本章所讲的价值管理更强调在客户价值理论的基础上，酒店如何通过识别客户价值和实施针对政策来促使酒店主体获得更高的价值效用。酒店客户价值管理的核心在于构建价值创造闭环：通过持续提升产品与服务价值，增强客户感知价值，进而激发消费意愿，最终实现客户财务贡献与非财务价值的双重提升，形成良性循环的价值管理体系。

闭环初期酒店为客户创造价值阶段，一些管理者可能错误地认为提供更多的服务项目就能自动提升客户价值，而忽视了服务的质量和针对性。这种过度服务不仅会浪费资源，还可能导致客户感到压力或不满。

在实施客户价值管理的过程中，管理者可能会陷入误区，即为了留住客源而过度依赖价格竞争手段或短期促销活动。这种做法如果持续下去，很容易导致酒店业陷入恶性竞争的境地。因此，管理者应当将眼光放长远，更加重视长期的客户关系建设和维护。同时，必须认识到并非所有客户都是酒店的目标客户，也并非所有顾客都能为酒店带来正面效益。在与客户的互动中，管理者需要敏锐地甄别客户的潜在价值和潜在风险，并在必要时果断采取措施，做出明智的决策。

典型案例 香格里拉酒店——撑起人们心中的"世外桃源"

香格里拉酒店集团在成立的几十年中，一直稳步前进，保持自己的升值逻辑，维持其稀缺物业资源的长期价值。但春风得意的香格里拉酒店遇到了突如其来的金融危机，定位高端酒店的香格里拉业绩爆冷，营利率急剧下滑，被推上了时代危机的风口浪尖。

面对业绩下滑，香格里拉没有选择降价竞争，而是决定从根本上改善内部运营和客户服务。酒店管理层认识到，员工的自豪感虽然重要，但也需要引导他们持续进步和提升服务质量。为此，香格里拉定义了一套行动框架，将服务置于企业核心价值的首位。香格里拉对员工进行了深入的培训，强化了客户价值和终身价值的概念，使员工意识到优质服务不仅仅是微笑和礼貌，更包括对客户个性化需求的深刻理解和满足。酒店推出了"金环会员"计划，通过积分和个性化服务来奖励忠诚客户，同时确保会员享受到比在线预订平台更有优势的价格。香格里拉内训手册曾告诉员工：一个客人的终生价值是12万美元，他们是公司最重要的财富之一。"所以，我们不能把重要客人的渠道永远放在外人手里。"香格里拉公开向顾客表示，你在任何平台上的预订价格，永远不可能比我们的内部会员价格更低（如果有，酒店会在网络预订最低价的基础上，为会员再打九折，保证自己永远最低）。

香格里拉酒店鼓励员工通过细致的观察来了解客人的喜好，并在服务中预先考虑到这些细节，从而提供超出期望的服务体验。例如，司机会根据乘客的状态调整行车速度，服务员会主动询问商务客人是否需要打印服务，而客房服务人员会根据客人的使用习惯调整房间设置。香格里拉的"观察客人的喜好，让客人喜出望外"计划，还鼓励员工通过观察，"想到客人之前，微笑在客人说话之前，服务在客人开口之前"，从而体现出具备浓郁东方文化风格的亚洲式尊重。

突如其来的危机，却被香格里拉转化为了惊喜，经过一系列的改革，更牢牢把控住了酒店客户价值的经脉。

（资料来源：励石商业评论《背靠郭鹤年家族的香格里拉酒店，有着什么样的发展逻辑？》。）

二、酒店客户价值分析与识别

（一）ABC分析法

ABC分析法（Activity Based Classification）是帕累托分析法，也称为主次因素分析法，是酒店管理中常用的一种方法。根据二八法则，一般情况下，酒店约80%的营利，可能只来自20%的客户。根据客户为酒店创造的利润和价值，从小到大的顺序逐步向上，构建一个客户价值金字塔模型，如图4-1所示。为酒店创造最大价值贡献的重要客户位于金字塔的顶层，一般情况下这类客户占酒店客户总量的1%；向下一层为次要客户，指除重要客户外，消费金额占比较多，是酒店产品的大量或重度使用者，没有重要客户那么高的忠诚度，但也能为酒店提供较多利润；重要客户和次要客户约占总体客户的数量的20%，被视为酒店的关键客户；再向下一层的普通客户约占30%，包含客户数量多；小客户约占50%，购买量不多，忠诚度也低。

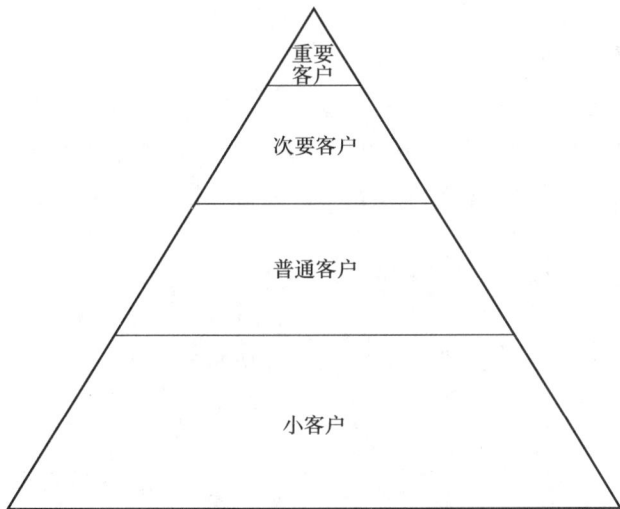

图 4-1　客户价值金字塔模型

（二）RFM 分析法

RFM 分析法（Recency Frequency Monetary）是酒店客户价值管理的一种关键的方法,用于衡量和理解客户的价值及其营利能力。RFM 代表最近一次购买（Recency）、购买频率（Frequency）和购买金额（Monetary）,美国数据库营销研究所 Arthur Hughes 研究发现,上述三个要素构成了分析和预测客户未来购买行为的最重要的指标。

最近一次购买（Recency）：这反映了客户最后一次与酒店交易的时间。理论上,距离最后一次购买时间越近的客户,对酒店的即时推广活动反应更积极。酒店可以针对性地向这些客户发送营销信息,如促销活动或特别优惠,以提高营销效果。

购买频率（Frequency）：指在一定时间内客户进行购买的次数。频繁购买的客户通常对酒店的满意度和忠诚度较高,增加客户的购买频率有助于提高市场份额和收入。

购买金额（Monetary）：代表客户在一定时间内对酒店的总消费额。这显示了客户对酒店财务贡献的大小,购买金额越高,客户对酒店的价值也越大。

RFM 模型帮助酒店动态地了解客户的全貌,为个性化沟通和服务提供依据。通过持续跟踪这些指标,酒店可以评估客户的长期价值,甚至终身价值。此外,RFM 分析有助于酒店掌握和提升客户的交易次数,通过精准的营销策略,提高客户的忠诚度并维持其购买活跃度。

酒店在运用 RFM 分析法时需把握适度原则,避免因过度营销给高价值客户带来不必要的压力,影响客户体验。应设计合理的客户接触频率规则,比如在客户购买后的 3 天内发送感谢信息,1 个月后询问满意度,3 个月后提供交叉销售建议,以及主动创造与客户接触的机会,从而提高客户的再次购买概率。通过这种方式,酒店可以更有效地维护客户关系,提高客户价值。

（三）CLV分析法

客户生命周期价值(Customer Lifetime Value,CLV)分析法,即客户生命周期价值分析法,是酒店客户价值管理中的一种重要方法。该方法通过评估客户的当前价值和未来价值来细分客户群体。这里的当前价值和未来价值可以根据实际情况被具体化为收入、边际贡献等财务指标。

客户生命周期价值(CLV)的度量,即客户在整个生命周期内能够给酒店带来的净收益可以用数学公式表达为:

$$CLV = (RR - TRC)T - AC$$
$$TP = CLV \times N$$
$$TP = [(RR - TRC)T - AC] \times N$$

其中,CLV表示单个客户生命周期价值,RR表示酒店获得的收入,TRC表示单个客户总的关系成本(包括发展成本DC与保留成本RC),T表示客户寿命,TP表示酒店总的利润,AC表示酒店获取成本,N表示总的客户数。

CLV分析法的优势在于它不仅衡量客户当前的消费水平,还预测客户的未来价值。例如,如果一个客户目前消费频率和金额高,但计划减少与酒店的业务往来,其CLV可能较低。相反,如果一个客户目前消费水平不高,但有增加消费的迹象,其CLV可能较高。

图4-2是用CLV分析法划分的客户类型。通过CLV分析,酒店可以更全面地了解客户价值,制定个性化的服务策略,加强与高价值客户的联系,同时积极培养有潜力的客户,提高客户忠诚度和生命周期内的消费总额。CLV分析法有助于酒店在资源分配和客户关系管理中做出更明智的决策。

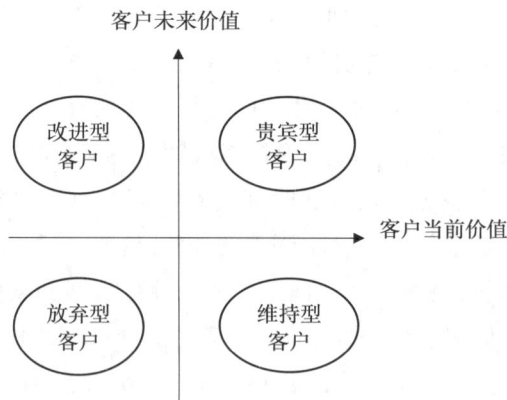

图4-2 用CLV分析法划分的客户类型

贵宾型客户(Most Valuable Customer, MVC):这类客户具有高当前价值和高潜在价值,是酒店业务的核心。对酒店来说,贵宾型客户的价值远超实际贡献的货币价值,他们不仅目前消费频繁、金额大,而且预计未来仍将保持或增加对酒店的贡献。这类客户通常应该被酒店设为VIP客户,酒店应针对此类客户制订高价值的忠诚计划,建立和维持与顾客的长期关系,持续发掘其客户价值。

改进型客户(Most Growable Customer, MGC):这些客户目前可能对酒店的贡献有限,但展现出较高的成长潜力。通过酒店的培养和针对性营销策略,改进型客户有望成为未来的贵宾型客户,需要酒店通过一些特定的成长或激励计划来激发这类客户的价值。

维持型客户(Maintained Customer):这是一群对酒店有一定价值但贡献较小的客户群体,他们可能需要酒店持续的服务和关注,维持现有的忠诚度,通过如定期沟通、小幅度优惠等维持并试图提高他们能给酒店带来的价值。

放弃型客户(Below-Zero Customer):这类客户可能无法为酒店带来足够的利润来覆盖服务成本,甚至可能对酒店的资源造成负担。酒店需要评估与这类顾客的关系,适当做出推进或终止关系的选择,避免为酒店带来长期的负担。

三、提升酒店客户价值的方法

(一)持续提升顾客让渡价值

提升顾客让渡价值要求酒店在增加顾客获得的总价值的同时,减少顾客的总成本。具体来说,酒店可以通过提高产品和服务的质量来增加产品价值,比如提供更加舒适的住宿条件、更丰富的餐饮选择,以及更优质的客房服务。服务价值可以通过提供快速的入住和退房服务、个性化的客房定制服务,以及专业的客户咨询来增强。形象价值则涉及酒店的品牌形象和市场定位,酒店可以通过营销活动和公关策略来塑造一个积极、专业的品牌形象;人员价值则依赖于酒店员工的专业技能和服务态度,通过定期培训和激励机制,提高员工的服务意识和专业能力。

在减少顾客成本方面,酒店可以采取多种措施来降低顾客的货币成本、时间成本和精神成本。例如通过优化预订流程、提供在线自助服务等,减少顾客在预订和入住时的时间消耗。此外,通过提供透明的价格政策和合理的收费标准,避免隐藏费用,降低顾客的货币成本。精神成本的降低则需要酒店提供更加人性化的服务,让顾客感受到尊重和关怀,从而提升顾客的整体满意度。

(二)深化客户关系与个性化服务

酒店需要建立有效的客户关系管理系统,收集和分析客户的消费习惯、偏好和其他相关信息,从而更好地理解客户需求。随着人工智能技术愈加成熟,酒店更新CRM系统势在必行。利用人工智能,酒店可以构建详尽的用户画像,基于长期客户的在线行为、历史交易和个人偏好数据,帮助酒店形成个性化的服务政策,同时实时更新,保证酒店能够及时调整服务策略。

人工智能技术的应用在酒店领域发挥着愈发重要的作用,利用这些新技术帮助酒店更好地满足客户需求,如AI预测客户可能感兴趣的房间类型或服务,或提供更前沿的新型酒店服务模式,深化酒店与客户之间的联系。此外,通过忠诚度计划、会员特权等手段,可以增强客户的归属感和忠诚度。在服务过程中,酒店员工应注重与客户的沟通,及时响应客户的需求和反馈,建立起信任和尊重的长期关系。

(三)根据客户反馈与持续改进服务

客户反馈是酒店持续改进和提升客户价值的宝贵资源。酒店应建立一个开放的客户反馈机制,鼓励客户提供真实的体验感受和建议。这些反馈可以来自在线评价、调查问卷、客户访谈等多种渠道。酒店需要对这些反馈进行认真分析,识别服务中的优点和不足,并据此进行改进。对于客户的投诉和不满,酒店应迅速响应,提供有效的解决方案,以重建客户信任。

在客户提供反馈的过程中,酒店实际上获得了无形的价值增值。通过持续采纳并依据客户反馈进行改进,酒店能够不断提升其服务质量,更好地满足客户的期望,进而提升客户的整体价值。

(四)精准营销与服务升级

酒店通过创新和多元化的营销手段,能够增强客户体验,还能有效提升客户的忠诚度和生命周期价值。

酒店可采用差异化营销策略,明确其独特卖点,如特色服务、优越的地理位置或独特的住宿体验,在竞争激烈的市场中脱颖而出。同时,有效运用数字营销和社交媒体,扩大酒店品牌影响力,吸引新客户并维护现有客户关系。

酒店应重视体验营销,通过举办主题活动、提供个性化服务,创造难忘的客户体验,从而增加客户的参与度和满意度。此外,通过与其他品牌或服务提供商的联合营销,提供更丰富的服务套餐,拓宽服务范围,增加客户的综合满意度。

酒店价格策略和促销活动的灵活运用,能够吸引价格敏感型客户,同时激励现有客户的重复购买。客户忠诚度计划的建立,通过积分奖励、会员特权等手段,能够显著提升客户的忠诚度和长期价值。总之,酒店应将营销策略与客户价值管理紧密结合,通过综合运用多种营销手段,实现客户价值的持续增长和酒店收益的稳步提升。

案例讨论

锦江:对一家酒店最好的评价是"附近的人"都喜欢

2023年11月,锦江酒店(中国区)迎来了其组织架构的重要升级,这一战略调整标志着公司在客户服务和市场拓展方面的新里程碑。锦江酒店的这一举措体现了企业面对市场变化时的前瞻性和适应性,11个大区的组建不仅完善了开发、运营及工程、人事、财务等关键职能,更通过属地化服务,为客人和加盟商提供了更加精准和高效的支持。

锦江酒店的这一变革,在管理范围内的全渠道布局,展现了企业对市场趋势的敏锐洞察和对客户需求的深刻理解。前端业务的充分授权,使得11个大区能够直接向CEO汇报,直接面向C端和B端的双边客户,确保了决策的快速响应和业务流程的高效闭环。这种架构的扁平化和灵活化,预示着锦江酒店(中国区)在提升响应速度和运营效率方面的大幅提升。

锦江酒店(中国区)本次推出的"健身计划"和"老友计划",重点在于酒店本土化的深耕及进一步挖掘客户价值的潜力。切入可持续的优质客源结构痛点,有计划地部署战略实施,同时通过产品和服务的双重升级,全面提升了消费者的满意度。

"一家酒店最好的状态,不是OTA的排名有多靠前,而是附近的人都知道它并愿意推荐朋友来这里住。"举例来说,一家拥有150间客房的酒店,即便在OTA渠道客房出租率下降10%的情况下,月均到手的客房收入却提升了2%,为何?关键在于酒店协议客户、团体客户以及会员复购占比高,这部分稳定客源大幅摊低了渠道获客的平均成本,提升了整体利润率。酒店的运营核心始终在于线下体验,只有充分链接本地资源,建立口碑,才能有足够的发展基础和空间,属地化运营已逐渐成为酒店业发展的新趋势。

正如资深媒体人陈序所指出的,在不断变化的世界中,独立决策的KDL(Key Decision Leader,决策领袖)才能在危机世界中幸存。锦江基于对市场和客户需求的清晰判断,展现了企业在属地化战略、精益运营和客户满意度提升方面的坚定承诺,一步步明确自己的品牌步调和属性,在众多强势竞争力量之中加高自己的竞争壁垒。

锦江酒店正以其前瞻性的视野和精准的策略,引领整个行业开启一种更为健康、有序且富有竞争力的"内卷"模式。本案例将深入探讨锦江近期以来的各项战略调整,在已经迈入精细化管理的酒店新纪元时代,锦江酒店如何发现抓住新的痛点,回归本质,发挥团队的能动性,持续发展新质生产力。

一、"健身计划":回归酒店运营本质

艾瑞咨询数据显示,2020年我国本地生活市场规模为19.5万亿元,到2025年预计增长到35.3万亿元。本地生活市场已经成为各大行业都想躬身入局的战略高地,酒店业自然不例外,能否深耕打入本土生活圈内部,对一家酒店如今的经营是重要的一环,增强本地生活圈的客户黏性,建立友好的邻里关系,打造健康可持续的客源结构,很大程度上决定了酒店生意未来的走向。

基于对本地生活趋势和可持续增长的前瞻洞察,锦江酒店(中国区)"健身计划"推出之初,便有了清晰的目标:"让周围的人都知道这里有家锦江酒店,并且喜欢上Ta。"此次的"健身计划"以门店作为"健身"的主体,目的就是深入生活圈,旨在提升周边客户口碑,增强客群黏性,优化客源结构。"健身计划"分为"强身"和"健体"两大部分。"强身"围绕线上、线下合力"拓客源",通过联动出击、走邻访友、发展会员及协议客户、异业联盟等形式,最终实现生活圈人人皆知;"健体"侧重在生活圈树立好口碑,通过采取邻里合作、公益活动、共建社区、深度链接、相互帮衬等动作,建立酒店在生活圈的良好形象。

"'健身计划'全面推广到锦江酒店(中国区)的每个区域,一方面要求大家身体力行走出去,跟'附近'建立连接。另一方面,激励门店员工在本地生活圈发声,人人都是酒店推荐官。"锦江酒店(中国区)高级副总裁、运营支持中心负责人表示,沉下心来,踏实经营生活圈,寻找新的增长点,是打造可持续优质客源结构的必经之路。

可持续的优质客源对广大酒店加盟业主而言极具吸引力,但要厘清不同地区的客源结构差异,掌握一套切实有效的拓客方案,一直是酒店业者亟待解决的现实难点。

为此,锦江酒店(中国区)总部梳理了全套落地方案,即"健身计划7步法"。从门店的各项经营指标"健康诊断"开始,帮助其快速找准经营短板,针对性选择"健身套餐"——即线上、线下多维拓客行动指引,再配以全方位的资源支持,让各门店能快速了解"做什么"以及"怎么做"。同时,各区域结合实际制定"健身目标"及考核、奖励机制,有的放矢。

在最近一个多月的时间里,锦江酒店(中国区)的11个属地化大区全面启动,根据各地的具体情况实施了多样化的"健身计划"。这一行动取得了明显的成效,例如,某些区域在3月份的协议客户消费总额环比增长了大约15%,门店整体业绩的增长同样令人鼓舞。

以维也纳酒店5.0南京浦口长江大桥店为例,该店自去年12月中旬开业后,面临了市场渗透不足和协议客户积累不够等挑战,导致业绩增长缓慢。然而,在3月份实施"健身计划"之后,通过区域协调和优秀店总及销售人员的8天集中支援,对该店周边5千米范围内的写字楼、企业、旅行社和大型商铺进行了访问和线上线下的联合推广。这一举措使得该店当月的出租率和RevPAR(每可供出租房间的平均收入)环比分别提升了22%和11%。到了4月,随着新协议的转化和酒店在社区中的知名度及口碑的提升,该店的日均出租率和RevPAR与2月份的日均值相比,分别实现了超过70%和61%的显著增长。这一成就促使酒店的投资者向区域团队发送了感谢信和锦旗,以示认可。

凯里亚德酒店昆明高新区吾悦广场店也经历了类似的业绩提升。2020年开业以来,由于两千米范围内新开了多家同级别的酒店,协议客户被分流,然而,"健身计划"的实施使得该店在3月份的RevPAR环比增长了23%,营收总额比上个月增加了近20万元,新签订的协议消费占比超过了32%。

这些成果展示了锦江酒店(中国区)通过"健身计划"在提升业绩和市场竞争力方面的有效性,同时也体现了属地化管理和区域协调对门店业绩的积极影响。

看到锦江酒店具有前瞻性和战略性的战略实施,区域团队务实高效,业主方也坚定了加盟锦江的信心,并在感谢信中写道:"健身计划"对于酒店的帮助是实实在在且卓有成效的。

二、"老友计划":服务好每一位"锦江老友"

对于酒店业来说,稳定的品质和服务,持续引领市场的焕新体验,是俘获忠实客群的关键前提。锦江酒店在追随发展新趋势的同时也不忘专注于内容产品和服务的升级。

基于此,锦江酒店(中国区)在其推出的"老友计划"中提出,酒店要像迎接老朋友一样迎接每一位顾客,让每一位老友时刻感受到的都是有品质的设施和服务。该计划同时明确锦江接待老朋友的标准:舒适、亲切、可靠、精心,涵盖了从运营管理机制、品质焕新到存量酒店翻新的多维度改进,确保酒店始终保持"时时精心准备,日日最佳状态"。

(一)时时精心准备

在服务流程上,"老友计划"在做/查房流程、抹布使用、视觉管理、品质考核等方面都制定了详尽规范,强化了运营管理机制。锦江酒店(中国区)还推出了清洁整理季、维修季、藏拙季三大季度主题,以严格把控酒店品质。

为了支持门店翻新,锦江酒店(中国区)为加盟酒店提供了改造升级的激励措施,包括在2024年12月31日前完成改造并验收上线的加盟酒店,最高可减免10个月管理费和8个月中央预订费。同时,对于推动老店焕新的员工,锦江酒店(中国区)也提供了相应的激励措施。

(二)日日最佳状态

无论是三米问好还是五米微笑,都被视为情感有效传递的前提,始终围绕锦江酒店(中国区)提倡亲切和真诚的服务内涵。酒店在预订、迎客、入住、前厅、客房、餐厅、公区、送客等每一个触点,都制定了标准化的基本服务和会员服务准则。此外,针对明星店和特殊节假日,锦江酒店(中国区)还提供了奉茶服务、百宝箱、童叟关爱、深夜食堂等增值服务,以满足住客的多元服务需求。

锦江酒店(中国区)的高级副总裁表示,"老友计划"的出发点是纯粹的,即像对待老朋友一样接待每一位顾客,确保他们感受到的是有品质的设施和服务。为了推进"老友计划"并缓解门店临时用工压力,锦江酒店(中国区)联合58同城打造了"灵工平台",在江苏、上海、安徽等地试点启动,确保酒店能始终如一地提供干净、整洁、完好的产品和服务。

锦江酒店(中国区)的这一系列举措,不仅提升了顾客的满意度和复购率,也为酒店行业的高质量发展提供了可借鉴的模式。通过这些创新的管理和服务策略,锦江酒店(中国区)展现了其作为行业领导者的前瞻性和创新力,进一步巩固了其在酒店行业中的领先地位。

环球旅讯CEO李超认为,锦江酒店此次的创新在于,汇集了内外部资源及智慧,将长期积累的运营管理经验及当下先进的工具相结合,打造了一个可复制的,能够助力每家酒店快速提升品质及经营业绩的"运营宝典"。

三、"留量"战略:激活超1.9亿大会员活力

在竞争激烈的酒店和旅游行业中,客户获取成本不断上升,渠道佣金居高不下,这促使众多酒店集团寻求线上线下融合的深度发展,以构建自己的"私域流量池"。锦江酒店(中国区)通过其"老友计划"和"健身计划",展现了对会员体系重

要性的深刻认识,以及通过会员体系提升客户忠诚度和直销率的战略意图。

锦江酒店(中国区)的会员体系改革,旨在解决会员活跃度和复购率低下的行业难题,将流量转化为活跃的"留量"。在这两大计划中,锦江酒店(中国区)特别强调了会员权益的落实和服务的拓展,以促进会员的增长和忠诚度提升。

以锦江酒店旗下的丽怡和康铂品牌为例,通过将"锦江荟"会员权益与门店服务紧密结合,会员不仅能享受线上统一的权益,还能获得线下门店的个性化增值服务。这一策略极大地提升了会员的黏性和忠诚度。具体来说,当消费者在丽怡或康铂酒店的线下门店购买"锦江荟"会员卡时,会额外获赠一张"怡个特享卡"或"康康特享卡"。这些特享卡内包含了多次免费自助早餐、洗衣烘衣服务、健身房使用权以及房型升级等门店专属的增值权益。经笔者计算,门店所提供的这些额外增值权益的总价值,远远超出了锦江会员金卡礼包的售价。

锦江酒店(中国区)的丽怡—康铂品牌总经理侯鹏解释说,这一策略使酒店能够高效利用现有资源,如洗衣房、健身房以及自助早餐剩余食材,为社区居民提供服务。这样一来,不仅提升了品牌的知名度和美誉度,也与公司的ESG(环境、社会与治理)理念相契合。这种策略在市场上得到了积极的反馈,如康铂酒店南京新街口中心店在推行"康康特享卡"后,会员礼包的销量在短时间内实现了超过50%的增长。

此外,锦江酒店(中国区)在2024年初推出了小额积分抵现功能,让会员能够更灵活地使用积分,提升了积分的实用价值。4月1日起,其在全国超万家酒店推出年度重磅优惠活动——"白金卡升级挑战赛",以往30个房晚才能升级的最高等级白金会员身份,现在通过酒店线下购买金卡礼包,三个月内在"锦江荟"官方平台本人预订入住5晚即可,大大降低了升级门槛。这些利好举措与"健身计划"配合拉新,无疑具有很强的吸引力,而且,付费会员通常忠诚度及消费黏性更高,活跃度和复购率也更高,对赋能酒店业绩有长期裨益。

通过这些举措,锦江酒店(中国区)在过去半年中展现出了其"品牌强、会员强、运营强"的高质量发展蓝图,从"锦江荟"大会员生态的建立,到属地化团队的组建,再到会员权益的推出,每一步都体现了锦江酒店在提升品牌竞争力和市场适应性方面的坚定决心和创新领航能力。

(资料来源:环球旅讯《锦江:对一家酒店最好的评价是"附近的人"都喜欢》。)

案例思考题:

1.思考本案例中锦江酒店在客户价值管理中做了哪些方面的举措,并根据相关专业知识分析其原因。

2.如何构建分级管理系统,建立酒店品牌自己的私域流量池?

3.如何提升顾客让渡价值,进而提升酒店客户价值?

扫码
看答案

思考与练习

1.顾客价值理论对于正确理解酒店客户价值内涵有何启示？

2.如何理解酒店客户价值的构成？

3.酒店是如何对客户进行分级和管理的？

4.成为酒店会员的条件、权利和义务有哪些？酒店应如何对待会员客户以维持或提升此类客户的价值？

5.酒店客户价值分析与识别的方法有哪些？

6.在当前市场形态和科技发展迅猛的背景下,哪些途径和具体举措能够提升酒店的客户价值？

扫码看
答案

第五章 →

酒店客户信息管理

学习目标

1. 了解客户信息的重要性及收集与整合方式
2. 熟悉客户信息的分析方法与应用领域
3. 掌握保护客户信息安全与隐私的方式

核心概念

客户信息（Customer Information）
客户信息安全（Customer Information Security）

在信息化时代，酒店行业面临着前所未有的机遇与挑战。随着消费者需求的多样化和技术的快速发展，传统的酒店运营模式正逐渐向信息化和智能化转型。在这个背景下，酒店信息管理的有效性和科学性显得尤为重要。酒店信息管理涉及酒店各项业务的全面数据收集、处理和分析，包括客房预订、客户关系管理、财务监控、市场营销等多个方面。通过建立健全的信息管理系统，酒店不仅能够提升运营效率，还能提供更优质的客户服务，从而增强市场竞争力。

本章节将深入探讨酒店客户信息管理的基本概念、重要性及其应用实践，将分析信息管理在酒店运营中的关键角色，并分享成功案例与最佳实践，提供全面的知识体系和实用的管理工具。

第一节 酒店客户信息的收集与整合

酒店业是一个高度依赖客户的行业，稳定的客源和良好的客户关系是酒店生存与发展的关键。客户在酒店入住前都要进行信息登记与核查，这一过程会产生大量的客户资料,包括客户的基本信息、入住偏好、个性化需求、消费数据等。信息化时代打破了酒店原有的客户资源体系,酒店之间的竞争已经不是单纯的酒店产品竞争,更多在于对客源的竞争,因此对客户资料进行分类、统计、整理和分析尤为重要。如何从大量的客户资料中提取有效信息来支持酒店的决策,如何实时了解客户的需求并给予满足,如何识别客户的价值高低并进行客户关系的维护,这些都是酒店管理者最为关心的问题。

整合与分析客户信息的大数据技术已成为酒店发展的关键策略,它助力酒店深入理解客户的消费行为、偏好及消费能力。通过挖掘这些数据背后隐藏的消费需求,酒店能够基于客观数据支持,优化经营管理和营销决策。进而,酒店可以制定出个性化的服务策略,有效吸引并维系自己的客户群体。

一、酒店客户信息类型

(一)酒店客户信息的含义

酒店客户信息是指关于酒店客户的各种数据和资料,用于描述酒店客户的个人或组织身份、购买行为、偏好、互动历史等信息。酒店客户信息可包括客户的姓名、地址、联系方式、生日、性别等基本信息,还包括客户的购买历史、消费偏好、互动行为、社交媒体活动等各方面的数据。

收集酒店客户信息可以帮助企业更好地了解客户需求、提供个性化的服务以及建立持久的关系。随着互联网技术的不断发展,酒店客户相关信息量越来越大。运用大数据、云计算等新兴的互联网技术手段,就能更好地将客户信息进行存储和管理。通过系统地收集、整合与分析这些信息,酒店能够精确定位其目标客户群体,制定出更加精准的营销策略,以及提供个性化的产品和服务。这一系列举措不仅能显著提升客户的满意度和忠诚度,还能有力推动酒店的业务增长与发展。更为关键的是,对这些信息的深度分析使酒店能够为客户提供更具针对性的服务,从而进一步巩固与客户之间的良好关系。

总而言之,酒店客户信息是酒店在与客户互动的过程中收集、管理和分析的关于客户的各种数据和资料,是酒店与客户之间建立有效关系和开展营销活动的基础。

(二)酒店客户信息类型

1. 基本信息

基本信息是酒店客户信息中最通用的一部分信息,常见于酒店客户在进行用户注册时填写的信息,主要包括客户姓名、职业、年龄、性别、联系方式等内容,这部分的信息较易获取,因此酒店要做好客户隐私的保密工作。酒店客户的基本信息是酒店与客户沟通交流的重要信息基础,也是酒店做出相关决策的重要依据。

2. 关联信息

关联信息是在酒店与客户之间的互动交流中产生的。这部分信息一般是酒店客户在对酒店产品产生兴趣时进行的信息交流,或者是酒店客户在酒店产品购买之后进行售后的往来。对这些信息进行分析,能够对酒店客户的消费偏好、服务体验等方面产生比较清晰的认识,同时能够对酒店客户接下来可能会发生的行为有一定的预测,这些预测性的分析可以帮助酒店对客户进行比较精准的服务。

3. 交易信息

交易信息即酒店与客户之间进行交易活动所产生的相关信息,是交易时间、地点、产品类型、产品数量、产品价格、交易双方基本信息等信息的结合,也是较为复杂的一类信息。这一类信息是比较具有针对性的,是对酒店和客户之间的交易行为的一个具体描述。酒店对这类相关信息进行保存,一方面可以用于后续对客户信息进行分析,另一方面也能满足酒店客户在交易之后查询相关信息的要求,包括对售后等方面提供交易信息的支持。相对而言,交易信息是较为复杂且重要的一类信息。

二、酒店客户信息的来源

酒店客户信息的来源是多渠道的,随着在线OTA平台的兴起,人们对于酒店预订的方式更加多样,主要可以包括以下几种方式,如表5-1所示。

表5-1　酒店客户信息的来源

在线预订平台	大多数酒店通过在线预订平台接收客户预订信息,这些平台通常会收集客户的基本信息、联系方式等
酒店官方网站	酒店的官方网站也是一个重要的客户信息来源渠道,客户在网站上预订或查询信息时,会留下自己的联系方式等信息
酒店前台	客人到达酒店后,通过前台登记入住时会提供个人信息,包括姓名、身份证号、联系方式等
会员制度	酒店设立会员制度,会员在办理会员卡时会提供个人信息,通过会员制度可以更好地跟踪客户的消费行为和偏好
客户反馈渠道	酒店提供客户反馈渠道,包括在线调查、满意度调查等,客户通过反馈意见也会提供一些个人信息
社交媒体平台	酒店在社交媒体上开展营销活动,客户在与酒店互动时可能会提供一些个人信息
营销推广活动	酒店通过各种营销推广活动,如优惠促销、抽奖活动等,吸引客户参与并提供个人信息

酒店可以通过以上途径收集客户信息,进而建立客户数据库并进行深入分析,以实现更精准的客户定位及提供个性化服务。这一举措旨在提升客户满意度和忠诚度,促进酒店业务的发展和增长。同时,酒店在收集客户信息的过程中要遵守相关数据保护法规,确保客户信息的安全和隐私。

三、酒店客户信息的整合

酒店客户关系管理将酒店客户(包括最终客户、经销商和合作伙伴)作为酒店的重要资源,为客户提供完善的服务和深入分析客户的个性化需求并给予满足,以提高客户的满意度和忠诚度,最终实现企业和客户的双赢。在酒店客户关系管理理念的管理下,客户是酒店产品价值的主导者,酒店会尤其重视对客户住店信息的搜集和整理,关注客户的入住体验和对酒店服务的反馈意见。这种面向客户的管理理念能够将客户的需求作为首要原则,能够帮助酒店有效把握客户资源,为酒店的发展与竞争提供充足的动力。

酒店客户的信息复杂多样,为获取有效信息,企业会利用大数据、云计算等互联网技术对客户信息进行整合与分析。CRM系统利用硬件、软件和网络技术,为企业建立一个客户信息收集、分析、管理、应用的信息系统。使用CRM系统进行酒店客户信息的整合分为以下几个步骤。

(1) 数据收集和清洗:酒店需要收集各个渠道获取的客户信息,包括在线预订平台、官方网站、前台登记、会员制度等,然后对这些数据进行清洗,确保数据的准确性和完整性。

(2) 数据整合平台:酒店可以使用数据整合平台或客户关系管理(CRM)系统来整合客户信息。通过这些平台,可以将不同渠道收集的酒店客户信息汇总到一个统一的数据库中。

(3) 数据匹配和关联:在整合过程中,酒店需要依据客户的姓名、联系方式等资料进行匹配与关联,以确保同一客户的相关信息能够准确无误地被整合到一起。

(4) 数据分析和挖掘:整合后的客户信息可以帮助酒店进行数据分析和挖掘,了解客户的消费习惯、偏好和行为。通过数据分析,酒店可以更好地为客户提供个性化的服务和定制化的营销策略。

(5) 个性化营销和服务:基于整合后的客户信息,酒店可以实施个性化营销和服务。针对不同客户推出定制化的优惠活动、房型推荐、服务提升等,以提升客户满意度和忠诚度。

拓展阅读 CRM的具体应用场景

客户行为分析:通过分析客户的购买历史、网站浏览行为、互动记录和反馈,企业可以了解客户的需求和偏好,从而制定个性化的营销策略和产品推荐。这种分析有助于提高客户满意度和忠诚度。

销售预测:CRM系统可以分析历史销售数据,帮助企业预测未来的销售趋势和市场需求。这有助于企业优化库存管理,减少成本,并根据市场变化调整销售策略。

服务优化:通过分析客户的服务请求、投诉处理时间和解决效率,企业可以发现服务流程中的瓶颈,优化客户服务流程,提升服务效率和质量。

客户细分:企业可以根据客户的特征和行为将他们分为不同的群体,以便更有针对性地进行营销和服务,这有助于提高营销活动的效率和效果。

风险管理:CRM系统可以分析客户数据,预测客户的风险等级,帮助企业及时调整策略,降低潜在风险。

113

决策支持:CRM 系统中的数据分析结果可以为企业提供决策支持,帮助管理层了解市场动态和企业内部运营效率,从而进行资源配置、预算制定和战略规划。

数据可视化:CRM 系统通常提供数据可视化工具,如图表,使得数据分析结果更加直观和易于理解,帮助企业快速把握关键信息。

个性化推荐:利用机器学习算法,CRM 系统可以根据客户的历史行为和偏好提供个性化的产品推荐,提升客户的购买体验和企业的转化率。

客户生命周期管理:通过分析客户在不同生命周期阶段的行为,企业可以提供相应的服务和支持,从而提高客户的生命周期价值。

跨部门协作:CRM 系统中的数据分析可以促进不同部门之间的信息共享和协作,提高整体工作效率。

第二节　酒店客户信息的分析与应用

通过对酒店客户信息的深入分析,酒店可以更好地了解客户的需求、偏好和行为,为企业制定经营决策提供重要的依据,同时也能洞察消费市场的新趋势,提升服务质量,赢得客户的好评,促进酒店创新发展策略与转型升级。

一、酒店客户信息分析的方法

酒店客户信息纷繁复杂,因此酒店建立了一套全面的信息处理流程。这一流程始于客户信息的获取,继而对信息进行深入的分析与研究,并最终将分析报告妥善存储。从大量的酒店客户信息中提取有效信息,能够帮助企业排查发展中存在的问题,挖掘酒店客户信息的价值,对比信息的相似性和差异性为客户提供更加精准的服务,让"冷冰冰"的客户信息会"说话"。

酒店客户信息的类型主要分为基本信息、关联信息与交易信息。作为数据采集、分析和使用的 CRM 系统可以帮助企业将酒店客户的数据信息发挥应有的价值。CRM 系统的主要功能有以下几种(见表5-2)。

表5-2　CRM 系统的主要功能

客户信息管理	CRM 系统可以帮助酒店集中存储和管理酒店客户信息,包括联系信息、购买记录、互动历史等,使企业可以更好地了解酒店客户需求和行为
销售管理	CRM 系统提供销售管道和机会管理功能,帮助酒店跟踪销售机会、预测销售额、管理销售团队和制订销售计划,提高销售效率和成交率
客户服务支持	CRM 系统可以整合酒店客户服务请求和投诉处理流程,帮助酒店及时回应客户问题并提供高质量的客户服务,提升酒店客户满意度和忠诚度

续表

客户信息管理	CRM系统可以帮助酒店集中存储和管理酒店客户信息,包括联系信息、购买记录、互动历史等,使企业可以更好地了解酒店客户需求和行为
营销管理	CRM系统支持市场活动管理、营销策略执行、客户分析和营销效果跟踪,帮助酒店制订精准的营销计划和提高市场竞争力
数据分析和生成报告	CRM系统可以对酒店客户数据进行深度分析并生成报告,帮助酒店发现潜在的客户趋势和机会,为决策提供数据驱动支持
移动端和云服务	CRM系统通常支持移动端应用和云服务部署,使酒店能够随时随地访问和管理客户数据,提高工作效率和灵活性

使用CRM系统进行酒店客户信息的分析研究,可以帮助酒店高效运作,建立和维护良好的客户关系。目前,酒店对于客户信息分析的方式多种多样,不同的分析方法会得出不同的分析效果,总体而言,使用较多的是分类法和聚类法。

分类法,是根据酒店客户的消费行为、消费偏好等特征,将具有一定相似度的客户归属于同一个不确定集合,从而使得酒店通过客户的一些共同点或者是共同特征去分析这一类别客户的整体行为,进而为这一类别的客户群体提供专属于他们的服务。对于其他类型的客户群体,也应该实行不同的客户管理模式,这种分类方法提高了酒店日常客户关系管理的工作效率。

聚类法,是将具有共同特征或者相似性比较强的客户群体归入同一特定的集合里。与分类法不同的是,聚类法要求酒店主动挖掘和分析不同客户信息的特性,以便根据自身的经营理念对酒店客户进行科学分类,并根据实际需求进行客户分类。

对客户信息进行分析之后,酒店可以根据酒店客户信息分析报告制定出相应的酒店客户关系管理决策方案,这既可以增强酒店对客户的了解,又能为酒店下一步的发展战略提供参考依据。

二、酒店客户信息的分析内容

(一)分析内容

在信息爆炸和数字化时代,了解客户信息并对其进行深入分析是酒店成功实施市场营销和客户关系管理的关键。对客户信息进行深入分析,不仅是酒店成功的关键,更是实现客户导向战略和服务的前提。通过客户信息的分析,酒店可以更好地洞悉客户的需求、喜好和行为,从而制订针对性的营销计划、优化客户服务和提高销售效率,提升客户满意度和忠诚度,获得持续发展和市场优势。对酒店客户信息的分析可以从几个方面展开,具体如表5-3所示。

表5-3　酒店客户信息的分析内容

客户特征分析	包括酒店客户的基本信息(如年龄、性别、地理位置)、消费习惯、偏好品类、购买频率等。通过对客户特征的分析,酒店可以明晰客户的基本属性,如年龄、性别、所在地理位置等,为个性化营销提供基础数据
消费行为分析	包括客户的购买历史、购买金额、购买频率、产品偏好等,帮助酒店了解客户的消费习惯和行为路径,优化产品定价和促销策略并精准营销
忠诚度分析	包括客户的重复购买率、流失率、转化率等,帮助酒店评估客户的忠诚度和满意度,制定留存和回购策略。通过口碑和声誉分析,酒店可以掌握客户在社交媒体和其他平台上的评价和意见,不仅有助于酒店保持品牌声誉,还能够提升客户对酒店的信任度和忠诚度
客户生命周期价值(CLV)分析	包括酒店客户的总价值、期望价值、未来潜在价值等,帮助酒店确定客户群体的重要性和潜在价值,制定个性化的服务和营销策略
市场细分分析	将酒店客户根据不同特征和需求进行分组和分析,帮助酒店针对不同群体制定精准的市场策略和推广计划,实现持续增长和创新发展

(二)酒店客户信息分析过程中的注意事项

1.信息的质量

酒店客户信息的质量直接影响对酒店客户信息的分析效率,全面、准确且真实的酒店客户信息能够帮助企业进行有效的信息分析。如果酒店客户信息的真实性和全面性不够,可能会影响酒店对客户行为和偏好有错误的判断,从而做出错误的企业战略。获取酒店客户信息后,可以对客户进行回访,检验信息的真实性和准确性,将无用的垃圾信息进行剔除,增强客户信息的可信性和准确性。

2.信息的规范

酒店客户信息的规范化主要是指用统一的格式存储信息,包括客户的姓名、性别、地址等。对于姓名来说,在把它统一录入CRM数据库之前,需要对其名字进行分解和规范化。所谓分解是指要把姓名分解成各个组成部分,如first name、last name、姓、称呼(如先生、小姐、女士等)。此外,报表或报告的格式也需保持规范,规范的格式能够大幅度减轻使用者的额外负担,避免不必要的错误发生。实现标准化的过程是确保规范化的主要途径。

对酒店客户信息进行规范化的存储后,要对酒店客户信息进行分析,并把酒店信息分析结果的价值发挥到最大化。通过将分析结果直接呈现给使用者,他们能够方便快捷地获取信息,进而判断酒店客户的潜在价值。基于此,酒店可以针对潜在客户进行有效开发,同时优化对长期效益客户的服务。这些措施共同助力酒店与客户维持良好的关系,最终为企业创造利润。

拓展阅读　　　　数据不规范的处理方式

1.数据审核与评估

（1）对现有的客户数据进行全面审核，评估数据质量和完整性。

（2）识别出需要清洗和标准化的具体问题，比如重复记录、格式不一致等。

2.制定规范标准

（1）制定统一的数据输入和呈现规范。例如：姓名统一为"姓＋名"的格式（汉字）、电话号码统一格式为"＋86 138 0000 0000"、地址采用省—市—区—街道的结构，确保完整性。

（2）制作详细的标准文档，并进行内部培训，以确保所有员工都遵守这些规定。

3.数据清洗

（1）使用数据清洗工具（如 OpenRefine 或自定义脚本）来识别和去除重复记录。

（2）对于不一致的姓名进行标准化处理，例如将所有拼音或非拼音格式转换为标准汉字。

（3）采用正则表达式等技术对电话号码进行格式化，确保无论原始格式如何，都可以转换为统一格式。

（4）地址字段通过地理信息系统（GIS）进行地理解析，确保地址的准确性与一致性。

4.导入统一数据库

（1）将清洗后的数据导入到统一的客户关系管理（CRM）系统。

（2）采用适当的数据存储格式，例如 JSON 或 CSV，确保数据可以轻松访问及后续处理。

5.后续维护与监控

（1）定期执行数据审计，确保新进的客户数据也能遵循统一规范。

（2）开发自动化工具来实时监控新数据的质量和一致性，及时处理不符合规范的数据记录。

（资料来源：根据[1]李枫林，贾君枝.客户关系管理中的客户信息分析[J].图书情报工作，2002(12):61-64. [2]陈敏仪.客户关系管理（CRM）中的客户信息分析[J].经济研究导刊，2024(3):144-146.相关内容整理。）

117

三、酒店客户信息的应用

酒店客户信息的应用,顾名思义是指将客户的相关数据和信息整合、分析和利用,以便提高酒店客户服务质量、满足客户需求、提升客户满意度和忠诚度。利用好酒店客户信息,酒店可以更好地了解客户的偏好、需求和行为,从而制定更精准的营销策略、个性化的服务方案,以及更有效地促进酒店客户的互动和参与。在竞争激烈的商业环境中,酒店客户信息的应用已经成为企业实现持续发展和增长的关键利器之一。对于酒店客户信息的应用主要体现在以下几个方面。

(1)个性化营销:根据酒店客户信息的分析结果,制定个性化的营销策略和推广活动。可以根据酒店客户的偏好、购买历史和行为习惯,向其推荐相关的产品或服务,提高购买转化率。

(2)客户细分:将酒店客户根据其属性和行为等特征划分为不同的细分群体,针对不同群体采取差异化的营销策略。通过细分酒店客户,更好地满足不同酒店客户群体的需求,提高市场反应率。

(3)客户生命周期管理:根据酒店客户生命周期价值分析,管理客户从接触到忠诚的全过程。针对不同生命周期阶段的酒店客户,实施不同的服务和营销计划,提高酒店客户价值、延长酒店客户生命周期。

(4)客户忠诚度提升:通过酒店客户信息的分析,了解酒店客户的需求和关注点,针对性地提供个性化的服务和体验,提升酒店客户满意度和忠诚度。建立起良好的酒店客户关系,促进酒店客户长期忠诚。

(5)市场反馈优化:通过分析酒店客户反馈和投诉信息,及时调整产品和服务策略,提升客户体验。通过不断优化产品和服务,提高品牌口碑和客户满意度。

(6)持续监测与改进:持续跟踪酒店客户信息的变化和市场趋势,不断优化营销策略和客户管理措施。通过数据分析和监测,更好地理解酒店客户需求、及时调整策略、提升服务水平、建立长期客户关系,实现业务增长和市场领先优势。

118

案例讨论

客户信息的应用

亚马逊利用大数据技术和客户交易历史等信息,构建了一套智能算法,通过分析客户的购买行为、浏览记录、偏好等数据,向用户个性化推荐商品。这个系统不仅提高了用户购物体验,也促进了销售额的增长。

Netflix根据用户的观看历史、评分、喜好等数据,为用户推荐符合其口味的影视内容。通过了解用户的偏好和行为模式,Netflix能够提供更加符合用户口味的影视节目,增加用户留存率和观看时长。

Facebook通过用户的好友关系、兴趣爱好、发布内容等数据,为广告主提供精准定位和个性化广告投放服务。这种根据用户个人信息定向广告的方式,提高了广告投放的效果和用户体验。

这些网络平台案例表明,充分利用客户信息可以实现个性化定制、提升用户体验、促进销售增长,并在竞争激烈的市场中赢得优势地位。通过智能化的数据分析和客户信息应用,企业能够更好地满足客户需求,建立忠诚度,实现业务增长和市场领先优势。

案例思考题:

1. 以上案例中的个性化推荐系统都需要收集和分析大量用户数据来实现,但这种数据采集和分析是否存在潜在的隐私泄露风险?

2. 如何平衡个性化推荐和用户隐私保护之间的关系?

3. 个性化推荐系统的算法如何确保公正性,避免因为用户数据的偏见或歧视性而导致推荐结果不公平?

4. 如何在个性化推荐与用户自主选择之间找到一个恰当的平衡点,以确保用户既能享受到个性化的服务,又能接触到新颖且多样化的内容?

扫码
看答案

第三节　客户信息安全与隐私保护

一、酒店客户信息安全的重要性

在互联网时代,信息变得越来越透明,人们对个人信息及隐私的安全意识逐渐增强,酒店在收集客户信息时,必须要遵守相关法律法规,利用合法的方式采集用户信息。《中华人民共和国民法典》第一千零三十四条规定:"个人信息是以电子或其他方式记录的能够单独或者与其他信息结合识别特定自然人的各种信息,包括自然人的姓名、出生日期、身份证件号码、生物识别信息、住址、电话号码、电子邮箱、健康信息、行踪信息等。个人信息中的私密信息,适用有关隐私权的规定;没有规定的,适用有关个人信息保护的规定。"该法规不仅强调对个人信息及隐私的保护,同时也是立足于数字经济发展的现实需求,支持在合理的范围内将个人信息作为数据进行开发和利用。

保护酒店客户信息安全关乎企业的声誉。酒店内部通过在日常工作中对员工进行培训,并且通过考核的方式加强员工的防范意识,使全体员工都能参与到客户信息安全管理体系中来。2018年万豪国际集团官方微博发布声明称,其旗下喜达屋酒店的客房预订数据库被黑客入侵,使得近5亿客户的个人信息遭到泄露。这一事件不仅影响了喜达屋酒店的声誉和业务运营,还导致了数十亿美元的法律诉讼和赔偿费用。任何一家酒店若未能有效保护客户信息安全,可能会面临严重的信誉风险,这对酒店的长期发展和生存都会造成严重影响。保护酒店客户信息安全是酒店必须高度重视和投入资源的重要工作。

保护酒店客户信息安全有助于酒店保持竞争优势。随着人们对个人隐私的安全性重视程度逐渐增强,有着良好的客户信息安全管理体系的酒店更能赢得客户的信任,也能增强自身的竞争优势。作为软件和云计算的巨头,Microsoft一直致力于保护客户数据安全,采取各种措施来保护用户的隐私和数据安全。这种努力帮助Microsoft在全球范围内赢得了用户的信任,使其蓬勃发展并取得成功。良好的酒店客户信息安全系统不仅可以保护客户数据安全,还可以增强客户信任和提升企业声誉。通过不断改进和加强酒店客户信息安全措施,酒店能够赢得市场竞争优势,并实现持续发展和成功。

二、酒店客户隐私的保障措施

酒店客户信息泄露实质上是一些IT技术人员利用技术手段和工具进行技术性窃取客户信息。相较于一般的盗窃行为,酒店客户信息泄露可能引发更为严重的后果,包括被不法分子冒用信息办理信用卡并进行透支消费、社交账号被盗用、个人银行账户资金被盗取,以及个人敏感信息的非法泄露等。

一旦涉及海量的个人信息泄露,可能会危及国家安全。在大数据时代背景下,个人信息变得高度透明,无论是进行网络搜索、聊天交流、观看视频还是阅读资讯,这些行为都可能将个人信息数据暴露给相关的互联网公司。保护客户隐私是企业的责任,为减少客户隐私泄露的概率,酒店会通过以下几种方式保护客户的信息。

(一)建立信息安全管理体系

为保障酒店客户的信息安全,酒店应该从内部完善客户信息安全管理体系,明确信息安全执行政策、安全责任分工及问责准则。酒店要制定明确的规章制度,对员工进行信息安全意识培训,教育他们如何正确处理酒店客户信息、识别和防范网络安全威胁,以减少内部数据泄露风险。在酒店客户信息的采集、整合、分析、处理及应用的全过程中,必须确保信息安全,严防信息泄露,并严格遵守相关法律法规。

(二)加强物理安全措施

物理安全是保障酒店客户信息安全的基础。酒店应采取一系列物理安全措施,例如安装门禁系统、视频监控设备和安全报警设备,确保酒店客户信息存储设备和系统房间的安全。此外,酒店还应定期对存储设备和系统房间进行安全检查和维护,确保设备的正常运行和安全性。另外,酒店还应制定严格的访问控制政策,限制员工和访客进入存储设备和系统房间的权限。酒店员工应定期接受安全意识培训,了解如何识别和报告安全威胁。综合运用物理安全措施和技术安全措施,可以有效保障酒店客户信息的机密性和完整性,确保酒店信息资产的安全。

(三)采取网络安全防护措施

随着互联网的普及,酒店客户信息的存储和传输方式也发生了变化,网络安全显得尤为重要。酒店应采取一系列网络安全防护措施,包括建立防火墙、加密酒店客户信息的传输通道、定期更新安全补丁和安装杀毒软件等。同时,酒店还应加强员工的网络安全意识教育,提高员工面对网络威胁时的应对能力。此外,酒店还应建立监控系统,实时监测网络安全状况,及时发现和应对潜在的安全威胁。定期进行网络安全演练和应急预案演练,也是确保酒店网络安全的重要步骤。通过综合利用技术手段和人员培训,酒店能够全面提升网络安全防护能力,确保酒店客户信息和企业数据的安全。

(四)限制访问权限和加强身份认证

酒店应对客户信息的访问权限进行限制,确保只有经过授权的人员才能访问和处理酒店客户信息。此外,为了确保酒店客户信息的真实性和完整性,企业还应加强身份认证措施,例如采取多因素认证方式和使用安全令牌等,这样可以有效防止非法入侵和信息篡改风险。此外,酒店还应定期审查和更新访问权限,确保符合最新的安全标准和法规要求。敏感酒店客户信息的存储和传输应采取加密措施,以防止信息泄露。实施数据最小化原则,只收集必要的客户信息,并限制数据访问权限,以减少数据泄露和滥用的风险。同时,酒店员工应接受相关的数据保护培训,提高他们对酒店客户信息安全的意识和重视程度。

(五)定期进行安全监测和风险评估

酒店应定期进行信息安全监测和风险评估,发现潜在的安全风险并加以解决。通过实施系统的漏洞扫描、入侵检测和安全漏洞修复等措施,可以确保酒店客户信息的安全性。此外,酒店还需建立健全应急响应机制,以便在信息安全事件发生时能够迅速应对,从而将损失降至最低。同时,确保酒店员工接受信息安全意识培训也至关重要。加强对酒店员工的安全意识教育,教导他们如何识别和避免潜在的网络威胁,并强调他们在处理客户数据时的责任。员工安全意识的提升将助力酒店构建一个更为安全可靠的信息系统环境,有效抵御外部攻击和内部疏忽所带来的风险,确保客户信息的安全无虞。

(六)建立客户信息保密制度

除了技术措施,酒店还应建立客户信息保密制度,明确酒店员工在处理客户信息时的义务和责任。酒店应要求员工在签署保密协议后方可接触客户信息,并建立追责制度以确保员工的遵守。此外,酒店还应建立客户信息的访问日志,进行日常监控和跟踪,确保酒店客户信息的安全和可追溯性。此外,酒店还应定期对员工进行保密制度的培训,提高员工对酒店客户信息保护的意识和重视程度。同时,建议酒店定期对客户信息保密制度进行评估和审查,及时发现问题并进行改进。通过综合技术手段和完善的管理制度,酒店能够更好地保护客户信息,确保信息安全和酒店声誉。

(七)采用安全软件和工具

部署安全防护软件和工具,如防火墙、安全监控系统、反病毒软件等,以及使用安全的通信和存储解决方案,确保酒店客户信息不被恶意攻击者获取。除了部署安全防护软件和工具以外,酒店还应注意及时更新这些软件和工具,以确保其能够及时应对新型的安全威胁。

此外,定期对系统进行安全漏洞扫描和弱点评估也是必不可少的措施之一。

(八)制订应急响应计划

制订应急响应计划,以便在数据泄露或安全事件发生时能够及时响应、通知受影响的酒店客户,并采取适当的措施来解决问题。在制订应急响应计划时,酒店应首先组建专门的安全应急响应团队,明确团队成员的职责和联系方式,并构建应急响应流程和协调机制。酒店安全应急响应团队应定期进行演练和培训,以确保在紧急事件发生时能够迅速有效地应对。应急响应计划还应包括明确通知受影响客户的方式和时机,确保酒店客户第一时间获悉安全事件并采取必要的预防措施。同时,酒店还应采取适当的沟通策略,与客户保持真诚的沟通,恢复受损的信任,以及提供必要的帮助。总之,制订应急响应计划是酒店保护客户信息安全的重要一环,只有做好了充分准备、能够有效应对,才能在发生安全事件时迅速控制局面、减少损失,有效保护客户。

拓展阅读

▼

信息安全
软件

案例讨论

华住5亿条用户信息疑遭泄露

2018年8月28日,网络上出现了华住酒店集团客户数据泄露的消息。据称,涉及的数据包括1.3亿条身份信息和2.4亿条开房记录,总计约5亿条信息。这些信息在暗网上被标价出售,价格约为37万元人民币。泄露的数据包括客户的姓名、手机号、邮箱、身份证号、登录密码等敏感信息。华住集团迅速做出反应,表示已经报警并聘请专业技术公司进行调查,同时内部也迅速开展了核查。上海长宁警方也介入了调查。这份警情通报显示,8月28日下午,长宁公安分局接华住集团运营负责人报案称,有人在境外网站兜售华住旗下酒店数据,客户信息疑遭泄露,公司已启动内部自查,警方即介入调查。此事件对华住酒店集团的声誉造成了严重损害,引发了公众对个人隐私保护的担忧。数据泄露可能导致客户面临诈骗、身份盗用等风险。华住集团的股价在事件曝光后出现了下跌,市值蒸发约24亿美元。同时,集团也面临着加强内部数据管理、提升技术防护、完善应急响应机制等一系列挑战。华住酒店集团的数据泄露事件是一个警示,提醒所有企业必须加强网络安全措施,保护客户信息安全,同时也提醒消费者提高个人信息保护意识。建议消费者在不同平台使用不同密码,并定期更改密码。在提供个人信息时要谨慎,避免在不安全的网站上留下个人信息。如果发现个人信息被泄露,应立即通知相关机构,并采取必要措施保护自己的权益。

(资料来源:新京报《华住5亿条用户信息疑泄露 警方已介入调查》。)

案例思考题：

1.华住集团在事件后采取了哪些长期的隐私保护措施,在措施实施过程中是否产生了问题或面临某些挑战,华住集团是否能够长期坚持隐私保护并不断改进隐私保护措施？

2.在面临用户隐私泄露问题时,华住集团的危机公关处理方式和效果如何？是否及时回应了用户关切,采取果断措施解决问题,赢得了用户的信任和支持？

3.华住集团在用户隐私泄露事件中采取了哪些措施来加强隐私保护,这些措施是否足够健全和有效,能够有效保护用户数据安全？

扫码
看答案

第四节　酒店网络点评信息管理

在数字化时代,酒店业的竞争日益激烈,消费者不再仅仅依赖传统的广告或促销活动来选择住宿,而是越来越倾向于参考其他客人的在线点评和反馈。网络点评不仅为潜在客户提供了真实的入住体验,还影响着酒店的品牌形象和市场声誉。对酒店管理者而言,高效的网络点评管理已成为提升酒店客户满意度和吸引新客户的重要策略。在这一背景下,酒店网络点评信息管理的有效性将直接影响到酒店的核心竞争力。通过建立系统化的点评信息管理机制,酒店能够更好地理解客户反馈,优化服务质量,从而在激烈的市场竞争中脱颖而出。

一、酒店网络点评概述

网络点评是指用户在网络平台对酒店产品和服务的评价,点评不仅包括星级评分,还涉及文字评价、照片分享以及社交媒体的互动。这些评论可以在很大程度上影响酒店的预订状况和营收。当消费者在选择酒店时,他们往往会优先考虑那些在各大旅游网站上拥有良好评分和积极评价的酒店。

（一）酒店网络点评的概念

酒店网络点评是指消费者通过各种在线平台(如旅游网站、社交媒体、点评网站等)对酒店服务和体验进行的评价和反馈。这些评论通常包括对酒店设施、服务质量、位置、清洁程度、性价比等方面的个人看法和评分,因此会产生好评和差评,好评会帮助酒店提升信誉、吸引客源,差评会损害酒店形象甚至出现舆情危机,最终影响对酒店的星级评分。图5-1为酒店点评页面。

图5-1 酒店点评页面

（资料来源：美团、去哪儿和携程网站的酒店点评页面。）

典型案例　　　　　　　万豪集团的网络点评管理

　　万豪酒店在全球范围内享有良好的声誉，但近年来，随着顾客期待的提升，他们注意到在线评论的数量明显增加，尤其在 Booking.com 和 TripAdvisor 等平台上。尽管大多数评论都是积极的，但一些负面反馈（如房间清洁度、客户服务等）开始影响整体评分。因此，万豪酒店建立了一个高级数据分析系统，定期对顾客的在线评论进行分析。这一系统能够识别出最常被提及的问题，以便于针对性地进行改进。他们推出了针对员工的专门培训程序，特别是对于前台和客房服务人员，帮助他们识别并满足顾客的需求。培训内容包括如何处理投诉、提供个性化服务以及沟通技巧等。万豪酒店设立了专门的小组，负责快速响应负面评论，在评论发出后的 24 小时内给予回应。团队成员经过专门培训，能够有效处理各种顾客问题并根据顾客反馈进行后续的改进。在顾客退房时，酒店会通过电子邮件向他们发送简短的调查问卷。问卷设计简单，能快速获取顾客对服务的满意度以及任何改进建议。通过建立有效的客户反馈管理体系，万豪酒店不仅提升了顾客的满意度，也显著提升了其在线评分和品牌形象。

（资料来源：Edit1《如何评价万豪的客户管理》。）

　　网络点评是评估客户对酒店入住体验和服务满意程度的主要方式，客户点评的内容与酒店的产品和服务息息相关。根据《旅游饭店星级的划分与评定》（GB/T 14308—2023），我国酒店越来越关注服务质量，力求以优质的服务质量吸引顾客，从而在竞争中脱颖而出。当前,以服务质量评价为主的服务质量管理已得到越来越多五星级酒店的重视和应用。综合网络点评内容的分析结果以及传统问卷调查的分析结果,可以得出客户普遍对酒店位置(位置、交通、周边环境)、酒店服务(门童、机场接送、行李、迎宾、登记/结账、问询、订票、洗衣/熨烫、客房清扫、叫醒等)、客房设施(隔音、床品、家具、浴室、电器、生活用品、空调等)、酒店餐饮(餐厅环境、餐厅服务、早餐、菜品、房间送餐服务等),以及整体舒适度(饭店装饰及风格、大堂环境及设施、康乐设施、整体卫生等)更为关注。

(二)酒店网络点评的作用

酒店网络点评的内容和评分作为公开数据,其本质是OTA平台的运营手段,具有以下几个方面的作用。

1. 提升品牌知名度,维护品牌形象

网络点评能够帮助酒店提升在搜索引擎及旅游平台上的可见度,增加用户对酒店的认知度,良好的评论会吸引更多潜在顾客点击查看并进行预订。酒店能够主动管理评论,及时回复顾客的反馈和投诉,展示出对顾客体验的重视,这种积极的互动有助于维护和提升品牌形象。

2. 影响顾客决策,促进社交媒体营销

研究表明,许多消费者在选择酒店时会参考网络点评,正面的评价能够增强顾客对酒店的信心,从而提高预订率。积极的网络评论不仅在评价平台上产生影响,还可以在社交媒体上被分享,进一步扩大酒店的受众群体。

3. 利用竞争分析,加强反馈和改进

网络点评为酒店提供了直接的顾客反馈,帮助管理层了解顾客的需求和期望,这使得酒店能够根据反馈进行服务改进,提高客户满意度。酒店可以通过分析竞争对手的网络点评,了解其优缺点,从而制定更有效的市场策略,提升自身的竞争优势。

4. 建立信任,增强客户忠诚度

通过关注和回应顾客的意见和建议,酒店可以提升顾客的忠诚度,用户生成的点评比广告宣传更可信,积极的网络评论能够增强潜在顾客的信任感,持续的良好体验会使顾客愿意再次选择并向他人推荐这家酒店。

二、酒店网络点评信息管理

(一)正确认识网络点评

无论是正面的还是负面的网络点评都值得管理人员进行反思和总结,而不应一味地采取相应的措施消除差评。网络点评是酒店用户亲身体验的反映,虽然具有一定的主观性,但通常能够真实反映酒店顾客的满意度和意见。酒店应鼓励顾客在入住后分享真实的反馈,而非仅依赖于一些促销活动或折扣来获取好评,真实的反馈能够增强评论的可信度。

好评可以帮助酒店总结顾客选择酒店的标准和偏好,继续提升服务。负面评论虽然令人沮丧,但也提供了宝贵的改进机会。通过分析顾客的反馈,酒店可以发现服务或设施上的不足,核查情况是否属实,对情况属实的顾客给予充分的歉意并进行补偿,并对酒店的工作进行整改,对于恶意的差评也要采取合理合法的手段进行"反击"。

同时,网络点评是品牌管理的重要组成部分,通过定期监测和分析评论,酒店可以有效地管理品牌形象,制定合理的营销策略。现代技术为酒店提供了数据分析工具,可以对大量的网络点评进行分析,提取出顾客关注的核心问题和趋势,帮助决策制定。

(二)网络点评信息管理

网络点评信息的管理并不仅限于被动回应客户的反馈,酒店需要主动监控和分析这些数据,以识别客户的需求、偏好及满意度,从而调整服务和设施,提升客户体验。对于网络点评管理的措施可以从以下几方面展开。

1. 监测点评

在网络环境中,信息的传播速度非常快,消费者在社交媒体、产品评论网站和论坛上发表意见,不断影响着潜在客户的购买决策。为了掌握当前市场的反馈,酒店需要实施全面的监测策略。

(1)多渠道监测:酒店应使用多种监测工具(如社交媒体监控工具、在线评论平台等)来获取客户的反馈。通过关注不同渠道,酒店能够更全面地了解客户对品牌的看法。

(2)制定关键词策略:酒店可以通过分析行业关键词来监测相关讨论,确保不会错过任何重要反馈,这包括品牌名称、产品名称、行业术语等。

(3)实时监测与定期回顾:酒店不仅需要进行实时监测,还应定期回顾累积的点评,了解评论趋势和模式,以便做出相应的调整。

2. 数据分析与洞察

大数据分析是优化酒店客户体验与业务流程的重要手段。网络点评中蕴含了大量宝贵的数据,酒店可以采取以下步骤进行深入分析。

(1)情感分析:企业可利用自然语言处理(Natural Language Processing,NLP)工具对评论进行情感分析,理解客户的态度和情感倾向。通过这种方式,酒店能够迅速整理出哪些方面受到赞赏,哪些方面需要改进。

(2)反馈分类:将相关评论按主题或类别进行整理,有助于酒店识别重点问题。例如,某一酒店产品频繁出现的负面反馈可以标记为"质量问题",以便及时处理。

(3)趋势识别:通过定期分析点评数据,酒店能够识别出潜在的市场趋势和变化,帮助酒店在服务产品开发和市场战略中做出更为精准的决策。

3. 积极响应并与客户互动

网络点评的管理不仅仅是监测与分析,还包括如何与客户进行有效沟通。

(1)及时回应评论:快速且专业的回应能够有效地化解客户的不满,并向其他潜在客户展示酒店对客户反馈的重视。此外,积极回应客户的问题也能够增强酒店的可信度。

（2）建立关系：通过真诚的互动，酒店可以与客户建立起更牢固的关系。时常关注客户的反馈，并在关键时刻适时给予支持，使客户感受到酒店的关怀。

（3）邀请客户参与：酒店可以积极邀请满意的客人通过社交媒体活动或分享客户故事等形式，以传播他们的正面体验。这样的互动不仅能提升客人的参与感，还有助于塑造和提升酒店品牌的正面形象。

4. 处理负面点评

面对负面点评，酒店的回应方式直接影响客户对品牌的印象。以下是一些有效处理负面评论的策略。

（1）专业态度：无论评论的内容如何，以冷静和专业的态度对待负面反馈是至关重要的。酒店应避免与客户争辩，而是专注于解决问题。

（2）提供解决方案：酒店应主动提供解决方案，以彰显对客户体验的极度重视。例如，当客户表达不满时，酒店可以迅速采取措施，如提供退款、替换产品或服务折扣等，来弥补客户的不便。这种积极主动的态度有助于有效化解矛盾，并赢得客户的信任与忠诚。

（3）内部改进：通过分析负面反馈中反复出现的问题，酒店可以调整内部流程和标准，改进产品质量或服务。这不仅可以改善客户体验，还能降低未来负面反馈的可能性。

5. 改进业务

通过有效的点评管理，酒店可以在多个方面进行优化。

（1）产品开发：客户的反馈是酒店产品改进的重要依据。酒店可以根据点评中的意见，及时调整产品功能或设计，以更好地满足市场需求。

（2）市场策略调整：通过分析市场上的反馈，酒店可以发现潜在的客户群体以及尚未满足的需求，进而制定更加精准的市场营销策略，提高市场命中率和产品的市场适应性。

（3）品牌形象构建：系统管理和回应网络点评能够有效提升酒店品牌形象。通过分享客户的好评和成功案例，酒店可以增强品牌的正面认知，吸引更多潜在客户。

127

拓展阅读 　　　　　　　　**常见的酒店网络点评渠道**

渠道	简介
携程网（Ctrip）	中国最大的在线旅游平台，提供酒店预订和客户点评服务
Tripadvisor	国际知名的旅游网站，用户可以对酒店、餐厅和景点进行点评和评分
Booking.com	全球最大的在线酒店预订平台之一，用户可以在预订后发表点评
Hotel.com	一家广受欢迎的酒店比较和预订网站，同样有用户点评功能
Yelp	虽然以餐厅点评著称，也涵盖了一些酒店的点评
Facebook	部分酒店在Facebook上创建专页，客户可以在页面上留下评论

续表

渠道	简介
Google Maps	用户可以在 Google 地图上搜索酒店并留下评论和评分
Agoda	亚洲领先的在线旅游代理,提供酒店预订和用户点评功能
Zoover	专注于旅客体验的一站式平台,提供酒店和度假村的点评

拓展阅读

▼

当口碑崩塌:A 家精品酒店从
好评如潮到差评遍地的警示

思考与练习

1. 结合案例分析 CRM 系统可以给酒店客户信息管理带来哪些便利。

2. 谈谈对客户信息管理的理解和认识。

3. 分析酒店客户信息泄露可能带来的影响。

4. 酒店客户信息的规范化体现在哪些方面?

5. 酒店客户信息的整合分析方法有哪些?

6. 目前的 OTA 平台上的点评功能有哪些可改进之处?

扫码看
答案

第六章 →

酒店客户沟通管理

学习目标

1. 了解与酒店客户沟通的内容及沟通技巧
2. 掌握酒店客户沟通管理的应用及衡量指标
3. 认识与酒店客户有效沟通的障碍及克服策略

核心概念

客户沟通管理（Customer Communication Management）

客户沟通数据（Customer Communication Data）

客户沟通原则（Customer Communication Principles）

客户沟通障碍（Customer Communication Barriers）

有效沟通（Communicate Effectively）

在当今快速发展的商业环境中，客户沟通管理已成为企业成功的关键因素之一。随着科技的进步和社交媒体的普及，消费者与品牌之间的互动模式发生了深刻变化。如何在复杂多变的市场中与客户进行有效沟通，已不仅仅是一个选择，而是企业生存与发展的必然需求。有效的沟通不仅仅会使信息传递更畅通，它还是建立信任、促进理解和增强关系的桥梁。当客户感受到品牌的关心和回应，他们更可能忠诚于品牌，甚至成为品牌的倡导者。因此，掌握沟通的艺术，理解客户的需求和情感，是每位企业领导者和营销人员必须重点关注的领域。

本章节将深入探讨酒店客户沟通管理的基本内容、沟通方式、沟通障碍及其应用实践，并分享酒店客户沟通管理过程中关于不同环节的经典案例，为读者提供相应的知识和技能，增强与酒店客户的有效沟通。

第一节 酒店客户沟通管理概述

酒店客户沟通管理是指在酒店与客户之间建立、维护和优化沟通的系统性过程。在当下激烈的市场竞争环境中,有效的客户沟通管理可以帮助酒店与客户深入交流,及时调整产品与服务质量,以适应市场变化。数字工具与社交媒体的兴起为酒店提供了更多方便快捷的沟通渠道,灵活运用这些工具可以帮助酒店提高客户沟通效率和质量。

一、酒店客户沟通的内容及作用

(一)酒店客户沟通的内容

酒店客户沟通,是指酒店与客户之间交流互动的过程,是维护客户关系的重要环节。有效的酒店客户沟通应该是双向的,即酒店不仅要向客户提供信息,而且要主动倾听酒店客户的反馈和意见。通过积极的沟通,酒店可以更好地理解客户的需求,让客户建立与酒店之间的信任并提升忠诚度,提升客户满意度并增加销售机会。酒店客户沟通的主要内容包括信息沟通、情感沟通、服务沟通、意见沟通。

1. 信息沟通

信息沟通是指企业通过书面、口头、电子等渠道与酒店客户传递信息和交流想法的过程。在进行信息沟通时,酒店需要确保客户和员工的个人信息安全,遵守相关的隐私法规和规定。

2. 情感沟通

情感沟通是指酒店与客户加强情感交流、传递情感信息和处理情感问题的沟通方式。在与客户沟通的过程中,酒店要通过真诚的情感沟通,使客户感受到关怀和重视,促进亲密联系的建立和维护。面对客户的负面情绪,酒店要站在客户的角度,展现出共情能力,了解客户的情感需求,与客户建立情感联系,提升服务质量和客户满意度。

3. 服务沟通

服务沟通是指酒店与客户之间在提供服务过程中进行的沟通和互动。良好的服务沟通是建立稳固酒店客户关系和提升客户满意度的关键。

4. 意见沟通

意见沟通是指酒店主动向客户征求意见,或者酒店客户主动将对酒店的意见(包括投诉)反映给企业的行动。酒店可以通过客户提出的意见和反馈,及时调整产品和服务的策略和方向,不断优化和改进酒店的产品和服务,以更好地满足酒店客户需求。

（二）酒店客户沟通的作用

沟通旨在使对方理解自己的想法,并解决存在的矛盾或问题。酒店与客户沟通可以为双方搭建相互信任的桥梁,使客户了解酒店、选择酒店和相信酒店。酒店通过与客户沟通可以把自己的产品或服务信息传递给客户,把酒店的宗旨、理念介绍给客户,把有关的活动、规则传达给客户,同时重视客户的意见和需求,对自身服务进行改进。

1. 建立良好的客户关系,满足客户需求

通过积极主动地与酒店客户进行沟通,酒店能够与客户之间建立起信任,增进相互了解,并巩固双方的关系。这样的沟通使酒店可以了解客户的需求、疑虑和喜好,提供更符合客户需求的产品和服务,从而提升酒店客户满意度。

2. 接收反馈和建议,促进销售和市场推广

酒店客户沟通可以让酒店获取客户的反馈和建议,帮助酒店及时发现问题并进行改进。酒店客户的反馈是酒店改进和提升的重要指引。通过与酒店客户的积极沟通,酒店可以更好地了解酒店客户需求,提供个性化的解决方案,从而促进销售和市场推广。

3. 解决问题和投诉,增强品牌形象

酒店客户沟通是解决酒店客户问题和投诉的重要途径,通过有效沟通可以及时处理酒店客户的问题,提升酒店客户满意度。良好的酒店客户沟通可以提升酒店的品牌形象,增强品牌认知度和客户忠诚度,有助于酒店在市场竞争中脱颖而出。

二、酒店客户沟通的策略

酒店客户沟通策略是指酒店为提升客户满意度、加强客户关系而制订的一系列沟通计划和方法。通过科学合理的策略规划,酒店可以更好地与客户进行有效沟通,满足客户需求,实现双方互利共赢的目标。

（一）向酒店客户释放善意

在与酒店客户沟通时,需要表现出真诚的态度,表达对客户的重视和感激之情。在服务中可以赠送小礼品或提供额外的服务、资源,让客户感受到关怀和尊重。当客户遇到问题或进行投诉时,酒店要及时回应并积极解决问题,并承担相应的责任,展现企业的责任心与对客户诚意。要定期向新老客户发送关怀问候、节日祝福等信息,让酒店客户感受到被重视和关心,加强与客户的情感联系。

（二）站在酒店客户的角度进行沟通

通常情况下,酒店客户会更加关注那些直接关系到自身利益的事情,而他们对酒店产品或服务的关心程度往往与对企业的信任度紧密相关。为了让酒店客户放心地购买酒店的产

品或享受酒店的服务，酒店要站在客户的角度，充分考虑客户的利益，帮助客户获得利益的最大化。同时，与酒店客户保持定期的沟通和跟进，了解酒店客户的最新需求和动态，及时调整服务和解决问题，保持良好的合作关系。

（三）建立完善的沟通制度

拓展阅读

▼

人工智能在客户
沟通中的应用

酒店要积极构建完善的客户沟通制度、建议及意见反馈制度、投诉制度、回访制度等，使酒店客户清楚地了解如何维护自身合法合理的权益，熟悉客服中心与投诉管理部门的工作流程与联系方式。酒店要为员工提供专业的沟通培训，提升员工沟通技巧和服务意识，确保酒店客户沟通的专业性和高效性。定期监测与评估酒店客户沟通效果，收集酒店客户反馈数据，分析酒店客户沟通状况，不断优化沟通流程和策略。

案例讨论

喜来登酒店的《Instagram Moments》册子

客人在布拉迪斯拉发喜来登酒店入住时发现了一本册子《Instagram Moments》，里面有酒店精心挑选的当地优美照片。这本册子还附有一封短信："我们知道您喜欢通过 Instagram 来分享自己拍摄的照片，我们想您应该会喜欢这本小册子，里面有我们精心挑选的 25 张最能展现布拉迪斯拉发的照片。"通过提供与顾客兴趣相关的个性化内容，酒店展现了对顾客个人喜好的关注和理解。鼓励顾客在社交媒体上分享自己的体验，增加了顾客的参与感，同时也为酒店带来了更多的社交媒体曝光。通过提供与当地文化和景点相关的信息，酒店增强了顾客的旅行体验，使顾客感到酒店是他们探索新地方的伙伴。通过展示对顾客分享照片的欣赏，酒店与顾客在情感上产生共鸣，这种共鸣有助于建立长期的客户关系。《Instagram Moments》册子不仅是一次性的互动，它还鼓励顾客在离店后继续通过社交媒体与酒店保持联系，分享他们的回忆和体验。

（资料来源：insun《15 个酒店靠创意服务提升社会化媒体关注度的案例》。）

案例思考题：

1. 喜来登酒店是如何通过《Instagram Moments》册子收集客户反馈的？

2. 喜来登酒店是如何确保其个性化服务策略与品牌形象保持一致的？

3. 除了《Instagram Moments》册子，喜来登酒店还使用了哪些社交媒体软件来提升客户体验？

扫码
看答案

⚖ 第二节　酒店客户沟通管理策略

　　酒店客户沟通管理的核心在于理解酒店客户的需求,并通过有效的沟通策略来满足这些需求。数字化时代的到来,酒店客户的需求和期望也在不断变化,酒店必须灵活应对,确保在各种沟通渠道中提供一致和优质的服务。此外,强有力的客户沟通管理还能够促进酒店内部团队的协作,提高工作效率。酒店需要制定系统的客户沟通管理策略,培养良好的沟通文化,以便在复杂多变的市场中持续增强客户关系,实现长期业务增长。

一、酒店客户沟通的方式

　　酒店客户沟通的方式多种多样,通过分析每种沟通方式的优缺点,以及如何根据不同的客户需求和情境灵活运用这些技巧,酒店能够选择出最合适的沟通方式,从而提升客户体验并强化客户关系。酒店客户沟通方式包括线上和线下两大类,且各有优劣势,如表6-1和6-2所示。

表 6-1　酒店客户线上沟通方式

	优势	劣势	适用场景
电话沟通	便于快速互动,减少信息传递的延迟; 可以在保证隐私的情况下进行深入探讨; 适用于处理紧急问题或复杂事务	无法记录详细的交流内容,容易导致信息遗失; 可能存在沟通障碍,如语音质量不佳或信号问题	适用于需要即时反馈或快速解决问题,酒店能够迅速响应客户需求和疑问的场景
电子邮件	便于存档和追踪历史记录; 可以详细阐述信息,避免误解; 适合进行国际沟通,跨越时区限制	可能导致信息传递延迟,回复不够及时; 信息量过大可能导致酒店客户忽略重要内容	适用于酒店需要向客户提供复杂且重要的书面信息和内容,如产品报价、商务合同和产品信息等
在线聊天	提供即时的酒店客户支持,提升客户体验; 能够同时处理多个酒店客户请求,提高效率; 与社交媒体结合,进一步扩大酒店客户互动的可能性	需要专业的人员实时在线,增加人力成本; 不适用于处理复杂问题,可能需要转为其他沟通方式	在线聊天是一种实时沟通工具,通常在企业网站或社交媒体平台上提供,适用于酒店客户需要询问问题并获得即时回答的场景

	优势	劣势	适用场景
社交媒体	增强了品牌与酒店客户之间的互动和参与感； 可以快速传播信息，吸引更多潜在客户； 增强对酒店客户的了解，获取客户的偏好； 酒店客户可以直接在平台上反馈意见，提升灵活性	信息的公开性可能导致负面反馈迅速扩散； 需要持续的维护和管理，投入较高的时间和精力	适用于酒店需要与客户互动，并且增加品牌曝光度，宣传产品及服务的场景
线上问卷调查	获取定量和定性数据，帮助酒店做出决策； 了解酒店客户的需求和满意度，针对性地改进服务	反馈率可能不高，数据收集周期长； 设计不当容易导致客户的反感； 客户可能出于对个人隐私的保护拒绝填写问卷	适用于酒店需要对自身产品和服务进行改进和创新，以及收集客户意见反馈的场景
视频会议	视觉互动增强沟通效果，适合复杂问题讨论； 便于拉近与酒店客户的距离，增强与酒店客户的沟通交流； 不受地理限制，可以定期与国际客户沟通	对网络环境要求较高，可能影响沟通质量； 需要时间安排，可能影响效率	适用于远程工作的交流，方便与酒店客户进行更为直观且深刻的交流场景
短信沟通	快速沟通，适合发送紧急通知或提醒； 高开放率，酒店客户更容易看到和回复	信息长度受限，难以进行深入沟通； 可能会被标记为垃圾消息，影响酒店客户体验	适用于发送简短和即时的信息，以及较为正式的通知和提醒
售后客服	帮助酒店与客户维持长期关系； 确保酒店客户在购买后的满意度，降低流失率； 通过有效的支持获得酒店客户的口碑	需要投入必要的人力和资源； 若服务不佳，可能对品牌形象造成负面影响	适用于需要用专业的能力和态度较为及时地帮助酒店客户解决问题的场景

表6-2　酒店客户线下沟通方式

	优势	劣势	适用场景
面对面沟通	增强信任和亲密感,促进深层次的关系建立; 及时解答客户的疑问并进行深入讨论; 更有效地理解客户的非语言信息,如肢体语言和面部表情	时间和地理位置受限,无法覆盖广泛的客户群; 需要更多的资源,如人力和场地	适用于与酒店客户在商场、展会、访问或约谈等场景,是最传统直接的沟通方式
品牌活动与客户见面会	促进客户关系,增加客户参与度; 提供面对面交流的机会,帮助酒店客户更好地理解产品; 增进品牌认知和客户忠诚度	需要额外的时间、成本和规划; 需求量大,可能不适合所有规模的企业	适用于需要对品牌进行宣传、促进与客户的情感联系的场景

二、酒店沟通数据的采集

与酒店客户进行线上或线下沟通都需要对客户的需求或意见进行记录,其中产生的信息对于酒店的战略调整、产品及服务改进提升都有帮助。因此,如何合理地采集沟通数据、利用沟通数据非常重要。

(一)酒店客户沟通数据

酒店客户沟通数据的采集是酒店了解客户、改善服务及提升竞争力的重要过程。通过科学合理的采集方法和数据分析,酒店能够更深入地理解客户需求,优化产品及服务,从而在竞争激烈的市场中立于不败之地。酒店客户沟通数据主要可以分为以下几类。

1. 定量数据

这一类型的数据通常通过调查问卷、在线调查等方式收集,涉及酒店客户满意度、购买频率、服务响应时间等具体数字。定量数据以数字为基础,便于量化分析和趋势预测。

2. 定性数据

定性数据通常来源于酒店客户的自由反馈、访谈记录和社交媒体评论等。这类数据可以提供深层次的见解,帮助企业理解酒店客户的真实感受与期望。

3. 行为数据

行为数据包括酒店客户在网站或应用上的互动,如点击率、页面停留时间、购买路径等。通过对这些数据的分析,酒店可以了解客户的使用习惯和偏好,从而优化用户体验。

（二）酒店客户沟通数据的采集方法

酒店可以通过多种方法进行酒店客户沟通数据的采集,以确保全面、准确地了解客户需求。

1.在线调查与问卷

使用在线工具如 SurveyMonkey、Google Forms、问卷星来设计问卷,收集酒店客户对产品和服务的反馈。问卷应简洁明了,以提高酒店客户参与度。定期进行这种调查,可追踪酒店客户满意度的变化。例如,某酒店开发"场景嵌入式问卷系统",将3—5道关键问题嵌入预订确认邮件,通过智能路由技术按客户类型动态调整问题序列。使用认知负荷优化算法控制题目难度,结合进度条心理激励设计(每完成20%触发鼓励动画),使问卷答题平均完成时间缩短。

2.客户支持记录

酒店客户与客服之间的沟通记录是一个宝贵的数据源。通过酒店的客服系统(如 Zendesk),及时记录酒店客户的咨询、投诉和反馈,不仅可以了解酒店客户关心的问题,还有助于改进服务流程。例如,某酒店集团引入了认知智能分析系统,将累计200万小时的通话记录构建成智能知识图谱。通过语义角色标注技术,系统识别出43类服务痛点(如发现空调噪音问题与建筑年份强相关),并指导工程团队开展预防性维护。此外,新加坡某酒店借助该系统优化了应急预案,使电梯故障的平均解决时间大幅缩短。

3.社交媒体监控

在社交网络上,酒店客户常常会表达对品牌的看法和情感。利用社交媒体分析工具(如 Hootsuite、Brandwatch)监控客户评论和反馈,能够帮助酒店及时掌握市场动态和酒店客户情绪。例如,巴黎某奢华酒店部署的社交聆听矩阵覆盖18个语种平台,运用深度学习识别文化特质表情符号。针对中国客户使用"裂开"表情关联度较高的情景,开发"3分钟补救响应机制"。该酒店通过推特情绪热词监控,提前48小时预测到米其林餐厅差评风暴,及时启动危机公关挽回客户信任度。

4.访谈与焦点小组

定期与关键酒店客户进行深度访谈或组织焦点小组,能够获取酒店客户关于产品和服务的深入想法。这种方式要求酒店具备良好的沟通技巧,以引导酒店客户分享其真实感受。例如,某酒店采用神经科学研究方法,在焦点小组中引入脑电波监测(EEG)与皮电反应(GSR)测量。当访谈提到"minibar定价"时,检测到β波活跃度上升,指导调整酒水定价策略后销售提升。在高端客户深度访谈中运用隐喻引导技术,挖掘出"管家服务=隐形守护者"的核心认知,重塑服务话术体系。

5.网站分析

使用网站分析工具(如 Google Analytics)监控酒店客户在网站上的行为,包括访问次数、停留时间和转化率等。这些数据能帮助酒店了解客户的浏览习惯,从而优化网站设计和内容布局。例如,某酒店实施全触点用户热力图追踪系统,发现移动端客户在支付环节放弃率高。通过 A/B 测试验证,在账单页面增设备选信用卡 LOGO 提示后,转化流失率会降低。结合滚动深度分析重构移动端首屏内容,客户平均会话时长有所增加。

6.客户参与活动

在品牌活动中,设置反馈环节收集客户意见,不仅能加强酒店客户的参与感,还能收集到更加即时和真实的反馈,这种方式可以通过纸质调查或电子设备进行。例如,某酒店首创的"沉浸式数据收集舱",在酒廊设置配备生物识别技术的互动墙。客户触碰虚拟鸡尾酒材料时能实时采集客户的压力值,并通过分析客户的微表情推导鸡尾酒创新方向。首次应用期间收集的有效数据量是传统活动的数倍,新开发的伯爵茶金酒系列上线即首周售罄。

(三)客户沟通数据的分析方法

数据采集后,酒店需要对收集到的信息进行深入分析。常见的分析方法包括以下几种。

1.数据可视化

使用可视化工具(如 Tableau)将数据以图表形式呈现,便于快速识别趋势和模式。例如,某度假酒店开发的"动态数据沙盘",整合 GIS 地理信息与客户行为数据,生成三维消费热点图。在马尔代夫项目中发现,下午茶时段的别墅露台使用率较低,经改造成星空酒吧后,夜间消费额爆发式增长。可视化系统支持时间切片分析,可精准定位服务瓶颈时段进行资源调配。

2.情感分析

通过对社交媒体和客户反馈的情感分析,评估客户对品牌的情感倾向。例如,某酒店的语言情感分析引擎应用 Transformer 架构,分析评论文本中 142 个情感维度(含隐性抱怨识别)。当检测到客户提及"延迟"时的愤怒值超过阈值时,系统自动触发补偿协议。提升负面情感拦截率,将有助于节省酒店每年的公关成本。

3.客户细分

根据收集的客户数据,将客户按照特征(如购买行为、人口统计特征等)进行细分,以实现更为精准的市场营销。例如,某酒店基于 400 万客户数据构建动态聚类模型,成功划分出27 个新颖的客群,例如"晨曦高尔夫"客群。针对"城市逃离者"这一特定客群,酒店开发了专门的周末套餐,有效满足了该群体的需求。此外,通过改进 RFM 模型的计算因子,酒店显著提高了高价值客户的识别准确率,进一步优化了营销策略。

(四)重视数据安全与隐私

酒店客户沟通数据的采集必须在法律法规框架内进行。酒店应强调数据的安全性,确保酒店客户的个人信息受到保护。遵循隐私保护法规,不仅能避免法律风险,也能增强酒店客户对品牌的信任感。

三、酒店客户沟通管理的衡量指标

有效的酒店客户沟通管理不仅依赖于服务质量本身,还依赖于对沟通效果的系统性测量与反馈。酒店客户沟通管理的衡量指标是评估酒店客户沟通效果和客户体验的重要工具。以下指标能够帮助酒店深入理解客户的需求与期望,从而不断优化酒店客户沟通策略,增强酒店客户满意度与忠诚度。酒店应定期评估这些指标,以确保其沟通方式与酒店客户期望相匹配,并积极推动服务改进。

(一)客户满意度(Customer Satisfaction,CSAT)

1.指标含义

客户满意度是衡量客户对特定互动或产品的整体满意程度的指标。

2.计算方法

通常通过调查问卷获取,询问客户对服务的满意度,使用一个简单的评分系统(如1—5分),CSAT 的计算公式为:

$$CSAT = SC/TP \times 100\%$$

其中,满意顾客数量(Satisfied Customers,SC)是指在调查中选择了高分(例如4或5分)的顾客数量,总参与人数(Total Participants,TP)是指参与调查的顾客总数,公式中的分数部分 SC/TP 计算的是满意顾客在所有参与者中所占的比例,这个比例反映了顾客满意度的整体水平。

3.指标重要性

较高的 CSAT 分数表明酒店客户对服务的认可,从而反映出沟通的有效性和服务质量,酒店可根据此指标调整服务策略。

(二)净推荐值(Net Promoter Score,NPS)

1.指标定义

净推荐值用于衡量客户愿意推荐公司产品或服务的可能性,是客户忠诚度的一个重要指标。

2.计算方法

酒店客户被询问"在0到10分之间,您多大程度上推荐我们的产品或服务给他人?"酒店客户根据评分结果被分为三类:推荐者(Promoters):9—10分、被动者(Passives):7—8分、贬损者(Detractors):0—6分。NPS 的计算公式为:

$$NPS = PR - DR$$

其中,推荐者比例(Promoter Ratio,PR)表示计算推荐者在所有参与者中的比例,反映了顾客的积极态度;贬损者比例(Detractor Ratio,DR)表示计算贬损者在所有参与者中的比例,反映了顾客的消极态度,通过将推荐者比例减去贬损者比例,得出NPS值。

3. 指标重要性

NPS是了解酒店客户忠诚度和潜在增长的有效工具,高NPS值通常意味着更好的酒店客户关系和口碑宣传。

(三) 客户流失率(Customer Retention,CR)

1. 指标定义

酒店客户流失率是指在特定时期内,停止使用酒店产品或服务的客户比例。

2. 计算方法

$$RC=EC-SC$$
$$CR=(RC/SC)\times100\%$$

共中,留存客户数量(Retained Customers,RC)等于期末客户数量(Ending Customers,EC)减去期初客户数量(Starting Customers,SC)。

3. 指标重要性

流失率过高说明客户不满意或无法满足其需求。通过分析客户流失的原因,酒店可以调整沟通策略和提升服务质量。

(四) 首次响应时间(First Contact Resolution,FCR)

1. 指标含义

首次响应时间是衡量客户服务效率的关键指标,它指的是客户在第一次联系客服时问题得到解决的比率。

2. 计算方法

$$FCR=NFC/TNC$$

其中,首次联系的案例总数(Total number of first contact cases,TNC)指客户首次发起的所有客户服务互动或案例的总数,首次解决的案例数(Number of cases resolved on first contact,NFC)指在客户首次联系服务团队时,成功解决或使客户满意并无须后续互动即可解决的案例数量。

3. 指标的重要性

较短的首次响应时间通常能显著提升客户的满意度,能够快速响应客户需求,体现出酒店的高效和重视客户的态度。

(五) 客户生命周期价值(Customer Lifetime Value,CLV)

1. 指标含义

客户生命周期价值是指一个客户在其与企业关系存续期间,可以为企业带来的总利润。

2.计算方法

$$CLV = APV \times PF \times CL$$

拓展阅读
▼
顾客
满意度

其中,平均购买价值(Average Purchase Value,APV)是指客户每次交易的平均金额,购买频率(Purchase Frequency,PF)是指客户在一定时间内购买的次数,客户生命周期(Customer Lifespan,CL)是指客户与企业之间的关系持续的时间。

3.指标重要性

CLV帮助酒店理解长期客户价值,有助于酒店制定相应的沟通和营销策略,以方案吸引和留住高价值客户。

案例讨论

丽思卡尔顿酒店以其卓越的客户服务而闻名。一天一位名叫Chris Hurn的客人带着家人在佛罗里达州亚美利亚岛上的丽思卡尔顿酒店度假。他们离开酒店后,Chris的孩子发现自己把心爱的长颈鹿毛绒玩具Joshie遗忘在了酒店。为了安慰孩子,Chris告诉他Joshie正在酒店享受假期。

酒店在得知这一情况后,不仅迅速找到了Joshie,还做了一件非常贴心的事情。他们为Joshie拍摄了一系列照片,显示它在酒店的不同地方"度假",比如在水疗中心敷面膜、在按摩椅上休息、与酒店的鹦鹉玩耍,甚至还有一张Joshie盯着监控录像的照片。这些照片被制作成一本相册,连同Joshie一起寄回给了Chris一家。

这个小小的举动不仅让Chris的孩子感到惊喜,也让整个家庭对丽思卡尔顿酒店留下了深刻的印象。他们将这次经历分享到了社交媒体上,引起了广泛的关注和讨论,为酒店赢得了无数的赞誉和忠诚的客户。

这个事件体现了丽思卡尔顿酒店如何通过细心、创造性和个性化的服务来处理客户投诉,将一次可能的负面体验转变为积极的品牌宣传。通过这种方式,丽思卡尔顿不仅解决了客户的问题,还创造了一个难忘的"Wow Moment",这正是他们服务理念的核心。这种对细节的关注和对客户体验的重视,使得丽思卡尔顿成为酒店业客户服务的标杆。

(资料来源:TerryChong庄文广《为什么一名丽思卡尔顿酒店的员工,拿着长颈鹿娃娃在保安室拍照呢?》。)

案例思考题:

1.丽思卡尔顿酒店是如何想到用拍照的方式来处理这次客户投诉的?

2.在处理客户投诉时,酒店是如何平衡解决问题和维护品牌形象的?

扫码
看答案

3.酒店是如何在企业文化中培养这种以客户为中心的服务理念,并确保所有员工都能遵循?

第三节 酒店客户沟通障碍及克服方法

与客户进行沟通,目的是解决问题并满足客户的合理需求。在与不同客户的沟通过程中,难免会产生一些沟通障碍,导致信息传递不畅通,使得酒店无法准确理解客户需求。为了克服这些沟通障碍,酒店需要采取系统化的措施,包括培养员工的沟通技巧,实施良好的反馈机制,利用适当的技术工具,以及提供多样化的沟通渠道。

一、酒店客户沟通的原则

酒店客户的沟通障碍是多方面的,包括语言差异、文化背景、信息超载、沟通技巧及情绪因素等,因此企业要培养员工的沟通技巧,尊重并理解文化差异、关注酒店客户的情感因素有助于建立更加融洽的客户关系。

(一)明确沟通目标

任何一场沟通都要明确目标,这是高效沟通的起点和终点,双方只有围绕这个目标沟通才能不偏离主题。常见的沟通目标包括向客户解释产品和服务、建立客户的信任、解决问题、收集客户对产品和服务的反馈意见以及促进销售等,明确沟通目标以后,酒店员工可以更有针对性地展开沟通,提高效率,帮助酒店客户获得更好的体验。

(二)语言简洁清晰

在积极听取酒店客户的需求和反馈的过程中,酒店员工可以避免使用专业术语和复杂的句子结构,使得信息易于理解,并且为确保传达信息清晰,可以重复或总结客户的观点,确认理解无误。在沟通过程中,可以主动询问酒店客户是否有不明白的地方,鼓励酒店客户提出问题,以确保他们获得所需的信息。

(三)沟通态度真诚

在与酒店客户的沟通过程中,酒店员工要站在客户的角度思考问题,认真倾听酒店客户的需求和反馈,始终保持开放和诚实的态度,及时分享相关信息,如实说明存在的风险和挑战,为酒店客户争取最大化的利益。尽量在酒店客户提出问题或需求后及时回应,减少等待时间,提升客户体验并鼓励客户积极反馈意见。

(四)保持后续沟通

帮助客户解决问题或满足其合理需求后,酒店仍应该继续跟进客户购买产品或服务的体验情况,建立完整的意见反馈机制,使酒店客户感受到被重视以及酒店真诚的服务态度,帮助实现更长久的合作关系。

二、有效沟通的障碍

要达到有效沟通,需要克服个人因素和各种外界因素的干扰,具体障碍来源可以分为以下几种。

(一)个人因素

1.情绪状态

人的情绪直接影响沟通的方式和效果。例如,愤怒或焦虑可能导致不理性行为和误解,而乐观的情绪则有助于促进积极对话。根据相关研究,情绪波动会使信息解码错误率增加。酒店一线员工若处于压力峰值(如入住高峰期平均心率达107次/分钟),客户抱怨响应准确率下降。某酒店标杆企业引入生物反馈技术,通过可穿戴设备监测员工压力水平(当皮肤电导>5μS时触发干预机制),配合"20秒深呼吸"标准化流程,实现情绪平稳对话的成功率获得提升。例如某酒店要求员工在客户显性愤怒时,采取"镜像沟通法"(语速匹配误差<0.3字/秒,声纹相似度>65%),极大提升了冲突调解效率。

2.个性差异

内向和外向个性使得人们在沟通风格上存在差异,内向者可能不会主动表达自己的想法,而外向者有时可能过于主导对话,忽视他人的声音。相关数据显示,外向型员工在服务提案接受率上比内向型员工高,但外向型员工的客户长期满意度比内向型员工低。例如,某酒店针对此设计"动态互补团队"外向员工负责需求挖掘(平均提问数6.2次/次对话),内向员工专注方案设计(需求诊断准确率达89%)。此外,该酒店还推出的"沟通频谱评估",要求员工根据客户性格指数(CPI)动态调整表达强度(如商务客户信息密度限值18条/分钟,度假客户降至12条/分钟)。

3.文化背景

不同文化背景的人在沟通方式、礼仪、非语言表达等方面存在显著差异,这可能导致误解或沟通不畅。例如,某酒店集团的跨文化沟通指南指出,中东客户直视时间超过3秒会被视为冒犯,而北欧客户对话间隔小于1.2秒则被认为压迫感过强。通过AI表情分析系统(FACS编码器),对跨文化客户进行微表情预警(如捕捉到日本客户嘴角下垂15度即提示切换敬语模式),文化误解事件大大减少。某酒店的法国游客因中国员工在其双手递房卡时单手持接,触发"被轻视"投诉,经培训改用双手承接礼仪后,同类投诉归零。

4.知识和经验

个人的知识水平和经验往往影响其表达能力,缺乏相关知识的人可能难以理解复杂的信息,从而造成沟通障碍。相关研究发现,员工知识盲区导致约三分之一的服务请求升级。例如,某酒店构建"知识图谱系统",将2.3万条服务标准转化为对话脚本树(包含

147个分支响应逻辑），配合AR眼镜实时推送解决方案（如识别勃艮第酒杯款式错误时推送侍酒流程动画），使员工专业知识调用速度提升3倍。酒店实习生通过系统提示，准确为美国客人解释普洱茶陈化年份鉴别法，促成茶具礼盒销售额成倍增长。

（二）环境因素

1.物理环境

噪声、光线不合适或空间拥挤等物理环境因素会影响人们的专注力和倾听能力，降低沟通的有效性。相关研究显示，酒店环境噪音每增加10分贝，服务失误率上升19％。例如，某酒店改造前台时引入声学优化设计（混响时间控制在0.6秒，背景音乐音量限制在55dB），同步安装情绪照明系统（色温根据对话进程在2700K—5000K渐变），使重要协议签署速度提升。深圳某会议酒店在宴会厅部署定向音频装置（20度波束角聚焦技术），将相邻桌对话干扰大大降低。

2.技术因素

在远程沟通中，技术问题（如网络不稳定、设备故障等）常常妨碍信息的传递。另外，过度依赖电子邮件和即时消息可能导致信息误读。数据显示，视频会议中0.3秒以上的音频延迟会令信任度下降。例如，某酒店采用"5G专网＋边缘计算"方案（端到端时延小于25ms），配合智能降噪耳机（环境噪音消除比大于35分贝），使远程宴会策划方案确认效率提升。为防止文字沟通歧义，某酒店还制定"321邮件规则"：重要决策点需在3小时内电话确认，专业术语需附带2种解释，每封邮件包含1个视觉化摘要。

143

（三）语言与表达障碍

1.语言差异

语言的多样性可能成为沟通障碍，尤其在跨国或跨文化的环境中，语法、词汇和表达习惯的不同，可能导致误解和误读。例如，某酒店集团国际版SOP规定，涉及宗教禁忌的40个词汇必须使用本地化替换词库。迪拜帆船酒店开发的多模态翻译系统，可同步转换英语、阿拉伯语、中文的语音及肢体语言（识别17种文化特有手势），使多语言会议筹备时间压缩58％。该酒店集团某欧洲客户曾将中文"马上处理"误解为"骑马来解决"，引入进度可视化系统（实时更新处理阶段动画）有助于解决认知偏差。

2.专业术语的使用

过多的行业术语可能导致客户难以理解，使信息传达不够清晰。例如，某酒店集团客户调研显示，使用"RevPAR（Revenue Per Available Room，每间可供出租客房收入）"等术语时客户理解度较低。其开发的"术语转换引擎"，自动将"GOP包含哪些项"转换为"您投资每间客房每天赚取的净利润"，财务沟通效率大幅提升。该酒店规定面向非专业人士必须采用"三级解释法"：首句术语定义，次句行业对标举例，末句具象比喻（如把OCC入住率比喻为影院上座率）。

3. 模糊的表达

不清晰或含糊的语言使得接收者难以准确理解发信者的意图。模糊指令使任务完成准确率大大降低。例如,某酒店实施"SMART表达模版",要求需求描述必须包含具体数量(如"需要6把高脚椅"而非"多准备椅子")、明确材质(水晶杯/玻璃杯)、时间节点(15分钟内到位),使布场效率标准差从两小时降至半小时。

(四)心理因素

1. 先入为主的观念

个人的偏见和刻板印象可能使其对他人的看法产生误导,从而影响沟通时的理解和反应。心理学中的确认偏差效应在酒店业尤为明显。某OTA平台数据显示,带有"90后"标签的订单被默认推荐电竞房,而实际需求符合率不足四成。例如,某酒店推出的"认知重置训练",要求员工每月完成8小时陌生人社交实验(如商务风旅客可能需要亲子设施),个性化推荐准确率提升。

2. 焦虑与恐惧

在正式场合或面对特定人群时,焦虑和恐惧可能削弱一个人表达自我的勇气,降低沟通的效果。相关数据显示,新员工首次独立接待VIP时错误率是平时的3倍。例如,某酒店采用"全息演练系统",通过3D投影还原200种高压场景(包括突发疾病、名人投诉等),配合生物反馈评估(汗液电解质变化预警),员工抗压能力提升。该酒店员工经过多次全息演练后,在米其林评委突发过敏事件中镇定执行应急预案,获业内安全创新奖。

三、沟通障碍的克服

在现代社会,沟通是建立人际关系、促进工作效率和推动组织发展的关键。然而,沟通障碍却普遍存在,给个人和团队带来困扰。克服沟通障碍,需要从以下几个方面入手。

(一)理解沟通的多样性

沟通不仅限于口头或书面表达,还包括非语言信号,如肢体语言、面部表情和语气等。理解这些不同的沟通方式能帮助我们更全面地捕捉信息,避免产生误解。例如,在跨文化交流中,不同文化对眼神、身体距离的解读会有所不同,因此在沟通时应根据对方的文化背景做出调整。

(二)提升自我意识

克服沟通障碍的第一步是提升自我意识。了解自己的沟通风格、情绪反应和潜在偏见,可以帮助我们在与他人交流时采取更有效的策略。定期进行自我反省,询问他人对自己沟通方式的看法,可以捕捉到潜在的问题并加以改善。

（三）培养倾听能力

有效的沟通不仅仅可以清晰表达自己的观点，更重要的是可以倾听他人的声音。培养主动倾听的能力，包括眼神接触、点头反馈和适时提问，能够增强沟通的互动性。倾听时应避免打断对方，并尝试理解其所表达的情感和意图，从而减少冲突和误解。

（四）使用清晰简单的语言

沟通中使用清晰、简洁的语言是减少误解的重要手段。在表达思想时，避免使用过于复杂的术语和行业行话，尤其是在和非专业人士沟通时，可以通过举例和具体情景来加深对信息的理解。同时，尽量控住自己的情绪，以确保信息表达的客观性。

（五）建立信任与开放的环境

信任是有效沟通的基石。在团队中，创建一个开放和包容的交流环境，鼓励成员表达自己的观点和建议，能够提高沟通的质量。团队领导者应当示范良好的沟通态度，通过坦诚的反馈和指导提高团队的整体信任感。

（六）学习适应与灵活调整

每个人的沟通风格和需求都是不同的，因此在交流过程中需要灵活调整自己的方式。识别对方的沟通风格（如直截了当或间接）、情绪状态和需求，有助于酒店选择更有效的沟通策略。例如，当对方情绪激动时，适当降低语速、调整交流方式，可以更好地促进理解和解决问题。

（七）训练与教育

参加沟通技巧的培训课程，可以大幅提高个人的沟通能力。这些课程通常涵盖有效表达、倾听技巧、冲突解决等内容，帮助参与者学习实用的沟通方法和策略。同时，日常的角色扮演与情景模拟也是提高沟通能力不错的方法。

（八）鼓励反馈与互动

有效沟通的另一关键是反馈。在信息传递后，询问对方的理解情况以及反馈意见，能够及时发现沟通中的障碍。此外，鼓励团队成员之间进行反馈和讨论，可以保障信息的准确传递，促进集体智慧的发挥。

（九）善用技术工具

在信息化时代，各种科技工具为沟通提供了便利，然而，技术的使用也可能造成信息的误传和混乱。因此，合理选择和使用工具，如即时通信软件、视频会议等，有助于提高沟通效率。同时，要确保技术的可靠性，避免因技术故障影响沟通。

　　沟通是人类社会中不可或缺的组成部分,它不仅是信息传递的工具,更是情感表达的桥梁和人际关系的纽带。良好的沟通能力在各种生活场合中都能发挥重要作用,能够提升个人的情感智商、工作效率以及优化人际关系。以下将从多个角度探讨沟通的重要性。

　　(1)信息的高效传递。

　　首先,沟通的首要功能是信息的传递。在个体、群体及组织之间,有效的沟通能够确保信息的准确传递,避免误解和错误。例如,在企业中,当上层管理者发布策略时,下属若接收到不明确或错误的信息,会导致执行上的偏差,影响整个组织的运作效率。因此,清晰、简洁的表达至关重要,它能够使信息在最短的时间内被正确理解。

　　在信息时代,快速的信息交流变得愈发重要,善于利用现代技术进行高效沟通,比如电子邮件、即时通信工具等,能够使信息的传递更加便捷。然而,信息的量大且复杂,有效浓缩关键信息,并快速传达也是沟通技能的一部分。

　　(2)促进人际关系。

　　沟通是建立与发展人际关系的基础。无论在职场还是日常生活中,人际关系的建立离不开沟通。通过沟通,人们能够分享观点、交换意见,从而建立信任和相互理解。良好的人际关系不仅能够提升个人的幸福感,还能在工作中带来协作的便利,增强团队的凝聚力。

　　例如,在团队合作中,成员之间的有效沟通可以使每个人的意见和建议被认真对待,增加参与感和归属感。团队成员在互相理解和尊重的基础上,更容易形成合作共赢的局面,提升整体工作效率。

　　(3)解决冲突与误解。

　　在人际交往中,冲突和误解在所难免。有效的沟通能够帮助人们在冲突中寻找到解决方案。通过倾听、表达和妥协,个体可以尽量减少冲突对关系的负面影响。沟通过程中,善于倾听对方的观点,尝试理解其立场,也是一种修复关系的重要能力。

　　在家庭中,良好的沟通能够有效减少生活琐事引起的争吵。家庭成员之间通过开放的对话,能够更好地理解彼此的需求与情感,共同制定解决方案,从而使家庭关系更加和谐。

　　(4)提升自我表达。

　　良好的沟通能力使人能够更加自信地表达自己的观点和情感。无论是工作中的报告,还是社交场合的与人交谈,清晰且富有说服力的表达能够有效影响他人,提高个人的影响力。

自我表达不仅涉及言语的魅力,还包括非语言沟通的技巧,例如肢体语言、眼神交流等。这些非言语因素在很大程度上影响着沟通的效果。因此,提升自我表达能力不仅能帮助个人在职场上脱颖而出,也能在社交活动中建立良好的第一印象。

(5) 增进情感交流。

沟通的另一重要功能是情感的交流。通过语言与非语言的方式,人们能够传达自己的情感状态,如快乐、愤怒、悲伤等。这种情感的表达能够在一定程度上释放压力,增进人际关系的亲密度。例如,好友之间能够通过分享各自的日常生活与感受,增强彼此的联系与理解。亲密的沟通可以为双方提供情感支持,帮助在困难时刻找到力量,这种支持对心理健康尤为重要。

(6) 促进个人成长。

持续的沟通能力提升有助于个人自我成长。通过与他人交流不同的观点和经验,个体能够扩展视野,增加知识储备。这种相互学习的过程能够促进创新思维和问题解决能力。在职场上,积极与同事、上级进行沟通,能够获取更多的反馈和建议,帮助个人认清自身优缺点,从而不断进步。此外,多参与社交活动,也能够提升跨文化沟通能力,适应全球化的工作环境。

(7) 对组织的影响。

对于组织而言,良好的沟通文化能够直接影响员工的满意度与工作效率。建立开放和透明的沟通机制,不仅有助于员工的自我表达,还有助于管理层及时了解员工的需求与反馈,从而做出更为合理的决策。在企业中,定期的沟通会议、有效的反馈机制,以及信息共享平台的构建都是提升沟通效果的重要措施。鼓励员工表达意见、参与决策,能够增强其对工作的归属感,降低员工流失率。

147

案例讨论

张女士一家在旅游旺季入住了一家海滨度假酒店。入住当晚,张女士发现房间的卫生间有异味,于是拨打了客房服务电话反映问题。客服人员记录下问题后表示会马上派人处理。可是等了很久,都没有人来。张女士再次致电客房服务询问情况,客服人员只是含糊地说正在安排人。又过了一段时间,张女士的孩子因为卫生间的异味感到不舒服,张女士非常生气,直接来到酒店前台投诉。前台工作人员这才赶紧联系客房部负责人。客房部派人来到房间后,发现是下水管道堵塞导致的异味。在维修过程中,工作人员没有向张女士解释维修的具体情况和需要的时间。张女士一家只能在房间里焦急地等待,原本愉快的度假心情被破坏殆尽。维修完成后,虽然异味问题解决了,但张女士对酒店的服务极其失望。她在离开酒店后,在旅游评价网站上给了酒店差评,详细描述了自己在客房服务沟通方面的糟糕体验。这不仅影响了酒店在潜在客户心中的形象,也可能导致其他游客在选择酒店时对这家酒店望而却步,酒店因此失去了提升客户满意度和口碑的机会。

案例思考题:

1. 此次事件发生后,酒店应该采取哪些措施来挽回张女士这样的不满意客户?

2. 从这个案例中可以看出酒店在员工培训方面存在哪些不足?

3. 酒店如何利用这次事件进行内部改进,以提升整体的客房服务质量和沟通水平?

扫码
看答案

第四节 技术在酒店客户沟通中的应用

在现代企业中,技术已经成为提升客户沟通效率和效果的关键因素。利用各种先进的技术工具和平台,企业不仅能够更好地做好客户沟通,还能提供更加个性化和高效的服务体验,以下详细探讨技术在客户沟通中的应用。

在当代商业环境中,技术在客户沟通中的应用已成为企业成功的关键因素。随着数字化转型的加速,企业正越来越多地依赖先进的技术工具来优化与客户的互动,提升服务质量,增强客户体验,并最终推动业务增长。

技术的进步为企业提供了一系列强大的沟通渠道和工具,使得与客户的互动更加高效、个性化和实时。从客户关系管理(CRM)系统的集成到人工智能(AI)在客户服务中的应用,再到大数据分析在理解客户需求和行为方面的作用,技术正在重塑企业与客户之间的沟通方式。

一、CRM系统

客户关系管理(CRM)系统是酒店进行客户沟通管理的核心工具。CRM系统能够帮助酒店集中存储客户信息,包括联系方式、购买历史、服务记录和沟通日志等。这样,无论客户通过哪个渠道与酒店联系,客服人员都能够迅速获取客户的相关信息,提供一致和个性化的服务。

1. 客户视图的统一

CRM系统提供了一个统一的客户视图,使得跨部门沟通更加顺畅,确保客户信息的一致性。该平台运用主数据管理(MDM)技术打通了PMS、POS和客服系统的底层数据池,通过建立客户唯一标识符(UID)实现360度画像构建。智慧酒店场景下,礼宾部通过移动终端可实时调取客户近12个月的消费档案,精准识别VIP客户的季节性入住偏好。针对政府会议客户,系统自动标注关联企业的协议条款约束项,前厅接待可快速匹配相应增值服务包。

数据治理层面采用区块链技术进行信息加密,既满足《通用数据保护条例》的合规要求,又实现政府部门敏感信息的隔离存储。

2. 沟通记录的追踪

通过记录每次与客户互动的详细信息,CRM系统帮助企业分析沟通效果,发现问题并及时改进。系统集成自然语言处理(NLP)引擎,对电话录音、在线会话记录进行语义解析,构建动态更新的客户情绪热力图。尤其在处理OTA渠道客诉时,情感分析模型可即时标注问题焦点(如清洁度评分下降0.3分),触发服务补救流程。历史会话存储库结合LSTM时序模型,可预测客户咨询高峰时段(如每月25日协议客户对账周期),提前部署服务资源。通过知识图谱技术识别高频咨询主题,发现某季度63%的餐饮咨询聚焦婚宴菜单调整,倒逼宴会部门优化数字菜单平台。数据驱动的洞察使二次投诉率降低,客户挽回成功率提升。

3. 自动化工作流

CRM系统中的自动化工具可以自动分配客户咨询,提醒客服人员跟进重要事项,提高沟通的及时性和有效性。系统采用AI优先级算法,构建多渠道请求分配矩阵:将会员等级、历史消费额、响应时效纳入决策模型,确保紧急事件及时传达至专属客户经理。在会议客户服务场景,业务流程自动化(BPA)引擎联动预定系统和工程部,实现会议室温度、灯光配置的智能预调。智能外呼模块依据客户生命周期阶段触发个性化回访(如协议客户续约前30日提醒),结合销售漏斗模型自动生成商机清单。

二、自动化工具

自动化工具在酒店客户沟通中的应用可以显著提高企业的响应速度和服务质量。通过设置预定义的规则和流程,自动化工具可以自动执行常见的任务,如回复常见问题、发送服务更新通知等。

1. 聊天机器人

聊天机器人可以提供24小时的即时客户支持,处理简单的查询和任务,减轻客服人员的负担。例如,某酒店部署的下一代对话机器人基于多模态交互技术,不仅支持文字、语音交互,还能通过语义分析识别客户情绪波动(如OTA客诉中的烦躁指数大于0.7),实时切换至人工座席。又如在旺季预订场景中,机器人通过知识图谱关联客户历史订单(如近3年春节均入住行政套房),主动推送相似房型的预售折扣。针对复杂场景(如会议客户临时调整会场需求),系统调用RPA从PMS提取数据生成多套备选方案,并通过增强现实(AR)功能向客户展示会场布置效果。试点期间,聊天机器人日均处理量多达1200次,平均响应速度缩短至8.7秒,复杂需求转人工率降低至18%。此外,通过收集高频咨询问题(如停车指引重复率27%),反向优化酒店官网的自助服务导航路径。

2. 电子邮件自动回复

设置自动回复规则,确保客户在发送咨询后能够立即收到反馈,提升客户满意度。例如,某酒店应用自然语言理解(NLU)技术构建三层智能分拣机制:首层通过语义标签库对邮件进行分类(如预订、投诉、协议续约),第二层结合客户细分模型自动匹配模板(商务客户启用正式话术框架、亲子客群嵌入表情符号),第三层基于服务等级协议(SLA)设定任务优先级。例如政府客户的发票申请邮件触发RPA流程,自动调用增值税系统中的抬头信息生成PDF并加密发送,全流程耗时从2小时压缩至6分钟。对需要人工介入的邮件,系统通过算法预测处理时长(如婚宴需求邮件平均需3.2小时),自动发送进度预估并同步至客户APP。针对常发季节性需求(如中秋月饼预订),邮件机器人结合CRM中的客户标签(协议客户赠品配额、散客消费偏好),生成差异化的营销内容,使邮件打开率提升,销售转化率超行业均值。

3. 社交媒体监控

自动化工具可以监控社交媒体上的品牌提及,及时响应客户的公开和私下沟通。例如,某酒店部署的社会化客户关系管理(SCRM)系统整合了微信、微博、小红书等12个主流平台的数据流,通过深度学习模型实时识别关键会话。系统构建三级响应矩阵:一级针对品牌关键词(如#酒店隔音差#)触发舆情警报;二级通过情感分析定位潜在危机(差评情感值小于0.3时自动升级至值班经理);三级对正向互动(如打卡美图@酒店官微)启动智能互动程序(自动回复+积分奖励)。当监测到携程差评提及"会议室投影模糊",系统立即生成工程维保工单并同步客户关系部启动补偿预案。日均处理社交舆情高达260条,响应时效控制在45分钟内,负面评论解决率达92%。通过分析UGC内容,发现客户对智能客房控制系统的困惑点,优化小程序操作指引后相关咨询量下降。同时系统抓取竞对社媒动态,驱动酒店快速调整促销策略,酒店产品如亲子房周末套餐点击量大幅提升。

150

三、社交媒体监控

社交媒体平台已成为酒店客户沟通的重要渠道。酒店可以通过监控社交媒体上的讨论和反馈,及时了解酒店客户的需求和问题,并及时响应。

1. 品牌监控

使用社交媒体监控工具跟踪那些提及品牌的名字、产品或服务的帖子,以便及时响应。例如,某酒店采用定制化舆情监测系统,搭建包含150多个核心关键词的语料库(如"会议室""亲子房"),结合地理位置标签进行精准捕捉。系统通过NLP技术实现语义聚类,例如当小红书连续出现"酒店行政酒廊服务超时"的笔记时,自动生成舆情热力分布图并标记问题时间段(如周日晚间20:00—22:00)。某次监测显示某科技公司高管在微博提及"酒店网络不稳",系统立即触发数字钥匙失灵预案,工程部同步收到网络优化工单并在45分钟内完成修复。通过监测竞品节假日促销动态(如其他酒店推出暑期套餐),运营团队可快速调整价格策略,历史数据显示此类监测使预订窗口期缩短,转化率提升。同时系统识别UGC内容中的隐性需求,例如监测到"自助早餐没有粤式茶点"的高频提及,推动餐饮部上线特色菜品后好评率迅速提升。

2. 情感分析

通过情感分析工具,酒店可以了解客户对品牌的情感倾向,从而调整沟通策略。例如,某酒店基于BERT模型构建情感评分体系,从文本、表情符号到配图进行多维度分析。例如当监测到抖音视频评论中"亲子乐园消毒不到位"的情感预警时,客户关系部立即启动消毒记录溯源并推送专属补偿方案。更有价值的是正向情感内容的挖掘应用,当小红书用户发布"生日布置惊艳"的笔记且情感值为+0.93时,系统自动推送同款套餐优惠券并触发KOL合作邀约。通过比对客户情感波动与时间序列数据(如暑期家庭客群情感值普遍低于商务客群0.15分),精准优化服务资源配置。实战数据显示,针对高净值客户(年消费大于5万元)的情感特征优化话术后,复购意向迅速提升。

3. 危机管理

在社交媒体上及时发现并处理负面评论,防止危机扩散。例如,某酒店搭建"监测—响应—改善"闭环三级危机响应机制:初级预警(1小时内响应模板)、中级应对(值班经理介入)、高级危机(高层决策会议)。系统通过关键词组合监测(如"清山酒店＋卫生问题")自动生成危机系数评估模型,当某条大众点评差评传播速度超过基线值30％(转发量大于500次/小时),立即启动红色预警。酒店曾监测到抖音直播中"婚宴食材不新鲜"的投诉,危机小组在90分钟内完成溯源检查、出具检测报告并通过原渠道视频回应,成功将客诉转化率从15％降至2.5％。事后通过RPA机器人向30日内婚宴预订客户定向发送厨房透明化邀请函,转化18组参观者实现信任重建。系统还建立负面评论恢复指数,通过A/B测试优化响应模板,发现包含具体补偿举措的回复方案恢复率(差评改好评)迅速提升。日常通过"危机剧本演练"功能模拟300＋场景(如火灾谣传、名人投诉),确保跨部门协同处置时效达到行业服务等级协议(Sevice Level Agreement,SLA)标准。

四、数据分析

数据分析在酒店客户沟通管理中扮演着至关重要的角色。通过分析客户沟通数据,酒店可以洞察客户行为,优化沟通策略,并提升客户体验。同时,酒店可以更好地理解客户行为和偏好,从而提供更加个性化的服务。此外,它还有助于酒店识别潜在的问题和机遇,进一步优化其客户沟通策略。

1. 客户细分

通过分析客户的沟通记录和反馈,酒店可以将客户分为不同的群体,为每个群体定制沟通策略。例如,某酒店运用RFM－T(消费时间、频率、金额、时长)模型进行动态分群,结合XGBoost算法挖掘156个客户行为标签(如早餐偏好、响应渠道敏感度)。例如将高净值商务客户(年均消费大于8万元)细分为"全球差旅者"和"本地协议客",为前者推送国际航司联名权益,为后者匹配市内交通礼遇包。对亲子客群,语义分析发现大多咨询聚焦泳池安全,遂在沟通模板中前置救生员资质说明,促使订单转化率提升。更创新的是"舆情反哺分群"机制:分析社交媒体投诉热点(如携程部分差评关于空调噪声),反向标注"声敏感客群",客房部提前分配新装修楼层,使该群体满意度(CES)跃升。通过客户生命周期价值预测模型(CLV),挖掘出"沉睡客户"并恢复沟通后,促进全年营收增长。

2.预测分析

利用历史沟通数据预测客户的需求和行为,提前准备相应的服务和支持。基于LSTM网络构建的预测引擎,深度解析客户沟通时序特征。例如,某酒店历史数据显示,协议客户续约前45天引导二次谈判成功率最高,系统自动生成50组定制化方案(如会议室升级或房型置换)。针对重大展会期(如上海进博会),模型结合外部数据(航班抵达量、周边交通管制)预测服务咨询高峰。在餐饮场景,通过分析客户APP内300万次菜品浏览轨迹,预测大堂吧备货量(如经典下午茶组合在17:30需求陡增),降低损耗率。更为关键的是故障预测:当客房服务请求中"网络连接"关键词周频次同比上涨过快时,触发IT巡检流程,使相关投诉率下降。预测模型还与收益管理系统联动,对淡季潜在客群(历史3年冬季未消费但高频访问官网)智能派发定向优惠券,使空房率同比减少。

3.服务质量评估

定期分析沟通效果,评估客户满意度,不断改进沟通流程和技巧。例如,某酒店系统构建服务质量三元评估体系:客户情绪值(NLP分析)、问题解决时效(流程节点追踪)、服务成本收益率(CAC/LTV)。基于ASR技术对客服录音进行语速检测(理想值2.4字/秒)、关键词命中率(如问候语完整度96%)、静默时长(超5秒触发预警)等37项指标建模。通过分析发现,在凌晨时段(0:00—4:00),因人员疲劳导致"问题复述不完整"发生率高,通过优化排班制度后首次解决率提升。工单闭环分析模块追踪问题根源,发现礼宾部转运行李响应延迟的主因是电梯调度算法缺陷,改造后平均处理时效缩短。双维度看板(客户满意度VS服务成本)可指导资源优化。通过对比A/B测试组数据,持续迭代沟通策略,全年服务转化率大大提升。

五、人工智能(AI)

人工智能技术在酒店客户沟通领域的应用日益广泛,AI技术正在被集成到客户沟通管理(Customer Communications Management,CCM)解决方案中,以提供更智能的自动化服务。例如,通过自然语言处理(NLP)和机器学习,智能客服机器人能够理解客户的查询并提供准确的答案。这些系统可以通过学习过去的交互来不断改进,提供更加个性化的服务。

1.智能推荐

AI可以根据酒店客户的沟通内容和行为模式,为客户推荐相关的产品和服务。例如,某酒店构建实时推荐引擎,通过Transformer模型分析客户全渠道行为轨迹(官网点击热图、电话咨询关键词、POS消费记录),动态生成推荐矩阵。例如家庭客户在OTA平台搜索"亲子泳池"后30秒内,系统触发微信服务号推送"水乐园＋主题房套餐"(叠加跨夜入住折扣),该策略使家庭客群客单价提升。针对会议客户,当捕捉到邮件中"投影设备"的高频提及(单日大于5次),系统自动推荐"智能会议升级包"(含多屏互动服务),采购率立刻跃升。更精妙的是"隐性需求挖掘",通过分析餐厅订单中酒水消费与客房服务请求的关联性(红酒消费大于300元客群中半数客人需要延时退房),智能生成夜间礼宾车推荐,关联销售转化率高。

推荐模型引入强化学习机制,持续优化组合策略(如发现商务客户对"客房办公桌尺寸"的关注权重高,优先推荐带升降桌的行政楼层房间)。

2.语音识别和自然语言理解

AI技术可以处理语音沟通,理解酒店客户的自然语言,提供更加人性化的服务。例如,某酒店部署智能语音助理后,电话客服场景的语义解析准确率快速提升。当客户致电提及"续住但空调有问题",系统同步生成工程部待检工单并发送临时换房建议,响应时效压缩至3分钟(传统流程需12分钟)。深度学习方言模型可识别17种地方口音(如上海话"浴缸有点腻心"解析为"浴缸需深度清洁",触发SOP质检流程)。对复杂场景的理解实现突破,当客户说"明天带小朋友和爷爷奶奶办生日宴",系统自动交叉关联CRM中的历史关系图谱(曾预订3次家庭房)、餐饮档案(老人忌口清单),生成包含无障碍设施说明的定制方案。通过声纹识别技术验证VIP客户身份,在通话开始时即展示完整客户画像(如上次投诉记录),首次问题解决率(FCR)提升。语音质检覆盖率从部分抽样扩展至全量分析,发现夜间转接存在超时缺陷,优化IVR分流规则后客户等待时长缩短。

3.预测客户流失

通过分析客户的沟通模式和反馈,AI可以帮助酒店预测并防止客户流失。例如,某酒店构建客户流失预警模型,整合18个风险因子(差评回复率下降、积分兑换频次减少、客服录音情绪值持续走低等)。发现某协议客户连续3个月未发起会议预订请求(流失概率过半),系统自动触发客户经理视频回访流程,辅以新政策解读(会议室改造后面积扩展),成功挽回年高消费会务客户。模型深度分析流失关联网络,锁定预订改期超过3次的客户流失风险增加5倍,据此优化改签规则(赠送欢迎水果券),使该群体保留率提升。通过迁移学习技术将航空业忠诚度管理经验嫁接至酒店场景(如借鉴航司常旅客里程价值算法),构建的客户终身价值(CLV)预测模型准确度高。对已流失客户实施"唤醒战役",依据历史沟通记录选择最佳触达渠道(高频使用APP客户推送弹窗促销,偏好电话者由专属顾问跟进),6个月内成功召回高价值客户。

4.云计算

云服务的普及使得客户沟通管理的解决方案更加灵活和可扩展。酒店可以通过云平台访问客户数据,实现跨部门的信息共享和协作,从而提供一致的客户体验。云服务还降低了酒店的IT成本,减少了对本地服务器和维护的依赖。采用混合云架构后,某酒店实现全球12家分店数据实时同步(延迟小于300ms),例如曼谷分店服务案例库更新后,上海总部的智能客服立即掌握"热带水果过敏处理指南"。突发流量应对能力显著增强,在春节促销期间,云平台弹性扩容800%计算资源(峰值处理3200次/秒的预订请求),成本仅为本地服务器的五分之一。通过多云灾备策略(阿里云＋Azure双活),确保系统可用性达99.995%(全年事故停机5分钟)。云原生架构支撑创新功能快速迭代,原需3个月的质检报表系统开发周期缩短至7天。安全层面,区块链技术保障客户隐私数据跨域流动(如上海分店VIP客户偏好同步至杭州新店需3级授权),数据泄露风险降低91%。

拓展阅读
▼

CRM在不同行业中的应用

通过SaaS模式引入AI能力（如IBM Watson情感分析模块），技术升级周期从年降低到周级更新。

案例讨论

　　某国际连锁高端酒店集团决定引入AI技术来提升客户体验和运营效率。在客户服务方面，酒店部署了智能客服助手。当客人通过酒店官网、手机APP或客房内的智能设备进行咨询时，智能客服助手能够快速响应。例如，一位客人李先生在入住前通过手机APP询问酒店周边的景点和交通情况。智能客服助手立即根据李先生的位置信息，提供了详细的景点介绍、开放时间以及最佳的交通路线建议。同时，还为客人推荐了附近的特色餐厅和购物场所。

　　在客房服务方面，酒店利用AI技术实现了智能设备控制。客人可以通过语音指令控制房间内的灯光、温度、窗帘等设备。比如，客人王女士在入住后，对房间内的智能音箱说："把灯光调暗一点，温度调到25℃。"智能音箱立即识别并执行了王女士的指令，为她营造了一个舒适的居住环境。

　　此外，酒店还利用AI进行数据分析，以更好地了解客人的需求和偏好。通过分析客人的历史入住记录、消费行为和反馈意见，酒店可以为客人提供个性化的服务。例如，对于经常在酒店餐厅用餐的客人，酒店会在其入住时推荐适合他们口味的菜品；对于喜欢健身的客人，酒店会提前为他们准备好健身器材和运动饮品。通过引入AI技术，这家酒店集团显著提升了客户体验和运营效率。客人对酒店的满意度大幅提高，酒店的口碑也越来越好。同时，酒店的运营成本也有所降低，因为智能客服助手可以处理大量的常见问题，减少了人工客服的工作量；智能设备控制和数据分析也提高了酒店的能源管理效率和服务精准度。

　　（资料来源：谢宗运《智慧酒店：一场"智慧技术"与"顾客需求"的双向奔赴？》。）

案例思考题：

　　1.在应用AI后，酒店的运营成本是否有降低，降低的幅度是多少？

　　　　2.酒店在引入AI技术的过程中，遇到了哪些技术难题或挑战，是如何解决的？

　　　　3.酒店如何确保机器人的安全性和稳定性，以保障客户的人身安全和财产安全？

扫码
看答案

思考与练习

1. CRM 系统可以给客户沟通管理带来哪些便利?

2. 客户沟通管理的主要内容有哪些?

3. 结合自身生活经历与学习内容,分析和客户有效沟通存在哪些障碍。

4. 客户沟通管理的技术运用体现在哪些环节?

5. 面对情绪不稳定的客户如何克服沟通障碍?

6. 试述未来高科技应用于酒店客户沟通管理的发展趋势。

扫码看
答案

155

第七章 →

酒店客户满意管理

学习目标

1. 了解酒店客户满意的基本概念和评估方法
2. 掌握处理投诉的流程及应对客户不满的技巧
3. 熟悉把握客户感知和超越客户预期的策略

核心概念

酒店客户感知（Perception of Hotel Customers）
价值感知（Perception of Value）
成本感知（Perception of Cost）
酒店客户预期（Expectations of Hotel Customers）
客户投诉管理（Customer Complaint Management）

随着时代的发展，酒店行业提供的服务种类逐渐增加，酒店客户的选择也变得更加多样化，其反馈和评价可以迅速影响酒店的声誉及业务表现。精确把握和满足客户的预期以达成客户满意，成为酒店业务不可或缺的业务策略。

第一节　酒店客户满意及其影响因素

客户满意度是衡量酒店服务质量、预测客户忠诚度和口碑传播的关键指标。酒店需要特别关注住宿和相关服务的质量如何满足或超越客户的期望。

一、酒店客户满意度概述

（一）酒店客户满意度的概念

客户满意度的研究源于20世纪50年代。20世纪中后期，特别是20世纪80年代以后,服务质量和客户满意度之间的关系开始受到更多关注。

菲利普·科特勒(Philip Kotler)关于满意度的理论于20世纪70年代到80年代随着市场营销学的发展而普及。该理论认为,满意是指一个人通过对一种产品的可感知的效果或结果与其期望值相比较后,所形成的愉悦或失望的感觉状态。如果实际体验未能满足期望,客户将感到不满;若实际体验兑现了期望,客户将会感到满意;若感知的效果超过期望值,客户就会高度满意或欣喜。

奥利弗(Richard L. Oliver,1980)将客户满意度定义为:客户在将感知到的产品或服务表现与自身预期进行比较后所产生的一种感觉,这种感觉可以是愉悦或失望。在该定义中,客户满意度是客户感知的服务或产品表现与其期望之间的匹配程度。

尽管学者们对客户满意度的定义存在差异,但普遍认同的是,客户满意度是衡量客户使用产品或服务后感受的一种指标,主要反映了客户对产品和服务的满意程度。

根据学者关于客户满意度的定义,酒店客户满意度是指客户对酒店提供的服务和设施的整体评价,该评价基于他们的期望与实际体验之间的对比。客户预期可能基于个人的过往经历、品牌宣传、竞争对手的服务标准或广告中的承诺;客户服务感知则是客户对实际接受的服务直观感受的主观评价。客户满意度不仅涉及基本的住宿条件,还包括预订过程、接待服务、客房质量、设施完整性、清洁程度、餐饮服务和员工的互动等多个方面。

若酒店客户的实际体验低于其预期,会对酒店感到失望并产生不满;若体验匹配预期,客户则感到满意;而如果服务超出预期,客户就可能表现出高度的满意。酒店管理客户的期望并提供超越这些期望的服务,不仅能增加客户的满意度,还能促进口碑的传播、增强客户忠诚度。

(二)酒店客户满意的作用与意义

1.客户满意有助于提升酒店客户忠诚和企业利润

菲利普·科特勒认为,留住客户的关键是客户满意,满意度会带动消费者重复购买。在完全竞争的市场环境中,客户满意是维护客户忠诚度的关键因素,也是维系旧客户的最有效策略。酒店若想在市场中保持竞争力,必须致力于提高满意度,以此深化与客户的关系。客户满意度对酒店利润有直接的正面影响,品牌忠诚度较高的满意客户更倾向于重复购买产品或服务,从而增加酒店的销售收入。这些客户对价格的敏感度较低,通常愿意为产品或者服务支付更高的价格,使得酒店能够在保持客户满意的同时提高定价策略的灵活性。

2.客户满意的提升将显著降低酒店的运营成本

一是对酒店服务感到满意的客户对酒店原有的服务有所了解,酒店减少了在客户介绍和产品说明方面的人力资源投入。二是满意的客户通常表现出更高的消费意愿,其消费金额往往超过一般客户,较高的消费额分摊固定运营成本,进一步降低了单个客户的服务成本。三是满意的客户会自发地向其社交圈推荐酒店品牌及服务,这种口碑传播有效地扩大了酒店的客户群体。这不仅降低了开发新客户的成本,还节约了维护现有客户的成本,同时树立了良好的企业形象。因此,酒店企业在市场营销和广告推广上的开支得以减少,进一步优化了运营成本结构。

3.客户满意是确保酒店市场竞争优势的有效途径

著名企业家亨利·福特说："最有效、最能满足客户需求的企业,才是最后的生存者。谁能更好地、更有效地满足客户需要,让客户满意,谁就能够营造竞争优势,从而战胜竞争对手、赢得市场。"酒店企业之间的竞争关键在于谁能更好地使客户满意。在激烈的酒店市场竞争中,客户有了更加充裕的选择空间。酒店企业要想保持优势,就要超越客户的期待满足他们的需求。酒店客户对于产品和服务的满意度高,则更可能重复购买并推荐。若酒店未能满足客户需求而竞争对手做到了,那么客户很可能会转向竞争对手酒店。

二、影响酒店客户满意的主要因素

在消费者需求日益多样化和市场竞争日益激烈的背景下,提升客户满意度已经成为酒店业务持续增长的重要驱动力。客户满意度是由客户期望和实际体验共同决定的。要让客户满意,关键在于精准定位客户的需求和期望,并提供高质量的服务。这要求深入分析和理解影响客户满意度的核心因素,即客户感知与客户期望之间的关系。客户通过比较感知到的产品或服务效果与其预期,会产生愉悦或失望的感受,这正是决定满意度的关键所在。

(一)酒店产品质量

酒店提供的核心产品、服务和服务支持的质量,以及与客户建立的情感连接是客户感知的对象。

1.核心产品

在竞争激烈的酒店行业中,核心服务是提供给客户的最基本的价值和利益。如果酒店的核心服务存在问题,那么很难获得客户满意。这些核心服务的质量指标主要包括房间的舒适度、清洁度,设施的现代性和可用性,以及健身房、游泳池、商务中心等多样化附加设施的可靠性与功能性。优秀的核心服务成为酒店获得成功的基础,但不再是与竞争对手区分开来的长期竞争优势,酒店必须将提供超出基本期望的附加值和独特体验作为自身的核心服务产品,构建其独特的市场地位和客户忠诚度。

2.服务和服务支持的质量

高质量的服务支持包括员工的服务态度、服务响应速度以及提供的服务是否专业和个性化,也可用服务质量模型的五个维度衡量:可靠性、有形性、响应性、安全性和关怀性。为了提升客户满意度,酒店需确保服务支持的每一个环节都尽善尽美:硬件设施需与服务品质相匹配,对客户需求的响应需迅速且能在承诺时间内完成,酒店员工需具备专业的安全操作技能,并高度关注客户的个性化需求。这样卓越的服务支持能够有效提高客户的满意度。

3.与客户建立的情感连接

良好的客户关系能够提高客户忠诚度和回头率。酒店行业中,员工与客户在从客户预订房间到离店全流程中的互动是塑造客户对酒店品牌信赖和情感连接的最直接的方式。为了建立正面的情感连接,酒店跟踪客户偏好和历史行为,利用有效的客户关系管理系统提供个性化解决方案至关重要。企业员工对客户的礼貌程度以及双方沟通的效果,往往与酒店的市场定位紧密相连,共同维护着酒店的品牌形象,而一个清晰且富有吸引力的品牌形象,结合有效的情感连接方式,能够吸引目标客户群体,并进而影响顾客对酒店品牌的信赖度和满意度。

(二)酒店客户感知

客户满意通常意味着提供最优质的服务和设施,酒店作为追求营利的商业实体,必须在不牺牲质量的前提下合理控制成本,否则可能会导致经济效益低下甚至亏损。在服务效果上,由于客户满意度的实际影响因素更多地依赖于客户的个人感知,酒店即使提供了顶级的产品和服务也不能保证顾客个性化体验与情感连接。管理者和一线工作者都需要找到效率高且成本低的方式,不通过盲目提升服务质量来追求满意度,确保以较小的成本满足或超越客户的预期。

客户感知是指客户在权衡从产品或服务中获得的利益与获取这些产品或服务时所付出的成本后,对产品或服务的整体效用所作的评价。客户从消费产品或服务中所获得的一系列利益,如产品价值、服务价值、人员价值、形象价值等,以及客户在消费产品或服务中需要耗费的成本,如货币成本、时间成本、精神成本、体力成本等,它们都是影响客户感知价值的主要因素。客户感知价值是他们综合考虑所获得的服务质量与所支付成本之后做出的整体评估。酒店业务成功的关键在于优化这种价值,使得客户的收益最大化,而酒店付出的成本最小化。

在酒店行业中,客户感知价值是客户对酒店提供的产品和服务的总体评价,这个评价基于他们所感知到的收益与为此付出的成本之间的权衡。这包括从酒店服务中获得的各种利益,如房间的舒适度、服务质量、员工的专业态度以及酒店的整体形象等,以及客户为享受这些服务所投入的成本,包括支付的费用、投入的时间、精神上的花费以及体力上的劳动等。

1. 价值感知

(1)产品价值。

随着客户收入水平的提升和市场的繁荣,客户的需求层次也有了很大的变化。许多客户产生了对品牌的追求,品牌产品的塑造也越来越能够为客户带来更大的感知价值。在酒店行业,产品价值主要指的是房间和公共设施的功能、品质、品牌与设计等方面所产生的价值,这是客户需求的中心内容,也是客户选购产品的重要因素。高品质的房间设施和舒适度能显著提升客户的感知价值,而设施的老化或产品质量的不安全、不一致的问题则可能削弱之前建立的客户关系。酒店应不断优化其产品和服务,以保证其质量始终符合甚至超过客户的期望,从而在可靠的产品基础上巩固和提升客户关系。通过持续投资于硬件设施的升级和维护,酒店能够确保每位客人都能体验到优质的服务,进一步加深他们对品牌的信任和忠诚。

（2）服务价值。

酒店的服务价值涵盖从客户预订到退房的全过程,包括前台的接待效率、客房服务的质量以及额外的客户支持服务。服务价值是客户感知价值的重要组成部分。高效和友好的服务能大幅提升客户的感知价值;低效的服务以及员工对客户的不友好、不耐烦态度、解决不及时等问题都会严重影响客户的感知价值。酒店必须不断提高服务质量,确保优质的产品通过优质的服务得以衬托,使客户的感知价值得到真正的提升。

（3）人员价值。

人员价值体现在酒店管理团队和员工的服务态度、专业技能、响应速度以及应变能力上。拥有高综合素质的酒店员工通常能为客人提供更高的感知价值,展现出更好的服务态度和专业水平,更有效地满足客人需求;细致而统一的服务标准和员工对个性化需求的敏感洞察力,使得酒店服务不仅专业规范且具有人文关怀。优秀的酒店员工通常能在关键时刻展现出超越期待的服务,在客人遇到特殊情况时提供即刻的帮助或建议,员工的主动性和灵活性会提升客人的满意度和忠诚度。酒店员工对客人的细微需求的关注和快速反应能够在保持高效率的同时还给予宾至如归的温暖和舒适。他们不仅是服务的执行者,更是酒店文化的传播者,将酒店的价值观和服务理念传递给每一个客人,从而深化客人对酒店的整体印象和感知价值。

（4）形象价值。

酒店的形象价值来源于其在公众中形成的整体形象,这通常是其产品价值、服务价值和人员价值的综合反映。形象价值包括酒店品牌、价值观、管理哲学以及员工的行为准则和职业道德。酒店形象良好可以增强客户的信任,即便偶有小失误,客户也更能给予理解;反之,如果酒店形象较差,即使是小错误也可能引起客户的强烈不满。

2. 成本感知

（1）货币成本。

货币成本指的是客户为获得酒店服务而必须支付的金额。这通常是客户评估其购买决策的主要因素之一。客户总是希望其支付的价格能够换取等值甚至超值的服务质量和体验,以实现成本效益最大化。即使酒店提供顶级的设施和服务,如果价格远超客户的预期和预算,客户的满意度和忠诚度可能也会受到影响;相反,如果酒店能以合理甚至低于市场的价格提供高质量服务,那么客户的感知价值会显著提高。

（2）时间成本。

在酒店操作中的时间成本涉及客户在预订、登记入住、等待服务及投诉处理等过程中所花费的时间。在酒店行业,效率极为关键,快速响应和处理客户需求可以极大地提升客户的满意度。高效的时间管理不仅提升了客户体验,还有助于增强客户对酒店品牌的正面感知。快速的客房服务和及时响应客户请求是提升感知价值的重要手段,例如通过简化入住和退房流程,减少客户在前台的等待时间,酒店能够显著提高客户的感知价值。酒店企业必须努力提高效率,在保证产品和服务质量的前提下优化流程,尽可能减少客户的时间支出,从而降低客户时间成本。

（3）精神成本。

精神成本指的是酒店客户在预订和入住过程中所承受的精神压力和不确定性。这种精神负担通常与客户担心的风险和可能产生的不满相关,直接影响他们的整体满意度和感知价值。客户在选择酒店时可能会面临多种消费风险,例如:预期风险,如果实际体验与客户的预期不符,可能会引发失望和不满,预订的海景房可能因视野被阻挡而无法欣赏到预期的海景;形象风险,客户可能担心选择的酒店会影响他们的社会形象,担心住在价格过低或设计过时的酒店会受到同行、友人的负面评价;财务风险,客户担心支付的价格是否物有所值,或担心未来价格变动可能导致当前支付显得不合理或过高;人身安全风险,担心酒店的安全措施是否到位,是否存在潜在的安全隐患。

酒店行业的定价政策若缺乏透明度,也可能增加客户的精神负担。若客户发现自己预订的房间在短时间内价格有较大波动,他们往往会忧虑自己是否错过了最佳的购买时机,这种不确定性增加了他们的不安和焦虑。此外,如果酒店无法提供稳定可靠的服务,例如未能按时提供预订的房间且缺乏恰当的补偿措施,这将极大地提升客户的精神成本,进而降低他们对酒店服务的感知价值。酒店必须努力提供一致且可预测的服务,确保客户在整个预订和入住过程中感到安心和舒适,以最小化他们的精神成本,并最终提高客户感知价值。

（4）体力成本。

酒店顾客的体力成本是指客户在预订、入住以及享受酒店服务过程中所需消耗的体力。酒店客户对购买便利性的需求日益增加,在整个住宿体验中,客户往往需要付出一定的体力,如携带行李、办理入住和退房手续、到达和离开酒店等。降低酒店客户的体力成本,提升酒店客户的感知价值是酒店的重要目标之一。如果酒店能够通过有效的服务设计减少客户的体力劳动,如提供快速入住和退房服务、门童服务、行李搬运服务,以及确保客房位置方便到达等,这些都可以大大减少酒店客户的体力成本。

总体而言,酒店应努力确保客户在住宿过程中获得高水平的产品价值、服务价值、人员价值和形象价值,同时尽可能降低客户的货币成本、时间成本、精神成本和体力成本。通过优化这些要素,酒店可以显著提高客户的感知价值,增强客户的满意度和忠诚度,从而在竞争激烈的市场中脱颖而出。

（三）酒店客户预期

1. 酒店客户预期

酒店客户预期是指酒店客户在购买或消费之前对产品价值、服务价值、人员价值、形象价值、货币成本、时间成本、精神成本、体力成本等方面的主观认识或期待。

酒店客户满意度受到其预期与实际体验的匹配程度影响。不同客户对相同的酒店服务可能有不同的满意度反应,原因在于他们的预期不同。当一个客户对酒店的服务期望非常高时,即使酒店提供的服务质量在客观标准上很好,如果未达到该客户的高期望,客户仍可能感到不满意;相反,如果客户的期望较低,同样的服务质量可能会超出其预期,从而使客户感到非常满意。

下面的例子说明了客户预期对客户满意的重要影响——假设三位客户A、B、C同时入住同一家酒店,并对酒店服务有不同的预期水平。客户A对酒店服务有非常高的期望,客户B期望的服务水平与酒店通常提供的服务相匹配,而客户C的期望则较低。如果酒店提供了一致的服务水平(假设与客户B的期望相符),那么客户A可能会感到不满意,因为服务未达到其高期望;客户B会感到满意,因为服务正好符合其预期;客户C则会感到非常满意,因为实际服务超出了其较低的期望。

2.影响酒店客户预期的因素

(1)酒店客户的生理、心理、背景等。

酒店客户由于性别、年龄、心理、身份及消费能力等差异会产生不同的价值观、需求、习惯、偏好等,进而面对同样的产品或者服务会形成不同的预期。例如,商务旅行者可能对酒店快速的入住和退房服务有较高预期,而家庭游客可能更注重酒店儿童娱乐设施的安全和多样性。

(2)酒店客户的消费经历与阅历。

客户在购买某种产品或服务之前往往会结合其以往的消费经历、消费经验,对即将要购买的产品或服务产生一个心理预期值。如果客户在之前的酒店体验中享受到了高效的服务,他们可能会期待在其他酒店获得相似的经历;反之,如果过去的体验不佳,客户可能会持有较低的预期,或者对服务持审慎态度。

162

倘若客户习惯于某品牌酒店的高标准服务,他们可能会期望所有同品牌酒店都能提供相同水平的服务。此外,经验丰富的旅行者可能对酒店的服务质量有更明确的期望,而首次旅行的客户可能预期不明确,容易受到首次体验的强烈影响。

(3)观察他人的消费经历。

客户往往会通过观察他人的消费经历来塑造自己对服务的预期。例如,当他们在在线评论或社交媒体上看到大多数人给予某酒店高度评价时,便会形成较高的服务预期;相反,如果客户得知朋友在某酒店体验了糟糕的服务,即使自己没有亲身体验过,也可能对该酒店抱有保留态度或形成负面预期。

(4)酒店宣传。

酒店的宣传方式包括线上线下广告、官方网站信息、外观设计和室内装饰,以及酒店现场服务介绍等。客户会通过酒店宣传的内容对酒店的服务质量形成一定的预期。酒店过度美化强调其豪华的设施和一流的服务可能会导致客户对服务产生不切实际的高预期,而当现实体验无法满足这些期望时,客户的满意度会受影响;相反,如果酒店在宣传中保持客观和真实,强调的是性价比高的经济型服务,提前通知客户可能遇到的任何潜在不便,例如入住高峰期可能出现的延迟情况,那么客户将能够更加理性地建立他们的预期。从客户心理分析的角度看,那些在入住前已得知可能需要等待的客户,相较于未获此类信息的客户,往往会在遇到实际情况时表现出更高的满意度。这是因为提前的告知有助于客户做好心理准备,减少因突发情况而产生的不满和失望感。

三、酒店客户满意评价与调查

为了全面了解客户的感受,酒店需要进行满意度调查深入探索客户的真实感受。调查的重点不仅仅在调查的方式方法,更在于是否客观、公开、公平开展这项工作。常态化执行评估可以鞭策酒店进行服务质量的不断提升,从而真正地提升客户满意度。

(一)客户满意度调查方法

1. 客户直接评分

酒店服务人员在提供服务后,可利用电子设备或纸质评价表来收集客户的直接反馈。例如客户在餐厅就餐后,通过桌上的平板电脑直接评价食物的质量和服务人员的态度;在客房服务结束时,通过前台的电子屏幕评价整体住宿体验。实时的反馈机制不仅方便客户表达满意度,同时也使酒店能够快速收集数据并进行服务质量的及时提升。

客户离店后,酒店也可以在1—3天内通过电子邮件或短信发送调查问卷。在这段时间内,客户对于酒店的印象和体验仍然保持较高的记忆清晰度。问卷可以涵盖客房、餐饮、SPA、健身等服务,以全面了解客户的体验并助力服务的持续优化。为了鼓励客户参与并提供反馈,完成问卷的客户将会获得积分等奖励。

2. 交流访谈

为了直接了解客户的满意度,酒店常常在客户退房或用餐结束时与他们直接进行沟通,询问他们的体验感。这些对话可以涵盖酒店舒适度、酒店设施的使用感受、员工服务态度,以及整体满意度等情况。还有一些酒店会主动针对目标客户进行更为正式的访谈,安排专门的客户关系管理人员与客户进行面对面访谈,深入探讨他们的整体感受和具体的服务改进建议。

访谈的时间不仅限于客户离店时,也可安排在他们享受酒店其他服务,如使用健身房、游泳池或体验水疗之后进行,以便即时获取并解决客户的具体问题。通过与酒店客户的互动交流,酒店能够收集到宝贵的第一手数据,进而不断优化服务,提升客户体验。

3. 客户观察

有些酒店可能会采用观察客户在酒店环境中的行为的方式,直接了解客户的真实需求和偏好。酒店在不显眼的公共区域位置设置摄像头以获得客户对游泳池、餐厅的使用频率及停留时间等情况的实时数据,进而帮助酒店调整服务内容优化客户体验。

酒店还会安排员工亲身体验住宿和使用各项服务,以便从员工的视角收集反馈。这种内部评估能帮助管理层深入了解客户需求,从而调整和优化产品及服务,确保酒店能够更好地满足客户的期望。

4. "神秘顾客"

许多酒店为了更准确地评估员工服务水平和客户满意度,会采用"神秘顾客"的调查方法。这些神秘顾客是受过专业训练的调查员,他们在不被员工认出的情况下扮演普通客人的角色,对酒店的服务进行评价。由于酒店员工不知道他们正在被评估调查,这种方式可以更真实地反映出服务的实际水平,从而帮助酒店管理层精准地了解服务质量并进行必要的改进。

(二) 客户满意的判断指标

客户是否满意酒店服务可以通过以下几个指标来判断。

1. 美誉度

美誉度反映了客户对酒店品牌的整体评价和推荐意愿,此指标是评估客户向他人推荐酒店的意愿,以及他们对酒店服务和设施的满意程度的。美誉度高的酒店往往表明客户对其提供的服务质量极为满意,这种正面反馈有助于提升酒店的品牌价值并吸引更多的潜在客户。酒店管理层应重视通过各个客户接触点收集反馈,以便不断优化服务流程和提高客户满意度,进一步加强酒店的市场美誉地位和竞争力。

2. 忠诚度

忠诚度指的是客户在体验酒店服务后,选择再次预订同一酒店的倾向。高忠诚度意味着客户对酒店的服务和设施非常满意,足以忽略其他竞争品牌。通常,客户对酒店的重复预订率越高,表明其满意度越高。提高客户忠诚度是酒店提升客户保留率和增强市场竞争力的关键,提升客户的忠诚度不仅有助于稳定收入来源,还能通过口碑效应吸引新客户。

3. 知名度

知名度反映了客户在选择住宿时主动放弃其他选项,专门选择某家酒店的频率。高知名度表明客户对酒店的服务和设施非常满意,并且认为没有其他酒店能提供同等水平的体验。该行为不仅体现了客户的高度忠诚,也反映了酒店在市场上的强大吸引力。提高知名度是酒店提升市场份额、增强竞争优势的重要策略,酒店管理层应通过持续提升服务质量和客户体验,努力将新客户转化为忠实客户,从而稳固并逐步提升其市场地位。

4. 容忍度

容忍度指的是客户对酒店提供的服务或设施出现问题时所表现出的包容性。高容忍度意味着酒店在服务失误或存在设施缺陷时,客户也选择不投诉并继续支持酒店,表达对酒店的信任。即便酒店的价格上调或服务短暂下降,客户选择留守而不是转向竞争对手,表明他们对酒店品牌和服务的忠诚度和满意度较高;相反,假如客户因小问题即刻选择其他酒店,则可能表明其对当前酒店不满或信任度不足。酒店管理层应关注这一指标,作为优化服务和提升客户体验的重要反馈。

5. 购买比重

客户对某家酒店的消费总额占其在所有酒店消费总额的比重可以作为衡量客户满意度的一个指标。如果一个客户频繁选择同一家酒店,并在该酒店消费较大比例的预算,说明客户对该酒店的服务和设施非常满意;相反,如果客户在多家酒店之间分散其消费,这可能表明他们对任何单一酒店的满意度都较低。分析客户的消费比重,酒店可以更好地了解客户的忠诚度和满意度,从而针对性地改进服务并吸引和保留客户。

案例讨论

2023年11月,陈女士与同事在海南出差期间入住了J酒店。当天晚上7点左右,陈女士听到敲门声,她马上询问是谁。未等她反应过来,就有一位男性工作人员刷房卡走进了她们的房间。陈女士当时非常震惊,并质问该工作人员为何随意进入客人房间。"他也向我们道歉,说不知道房间里有人,说自己是看到群消息说下水道溢水,才过来修的。"然而,她们入住后未叫过任何服务或是维修,工作人员贸然闯入属于非法入室,侵犯了个人隐私,也对她们的人身安全造成了威胁。J酒店是一间针对中档市场的连锁型酒店,致力于为精英型商旅客人提供优质服务。在选择入住J酒店时,陈女士和同事原本期望的是拥有一个安全、私密、舒适的环境,而这一突发事件打破了她们的预期。该情况增加了陈女士和同事的精神负担,这种不确定性和风险感正是精神成本的一部分,极大地影响了她们对酒店服务的整体感知。

最终,酒店负责人向陈女士诚恳道歉,且支付了6000元的赔偿,并同意陈女士提出的开除涉事员工的诉求。处理结果在一定程度上补偿了她们的精神损失,但顾客付出的精神成本还是导致了严重的信任危机,降低了顾客对酒店的满意度。

(资料来源:成都商报《J酒店道歉:赔付20倍房费,开除涉事员工》。)

案例思考题:

1.从精神成本的角度分析,为什么酒店员工未经授权进入房间会对顾客造成严重的心理影响,如何避免此类事件的发生?

2.J酒店最终向陈女士道歉,同意赔偿6000元并开除涉事员工。你认为这一处置是否妥当?假设你是J酒店的管理者,你会怎么做?

扫码
看答案

3.结合案例,说一说客户在选择酒店时的预期与实际体验之间的差距是如何影响他们的满意度的。

165

第二节　酒店客户投诉及其管理

一、酒店客户投诉的原因及价值

客户在酒店体验中可能会因为服务不到位或设施故障等导致期望未能得到满足,从而提出投诉,酒店管理层必须以正确的方式理解和解读顾客的投诉,将其视为一种策略性资源。有效地分析和响应这些反馈,酒店可以将潜在的负面影响转化为提升服务质量和增强客户满意度的机会。

(一)酒店客户投诉的主要原因

客户的抱怨或投诉往往是对服务或设施未满足期望的直接反映。不满和愤怒表明了客户对酒店的信任未能得到满足,反映酒店在运营和服务管理上可能存在某些问题。

1.产品或服务的质量问题

客户投诉的一个重要原因是企业的产品或服务质量没有达到标准,或者经常出现故障。倘若酒店的房间设施频繁出现故障,如空调系统不稳定,或者房间清洁不达标,客人会感到不满从而引发投诉。酒店管理必须确保所有设施维护得当,服务人员训练有素,以及所有服务流程都能迅速有效地满足客户需求。通过提供一致且高质量的服务,酒店能够显著降低投诉率,提升客户满意度。

2.服务态度或服务方式问题

酒店服务人员的态度对客户体验有着关键性的影响,如果服务人员表现出冷漠、粗鲁或不尊重的态度,客户可能会感觉被轻视,这种感受很可能导致投诉。服务流程的僵化和缺乏主动性以及对客户问题的迟缓处理,都会削弱客户的满意度。如果服务人员对客户的提问和需求表现出不耐烦,很可能会引起客户的误解和不满,进一步增加投诉的可能性。为了提高客户满意度,酒店管理层必须确保所有员工都能提供热情、尊重和效率高的服务,及时解决客户问题,以维护酒店的品牌形象和客户的满意度。

3.虚假宣传引发的落差

在酒店行业中,若广告或促销活动中的描述过分夸大了服务或设施的质量,顾客实际体验与期待之间产生差距便会引发顾客不满,大大降低客户的满意度并引发投诉。如酒店承诺的海景房实际上可能只有部分海景;承诺免费升级到豪华套房或提供免费晚餐却未能实现,都会让顾客感到失望和受到误导。酒店需要确保宣传内容的准确性和实施的一致性,减少顾客预期与实际体验之间的差异,以提升顾客满意度。

(二)重视酒店客户投诉的价值

客户投诉事宜是连接酒店管理人员与顾客间的重要桥梁,管理层必须正确对待和理解顾客的投诉。它不仅是对服务和管理不足的一种指示,还是一个信号,它提醒酒店工作者要注意服务和管理上存在的缺陷与问题。这些投诉提供了宝贵的信息,使得酒店管理层能够针对性地诊断并改进其服务和设施,从而优化客户体验并吸引更多顾客。

1.发现服务和管理的不足

客户投诉提供了一种视角,帮助酒店管理者发现服务流程中的缺陷和问题。客户作为服务的直接接受者,他们对酒店服务中存在的问题有切身的体会和感受,最容易发现问题和找到不足,并期望得到与他们的付出相匹配的服务。

2.提供改善与客户关系的机会

投诉处理为酒店方面提供了一个改善与客户关系的机会。妥善处理投诉不仅能及时解决客户的问题,还可能将不满意的客户转化为酒店的忠实支持者,显著提高他们的满意度。有效的投诉处理操作能够增强客户的信任并提升其忠诚度,减少负面口碑的传播,进而维护和提升酒店的品牌形象。

3.提高服务质量和管理水平

客户投诉对于酒店来说非常宝贵,它有助于指导服务改进并推动质量控制工作的进行。每一次投诉都是一次学习的机会,酒店通过这些反馈持续改进其服务流程和管理策略。处理投诉的过程中,酒店能够发现潜在的运营问题或员工培训需求并采取相应措施来提升整体的服务标准和客户满意度。

二、酒店投诉处理的原则、方法、技巧

妥善处理客户投诉对于建立和维护客户信任、提升客户满意度以及增强品牌忠诚度发挥着至关重要的作用。酒店要采用有效的投诉处理原则、方法和技巧,用科学的管理策略和有效的沟通技巧转危为机、解决问题,提升整体服务质量,建立良好的品牌声誉。

(一)客户投诉处理的原则

面对客户投诉,酒店的应对策略应具备明确性和有效性,如及时响应客户的不满、避免与客户争辩、理解客户境况以及专注于问题解决等。系统性的投诉处理原则是应对每一个投诉的核心所在,它有助于确保服务质量和客户体验得到不断的优化与提升。酒店需要全面识别并解决服务中存在的薄弱环节,将这些临时性的挑战转化为增强客户信任和忠诚度的契机。

1.即时响应与深度关注的处理原则

即时响应与深度关注的处理原则要求酒店建立有效的投诉接收和处理机制,确保每一位员工都能按照既定规则行事,在接收到客户的投诉后立即采取行动,通过持续的正面互动与对顾客体验的重视,传达对问题解决的承诺。迅速而周到的处理方式不仅能够有效缓解客户的不满情绪,还能体现酒店对客户真诚的态度;忽略或推迟处理客户的反馈会加剧不满,造成对酒店声誉的长期损害。

2.避免冲突与适度让步原则

避免冲突与适度让步原则的要义是用耐心尊重的交流态度和灵活应对的策略应对客人的意见和误解。在处理客户投诉时,虽然有时客户的反馈可能基于对情况的误解或错误认知,但员工仍然需要保持专业且礼貌的态度,以友好交流的方式来处理投诉,避免冲突。在某些情况下,即便客户的要求可能不合理,酒店也应考虑适当让步以防止小问题演变成大问题。酒店通过专业的姿态与适度的让步缓解紧张气氛,能够将客户潜在的不满情绪转化为

对服务的认可。这一原则可视作一种投资,用较小的成本换取酒店的长期利益。

3.互相尊重原则

互相尊重的内涵不仅包括酒店员工在客户遇到问题时表现出的理解与积极回应,也强调酒店应当用适当的方式让客户理解酒店面对投诉时的处理限制和挑战。通过展现同理心,双方能够建立更强的情感联系。在互相尊重的同时,酒店自身应当意识到要以解决问题为导向,使客户重拾对酒店的好感与满意。要避免员工间的内部指责和不必要的冲突,要使团队更加专注于寻找解决方案而非追究责任归属,从而确保客户体验的连贯性和满意度。

4.双利益原则

双利益原则强调在处理客户投诉时寻找双方都可接受的解决方案,旨在维护酒店的商业利益同时确保客户满意。这一平衡的实现需要酒店在不同情况下做出判断:一方面,酒店不应过度投入资源来迎合客户的每一个需求,过度的让步并不总是能保证增加客户的满意度或忠诚度。客户可能并不期望酒店做出无理由的牺牲,而是更加看重公正和效率;另一方面,酒店也不能因过度考虑成本而投入过少,从而忽视了客户的合理需求,损害客户利益。酒店需要找到有效的策略,制定合理的流程,以最小的资源投入寻求最大的效果,实现双赢。确保在满足客户需求的同时,不超出自身的经济能力和资源限制。

(二)投诉处理流程

1.投诉接收与记录

为了正确、轻松地处理客人投诉,酒店员工必须做好接待投诉客人的心理准备。客人投诉,说明酒店提供的服务和管理有问题,而且不到万不得已或忍无可忍,客人是不愿当面投诉的。因此,酒店工作者首先要替客人着想,换位思考"如果我是这位客人,在酒店遇到这种情况是什么感觉"。特别是在酒店业乃至整个服务业中,常常提倡即使客人有错,也应将"对"让给客人。只有这样做,才能有效减少与客人之间的对抗情绪。

多数情况下,客人会首选直接即时的沟通方式来解决他们的问题。通过前台接待人员或电话系统等,酒店能够帮助客人有效解决问题。客人与前台接待人员直接沟通,是一种面对面交流,这种方式使得客户能够直接表达他们的不满,并即刻获得回应。前台工作人员接受过专门的培训以妥善处理各种投诉,无论是简单的需求调整还是复杂的服务失误问题。面对面的交流更有助于建立客户信任,客户可以直接看到酒店是如何积极应对和解决问题的。在处理紧急或情绪化的投诉时,前台的即时反馈尤为重要,能够有效减轻客户的不满情绪,并防止事态进一步恶化。

电话系统投诉处理是另一种非常常见的投诉接收方式。酒店热线专为那些可能不愿或无法亲自面对面反映问题的客户而设。电话系统允许客户在不必亲自到酒店前台的情况下进行沟通。酒店应确保具有高效的呼叫管理系统,以减少客户的等待时间,并提供录音功能,以便在必要时能够核对对话内容,确保问题得到正确处理。

无论是前台接待还是通过电话系统处理客户投诉,工作人员都应在倾听客人投诉的同时,迅速理解投诉者的真实意图和需求。客户投诉时可能有以下三种基本心态。

（1）寻求发泄。

有些客人可能因在酒店经历了令人不愉快的事件而感到非常愤怒,他们的投诉主要是为了发泄情绪。客人在极度愤怒时可能会表现出较为粗鲁的行为,并倾向于全盘否定服务。在这种情况下,处理此类发泄型投诉的合适方法是与客人在较为私密的环境中进行沟通。首先酒店方应表达歉意,承认服务过程中可能存在不足,待客人情绪有所平复后,再进行更细致的沟通,这有助于更有效地解决问题并缓解客人的不满情绪。

（2）寻求尊重。

此类客人投诉可能并不是因为酒店的实际过错,而是为了在他人面前显示自己的地位或独特性。他们通过投诉来表达自己的重要性,有时候甚至不涉及具体的服务问题。寻求尊重的客人通常表现出较高的文化素质和相对平和的情绪,尽管他们在投诉时可能仍然显得有些激动。他们的言辞通常较为温和,而且喜欢通过投诉引出其他话题,展示自己的身份和经验。这类客人可能会用诸如"让你们总经理来见我"或"我在某某酒店的时候"的表达方式,突出自己的重要性和不同的经历。这种类型的客人初期的表现可能与其他类型客人的表现相似,在最初接受投诉时,难以立即准确判断出他们的具体需求,这就需要酒店一线工作者有经验、有耐心。

（3）寻求补偿。

这种心态的客人的投诉可能与酒店的服务质量无关,他们的真正目的是获得某种形式的补偿。他们的言论中会提到个人损失,寻求经济或其他形式的补偿。客人寻求补偿的特征通常比较明显,在投诉过程中,他们不仅会频繁抱怨和批评,还会反复强调"我不是为了钱",但在对话中经常提到个人损失,并有"你说这事该怎么办?"类似表达,其中隐含着对赔偿的期望。处理此类投诉时,即使客人情绪激动或要求显得不合理,工作人员也应保持热情和耐心的态度,避免无谓的争执或打断客人的表述,要保持冷静,逐步引导对话,确保客人感受到酒店对其问题的重视,并展现出酒店工作人员的专业能力。如果明确客人投诉的目的是寻求补偿,需要评估自己是否有处理此类请求的权限。如果权限不够,应及时请更高级别的管理人员介入处理。此外,在听取完投诉后,即便客人的陈述可能存在偏差或酒店并无明显过错,也应对客人的不快体验表示歉意,并表达对其的同情和理解。这种做法能够让客人感到被尊重和理解,减少客人的敌对情绪,有助于双方顺畅沟通和解决问题。

酒店对客人的投诉要认真听取,勿随意打断客人的讲述或胡乱做出解释。要注意做好记录,包括客人投诉的内容、客人的姓名、房号及投诉时间等。为了妥善且有效地处理客人的投诉,接待人员需做好充分的心理准备。酒店应从客人的角度出发,设身处地从客人的角度考虑问题。即便存在误会,工作人员也应该避免直接否定,而应遵循"客户至上"的原则,耐心沟通。

意见箱、社交平台或其他在线服务平台,为客人提供了更多样化的选择。对于一些非紧急的问题、建议或者敏感的私人问题,客人可能更倾向于使用意见箱或在线平台,这些方式不需要即时互动。

酒店企业需要注意的是,有些客人在通过前台或电话投诉后,感觉问题没有得到满意的解决,可能会转向社交媒体或其他在线平台来表达不满。这时候,客人在社交媒体上发布信息成为一种可以引起酒店高层次注意的方式,这种方式会给企业公关和营销带来负面影响。

2.投诉调查与分析

调查是确定投诉背后真正原因的关键步骤,为制定解决方案提供依据。

收到客户投诉信息后,酒店工作人员应对投诉进行初步评估,确定投诉的紧急性和严重性。通过评估,酒店可以优先处理那些影响最大或最紧急的问题,确保资源被有效分配到需要立即解决的问题上。快速响应不仅可以显示出酒店对客户的重视,也有助于缓解客户的不满情绪,防止事态恶化;延迟响应可能引发客户更强烈的不满情绪。

客户投诉涉及酒店多个部门的工作内容。在接待和处理客人投诉时,一些员工自觉或不自觉地推卸责任,殊不知这样会使客人对酒店产生更糟糕的印象,使客人更加气愤,结果便是旧的投诉未解决,又引发了客人新的更为激烈的投诉。良好的跨部门沟通机制是确保投诉能被全面且有效处理的关键,很多问题可能需要多个部门的协同才能解决,例如安全、卫生、设施等问题。有效的跨部门合作确保了问题能从根本上得到解决。

在处理问题过程中,更重要的是要从客户的角度出发,尊重他们,有效表达酒店的诚意。与客户交流时需要多观察和倾听,采用询问、协商和建议的方式进行对话。然而,对客户让步并不意味着无条件的承诺。应向客户明确解释酒店能够提供的具体解决方案,并提出多个选项,避免做出超出权限范围的承诺,以防损害酒店的利益和声誉。

3.投诉解决与跟进

接待投诉的员工不一定是负责解决问题的员工,很多情况下,客户的投诉可能没有得到妥善解决,因此,持续跟踪投诉的处理进度和结果至关重要。这不仅包括监控问题解决的实际情况,还包括确保所有相关人员了解其职责并采取必要行动。

解决问题后,接待人员与客户进行二次沟通,确保他们对解决方案的满意度,并感谢他们的反馈。例如,如果客户投诉了空调不工作,尽管技术团队可能已经修复了空调,但如果在修复过程中造成了其他问题(如弄脏了客户的床单),就需要再次与客户沟通以解决新的问题。酒店可以通过电话或其他沟通方式告知客户问题已被注意,并询问他们是否对修复结果满意,这种主动的关怀可以显著提升客户对酒店的整体印象。

(三)投诉处理的技巧与艺术

为了妥善地处理客人的投诉,达到使客人满意的目的,处理客人投诉时要讲究一定的艺术,才能准确获取客户传递的信息。

1.沟通与冷静

在所有交流中保持冷静和专业,设法舒缓客人的情绪。接待投诉客人时,首先要保持冷静、理智,同时要设法使客人心态平和。比如,可请客人坐下慢慢谈,为客人送上一杯茶水。要让客人充分表达自己的不满,不急于解释,不要打断他们的谈话。要展现出足够的耐心,即使面对挑剔或无理的投诉也不应有过激反应,不要使事态扩大并影响他人。即使是遇到一些故意挑剔、无理取闹者,也不应与之大声争辩,要以平和地进行回应。客人讲话时,工作人员应表现出足够的耐心,不随客人情绪的波动而波动,不得失态,耐心听取其意见;讲话时注意语音、语调、语气及音量。根据不同情况,把将要采取的措施清楚地告诉客人,并征得其同意,告诉他们解决问题需要的时间。对一些较为复杂的问题,在弄清真相前不能急于公布处理意见;对一时不能处理的问题,要注意让客人知晓事情的进展,避免客人误会酒店将投诉搁置不理。

酒店员工在与客人的冲突中,始终是处于不占优势的地位。避免与客人发生直接对抗,特别是那些故意挑衅的客人。保持专业态度,稳定自己的情绪,从而避免情况进一步恶化。

2. 环境控制

要根据当时的具体环境和情况,创造良好与客人协商解决的氛围,减少双方压力,同时避免影响其他客人。投诉应尽量避免在大庭广众之下处理,避免在公共场所与客人起冲突,影响其他客人,让酒店及投诉的客人都陷入尴尬境地。

3. 建立连接与快速响应

通过与客人寻找共同话题表示诚意,可以有效地减少对立情绪,并建立良好的沟通氛围,让客人放下戒备,消除敌意。这不仅有助于在处理投诉的过程中赢得主动权,也为顺利解决问题打下了基础。

任何在处理投诉时的拖延都可能加剧客人的不满甚至使情绪恶化。迅速对投诉作出响应,尽快提供解决方案或告知解决的时间框架,显示出酒店对客人的重视会提高客人的满意度。问题的快速解决可以显示酒店的诚意和重视程度,体现出酒店的服务效率。

4. 透明沟通与选项提供

透明沟通的要义是在整个解决过程中保持开放性,确保客人充分了解即将采取的行动及其原因。这包括明确告知客人每一步的具体措施,解释为何选择这些措施,以及预期的结果。征求客人的同意不仅是出于礼貌,也是确认他们对处理方案是否接受和理解。在解决客人投诉时,可以提供多种解决方案,这不仅能体现出酒店解决问题的能力,还能让客人选择让自己最满意的解决方案,使客人更有掌控感。

5. 情感连接与同理心

动之以情,晓之以理,使客户理解酒店出现的问题非故意为之,并表示酒店愿意负责任。在必要时可以具体说明,如赔偿责任将由当事员工承担,这样的情感连接能进一步体现酒店对投诉的重视,并有可能促使客人从情感上理解并放弃原先严苛的赔偿要求。

与投诉客人沟通时,可以通过解释问题产生的原因,尝试获得客人的理解,让客人产生同理心,从而增强其对解决方案的接受度。使用礼貌和诚恳的语言可以增加对话的接受度,而恰当的幽默也有助于缓和紧张的氛围。但在此过程中,需格外注意避免使用可能无意中伤害客人或容易引起误解的语言。

2023年7月，一名顾客在社交媒体上发布了一段视频，声称自己在苏州工业园区阳澄湖大道的××酒店入住时，发现房间卫生糟糕——烧水壶内有内裤，马桶上残留尿液，浴巾上有疑似大便的污渍。该视频引起了广泛的社会关注和讨论，网友们纷纷对酒店的卫生标准提出质疑并进行深入讨论。

面对严重的恶意指控，××酒店迅速采取冷静而有效行动的应对策略。酒店首先进行了内部核查，调取了相关的监控视频和房间清扫记录，初步判断视频中的情况并非酒店疏忽，顾客的指控可能是恶意捏造的。随后，酒店方面向属地公安机关报案，请求进一步调查。经公安机关调查确认，视频中展示的情节确实系顾客自行捏造，该人随后被公安机关依法采取强制措施。

在事件发酵的过程中，××酒店也通过网络发表声明强调："作为一家以用户体验为中心的公司，我们将始终坚持酒店卫生与安全的高标准。"该举措不仅澄清了事实，还进一步将客户恶意投诉的公关危机转化为了公众好感度和优质的酒店品牌形象，为酒店带来了更多的流量和关注。

（资料来源：新闻晨报《酒店水壶里有内裤！破案了》。）

中国旅游报记者唐伯侬在其发表的《遇到恶意投诉 酒店要怎么做》中，提及来自酒店行业权威人士的相关观点，值得酒店行业从业者学习。

酒店首先要做好自己的"分内之事"，客人的投诉点往往集中在客房卫生，而这一方面正是酒店保障服务质量的基础。在卫生方面做到"无可挑剔"，不仅能让消费者放心，更能让极个别"碰瓷者"无机可乘。

——中国旅游研究院产业所所长杨宏浩

酒店自身做好日常管理和预警管理是关键。一旦问题发生，酒店要第一时间向社会发布问题处理的进展，以真诚、公开、透明的态度及时回应社会关切。

——北京第二外国语学院中国文化和旅游产业研究院副教授吴丽云

酒店要加强监控系统覆盖，确保公共区域和走廊有监控摄像设备，容易发生问题的区域要加强检查，避免出现管理盲区。尤其在容易产生争议的事件上，要有处理预案。

当此类事件发生时，酒店尤其要学会用法律手段保护自己，收集有效证据，维护自身合法权益,提高自身对恶意投诉的防范能力。

——日出东山海海岸度假区总经理唐伟良

酒店也要注重对员工的培训。员工从业技能的提升不容忽视,要提高其服务质量,同时也要有识别恶意行为的能力。而在对客方面,对涉嫌恶意投诉的客人进行记录和限制(黑名单),以合理方式拒绝恶意住客入住。

——江西赣江绿地铂骊酒店总经理朱磊

(资料来源:中国旅游报《遇到恶意投诉 酒店要怎么做》。)

第三节　酒店客户满意提升策略

酒店要实现客户满意,就要准确把握客户的预期,并且让客户感知超出客户预期。这要求酒店了解并把握客户的基本需求,还要洞察那些未被表达出的期待,让客户感知成本低于预期,提供超预期的体验。

一、把握酒店客户的预期

当酒店准确了解并满足客户的基本期望时,它们就处于一个更有利的位置去超越这些预期。细致的服务、创新的解决方案和个性化的互动使得酒店可以在客户感知中添加额外的价值,让客户体验超出原有的期待。这种超越不仅增强了客户的满意度,还能显著提升客户对酒店品牌的忠诚度和推荐意愿。

(一)把握酒店客户预期的重要性

1.确保实现酒店客户满意

客户的满意度取决于其感知价值是否达到或超过预期。当客户的感知价值达到或超过预期时,他们会感到满意甚至非常满意;相反,感知价值未能达到预期,客户就会不满意。酒店需要准确把握客户的预期,使所有旨在提升客户满意度的努力更具针对性。否则,即使提供的服务再好,也未必能让客户满意。

2.控制和降低酒店客户满意的成本

准确把握客户预期可以帮助酒店有效控制和降低实现客户满意度的成本。只要稍微超出客户的预期,就能事半功倍地获得客户满意。这不仅是实现客户满意的最经济、最科学的方法,也是提升服务质量和客户忠诚度的关键。

(二)如何把握酒店客户预期

1.调查了解酒店客户当前预期

酒店可以通过各种市场调查手段,了解客户对酒店提供的产品价值、服务价值、人员价

值、形象价值、货币成本、时间成本、精神成本和体力成本等方面的预期。充分了解客户的当前预期，可以使酒店在满足客户需求时更具针对性和效率。

2.引导酒店客户的预期

过高的预期和不切实际的目标往往难以实现，会让客户感到失望和不满。如果客户的预期过高，而酒店提供的产品或服务未能达到这些预期，客户就会失望；如果客户的预期过低，则他们可能对酒店的产品或服务失去兴趣，转而选择其他竞争对手。酒店必须主动引导客户形成合理的预期，使其既不过高也不过低。通过有效的宣传和沟通，酒店可以帮助客户建立合理的期望值，从而提高客户的满意度和忠诚度。

（1）引导酒店客户形成良好的预期。

为了实现客户对酒店形成积极的认知和期待这一目标，酒店需要通过多种方式展示其服务质量和设施优势，持续提供卓越服务，积极引导客户构建正面且真实的消费预期。酒店公共区域的高档装修、现代化环境、雅致的装饰风格能够快速吸引顾客的注意，营造出高端专业的形象；酒店客房的精致设计又能展现酒店对客户细节需求的考虑，如优质床品、定制家具及高科技便利设施的整合显示出对客户体验的重视。

酒店的地理位置也是吸引客户的关键因素，位于便利的商业区或风景优美区域的酒店更具有发挥区位优势的潜力，增强客户对其地理位置的认可和偏好；酒店大堂所展示的各类认证和奖项证明了酒店的服务质量和业界地位，能够增强客户对酒店服务质量的信心，在客户心中建立起良好的预期。

（2）引导酒店客户形成合理的预期。

为了确保客户对酒店形成积极的认知和期待，酒店应根据自身的实际条件，实事求是地进行宣传和承诺，避免客户对服务产生不切实际的预期。适度保留宣传余地，甚至主动揭示某些服务的局限性，将客户的期望设定在一个合理的范围内，从而使客户更易于感受到物超所值的满意度。

当客户对价格或服务质量有疑问时，酒店可详细解释价格较高的合理因素，并与竞争对手的产品或服务进行比较，运用"一分钱一分货"的逻辑来引导客户认可价格的合理性。适当地提供折扣或优惠强调性价比突出，也能够有效增强客户的接受度和满意度。

合理的酒店预期管理策略应采取实事求是、扬长避短的宣传方式，旨在吸引客户的同时，避免因客户预期与实际体验不符而产生的不满情绪。通过有效地管理客户预期，确保客户的实际体验与预期相符。

二、让客户感知超越客户预期

为了让客户感知价值高于客户预期，酒店要努力使产品价值、服务价值、人员价值、形象价值等高于客户预期。

（一）产品价值高于预期

产品价值高于预期就是让服务质量、设施功能和服务创新等方面超出客户的预期。

高质量的产品与服务本身就是最佳的推销员,也是维系客户关系的有效手段。只有提供优质产品与服务,才能提升客户的感知价值,在客户心目中树立起良好形象,受到客户的喜爱。

在设施功能方面,为适应不同客户群体的需求,酒店理应为商务客人提供功能齐全的商务中心和会议室;为家庭游客提供儿童乐园和家庭套房;为健康和健身爱好者提供设施完备的健身房和健康餐饮服务。

创新可以体现在服务的硬件设施上,也可体现在个性化服务方式上。酒店顺应客户的需求趋势,站在客户的立场上研究和设计新的服务项目,不断为客户带来更好的体验甚至惊喜。酒店可以通过科技手段提升服务品质,例如引入智能房间控制系统,让客户通过手机APP轻松控制房间内的灯光、温度和娱乐设备。

(二)服务价值高于预期

优质服务的提供已经成为增强客户感知价值和提升满意度的关键因素。酒店需从客户视角出发,紧密关注其需求,并在服务的内容、质量与水平方面进行持续提升,以此增强客户的感知价值和满意度。

此外,服务价值还体现在酒店推行一系列个性化的服务措施来增强客户体验。在客房服务方面,根据客户的偏好进行房间布置,如调整床上用品的类型、更换房间的香氛、调节房间的温度等。针对遇到问题的客户,酒店能提供及时的帮助,如客户不便入住,酒店会主动提供免费接送服务。此外,酒店还会策划和举办特别的品牌体验活动,安排个性化的旅游行程和活动,如私人导游服务、特殊地点游览等。贴心的服务能使客户感到受到特殊关怀,从而增强满意度。通过提升服务,酒店可以更好地满足客户需求,在竞争中赢得客户的信任和忠诚。

(三)人员价值高于预期

酒店可以通过强化员工培训和建立健全管理制度来提升员工的专业素养,从而提高客户的感知价值和满意度。在系统性的专业培训下,员工能够全面掌握酒店服务的各个细节,并具备与客户深入交流的能力,如关于酒店设施、服务内容及当地文化的讨论,同时能够准确回应客户的各类询问。酒店员工若能记住常客的个人偏好,并在顾客再次入住时提供个性化服务,如主动问候并安排其上次偏好的房型,这种超出客户预期的服务将显著提升客户的整体体验和印象。

(四)形象价值高于预期

酒店良好的形象会形成有利的社会舆论,为酒店的经营发展创造有利环境,同时提升客户对酒店的感知价值,进而提高客户满意度。一是通过形象广告、公益广告和新闻宣传,酒店可以提升其知名度和美誉度。酒店通过拍摄一系列展示酒店环境、设施和服务的广告,不仅能够提升自身知名度,还能展现酒店的精神风貌,树立积极的品牌形象。隆重的庆典活动能够引起社会公众的广泛关注,达到有效的宣传效果。二是积极参与并赞助各类社会公益活动,如支持文化、教育、体育和卫生等社会福利事业能够展现其社会责任感;举办公益活动、周年纪念以及其他重大活动的开幕式和闭幕式,借助喜庆和热烈的氛围,提升酒店形象。三是借助实物、文字、图片和多媒体展示其成就与风采,帮助公众和客户更好地了解酒店,在公众心目中树立良好的形象。酒店可于大厅或公共区域设置展示区,展示酒店的发展历程、所获奖项及客户的好评。这些措施不仅能提升客户的感知价值和满意度,还能使酒店赢得客户的信任和好感。

典型案例

丽思卡尔顿酒店的服务理念深深植根于著名信条"我们是绅士淑女,为绅士淑女服务"的文化之中,致力为每一位客户提供超越他们期望的卓越体验。理论上,酒店的每一位员工都被赋予了高达2000美元的决策权,用于立即解决客户的任何需求或问题,表明酒店对客户服务的高度重视和对员工的信任。这种对顾客服务的全方位投入,使丽思卡尔顿能够在每一次接待中都为顾客创造非凡的体验,实现让顾客感知超越他们的预期。

丽思卡尔顿利用先进的客户关系管理系统,精细化地记录每位客户的个人偏好和需求,包括重要的日期、饮食习惯和房间选择等。通过这些数据的积累和应用,酒店能够为每位客户量身定制服务,让客户每次都能感受到独特的关怀。酒店根据客户的偏好,在预订时优先安排他们喜欢的房间,并在特殊纪念日为他们准备个性化的礼物,如香槟或特别的甜点。细致入微的关怀不仅满足了客户的基本需求,还通过制造惊喜时刻进一步提升了客户的整体体验。

三、让客户感知成本低于预期

为了让客户感知成本低于预期,酒店应努力在货币成本、时间成本、精神成本和体力成本等方面超出客户的预期,从而提升客户的感知价值和满意度。

(一)货币成本低于预期

合理地制定房价和服务价格是提高客户感知价值和满意度的重要手段。酒店定价应依据市场形势、竞争程度和客户的接受能力,尽可能低于客户的预期价格,从而降低客户的货币成本。比如酒店可以通过开发不同类型的房间和套餐,为客户提供更多的选择和更高的性价比;提供灵活的付款方式,如分期付款、延迟付款等,有效降低客户的货币成本,提升客户的感知价值和满意度。

（二）时间成本低于预期

在保证服务质量的前提下，酒店应尽可能减少客户的时间支出，提高客户的感知价值和满意度。酒店可以通过采用在线预订和自助服务终端来简化预订和支付过程，从而节省客户的宝贵时间，提高酒店运营的效率。优化入住和退房流程，提供快速办理服务也尤为重要，当客户到达酒店时他们可以扫描身份证直接领取房卡或钥匙，避免长时间排队等待，使整个入住过程更加流畅和便捷，增强客户体验。

酒店提供的一站式服务也是降低客户的时间成本的体现。酒店内设有餐厅、健身房、会议室和娱乐设施，客户无须离开酒店就能满足各种需求。健全的设施不仅方便了客户，也提升了客户在酒店的消费额度。

（三）精神成本低于预期

承诺与保证是降低客户精神成本的重要手段，新加坡的莱佛士酒店和迪士尼度假区的酒店对服务质量进行全面的承诺，明确告知客户可以期待一致且高质量的服务。这种承诺减少了客户对于服务质量的担忧，降低了预期风险和形象风险带来的精神负担。而高透明度的信息能够帮助客户在预订前就准确了解到所期待的服务和条件。酒店通过在线平台、应用程序和其他媒介提供详尽且透明的信息，包括房价、房型描述、服务详情和客户评价。

在安全保障方面，酒店应当确保安全措施符合标准、救生工具配备完善且有清晰的紧急响应机制，并向客户展示出专业严谨的安保系统，降低客户对人身安全风险的精神成本，让客户在入住期间感到安全和被保护，降低客户的精神成本。

（四）体力成本低于预期

体力成本低于预期涉及减轻客户在享受酒店服务过程中的物理劳动，增加客户的便利性和舒适度。它是全方位的，酒店可以通过多种渠道接近客户，以降低客户为享受酒店服务所花费的体力成本。对于携带大量行李或需要特别服务的客户，酒店提供专门的行李员和车辆服务，确保客户的行李能够安全、快捷地送达房间，客户几乎不需要动手；预订特定房型的客户，还提供机场、火车站的接送服务，让客户从抵达目的地那一刻起到离开此地都无须担心行李和交通问题。具有人文关怀的酒店还附加提供轮椅租借、助行设备等，关照行动不便的客户；在房间内提供设备使用的详细说明和快捷操作指南，减少客户在使用酒店设施时的时间和体力消耗；送餐上门服务使客户可以在自己的房间内享受各种餐饮服务，无须前往酒店的餐厅或其他公共区域。

降低客户的体力成本意味着员工的工作内容会增多，要求酒店优化工作流程和资源分配，在酒店成本支出和顾客满意中寻找平衡点，确保员工在满足增加的服务需求时仍能保持高效和专注，最终提升客户体验和满意度。

思考与练习

1. 如何理解高质量服务是提升客户满意度的关键?

2. 酒店如何通过超越客户期望来提升满意度?

3. 酒店应如何将客户投诉转化为服务改进的机会?

4. 酒店客户期望与客户感知差异的管理策略有哪些?

5. 创建针对酒店服务质量的顾客满意度调查问卷,包括选择题、量表问题、开放式问题等。

6. 选择一个著名酒店品牌,分析其客户满意度管理策略。

扫码看
答案

第八章 →

酒店客户忠诚管理

学习目标

1. 理解酒店客户忠诚的定义与分类,并探讨其重要性
2. 掌握量化酒店客户忠诚的重要指标并识别其影响因素
3. 熟悉客户忠诚度计划内容、评估方法及忠诚管理方法

核心概念

酒店客户忠诚(Hotel Customer Loyalty)
客户忠诚计划(Customer Loyalty Program)
NPS指标评估(Net Promoter Score)

在当今竞争日益激烈的酒店业市场中,酒店的核心竞争力主要在于构建稳固的客户忠诚体系。酒店客户忠诚既是客户对品牌的持续偏好与信赖,也是酒店保持客源和提升服务质量的关键。本章探讨酒店客户忠诚管理的内涵与策略,对于促进酒店业的可持续发展、深化客户关系、实现长期营利具有重要价值。

第一节　酒店客户忠诚概述

构建稳固的客户忠诚体系是塑造酒店核心竞争力的关键。忠诚客户不仅是酒店品牌影响力的重要支撑,他们通过口碑传播有效提升品牌知名度,同时为酒店提供了稳定的客源和收入来源,有助于巩固酒店的市场地位。深入理解客户忠诚的内涵、类型和特征,并充分认识其重要性,对酒店业的市场定位和长期发展具有重要的战略意义。

一、酒店客户忠诚含义

"忠诚"一词源自古代臣民对皇室无条件的服从与顺从,后来被学者引入市场营销领域,表现为在满足顾客需求的同时,让顾客对产品产生一种习惯和依赖。

客户忠诚是一个在客户管理中被人们经常提到的概念,学术界至今没有一个统一的定义。Oliver(1999)将客户忠诚定义为高度承诺在未来一贯地重复购买和偏好同一品牌或同一品牌系列的产品或服务,并不会因为市场变化和营销吸引产生转移行为;Dick和Basu(1994)认为,只有当重复的购买行为伴随着较高的情感取向时才能产生真正的客户忠诚;陈明亮(2003)把客户忠诚定义为行为和认知两个维度,表现为行为上的重复购买和认知上的满意、信任、精神忠诚等形式。也就是说,客户忠诚是指客户对产品或服务产生偏好、认可和信赖等积极情感取向,并产生对产品或服务的重复购买行为或其他消费行为的表现。

在酒店客户管理中,客户忠诚是指客户对某个酒店提供的产品或服务表现为较高满意,并且产生对其偏好与依恋和对酒店品牌的信赖,进而表现出一种可持续消费购买行为的心理倾向。客户满意是服务业客户保持的一个基本目标,同时也是实现客户忠诚的前提。在客户对酒店产品或服务有较高的满意度的基础上,对酒店品牌的认可和持续信赖是客户忠诚的最终行为表现。

客户忠诚营销理论认为客户忠诚可以通过客户的情感忠诚、行为忠诚和意识忠诚表现出来。情感忠诚可以具体表现为客户对酒店的理念、行为和视觉形象的认同和满意;行为忠诚表现为客户再次消费时对酒店的产品和服务的重复购买行为;意识忠诚则表现为客户做出对酒店的产品和服务的未来消费意向。情感忠诚包括对产品和服务的满意或信任,是忠诚的低级形式。相比之下,行为忠诚和意识忠诚代表了更高水平的忠诚。行为忠诚可以表现为重复购买、交叉购买和客户推荐。重复购买是客户行为忠诚的基本表现形式,而交叉购买和客户推荐反映了客户对酒店产品和服务的高度认同和信赖。意识忠诚可以表现为客户在体验酒店的产品和服务后未来依然会将该酒店品牌作为首选的心理倾向。

二、酒店客户忠诚类型和特征

根据不同的划分依据和描述酒店业分类的客户特征,客户忠诚大致可以划分以下几类。

（一）基于态度忠诚和行为忠诚分类

Dick和Basu基于态度忠诚和行为忠诚对客户忠诚进行分类,并认为客户忠诚在态度和行为上共同表现。根据客户对企业的态度取向和购买行为,他们将客户分为忠诚客户、潜在忠诚客户、不忠诚客户和虚伪忠诚客户四种类型(见图8-1)。

重复购买程度

高 ——→ 低

忠诚客户	潜在忠诚客户
虚伪忠诚客户	不忠诚客户

态度取向 高 ↓ 低

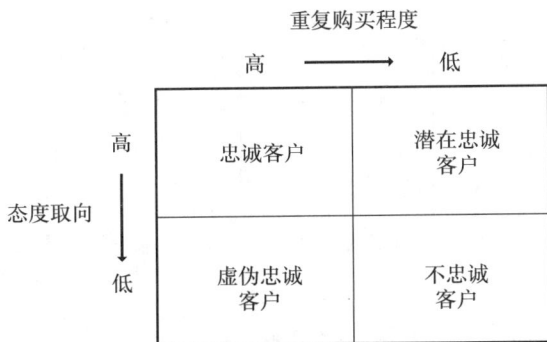

图 8-1 客户忠诚分类矩阵

1.忠诚客户

忠诚客户一般具有较高的重复购买行为和高度积极的态度取向。这类客户在寻求需要的产品或服务时,会将该酒店品牌作为第一选择,也不会再去搜集其他酒店的信息,而是坚持购买且重复购买该酒店服务,并积极向其他人推荐该酒店,同时给予高度评价。这类客户的购买行为与态度取向与酒店获客匹配度最高,也是对酒店最具价值的客户。

2.潜在忠诚客户

潜在忠诚客户具有较低的重复购买行为和高度积极的态度取向。这类客户在需要产品或服务时,该酒店品牌或许成为首选,但由于某些限制性因素,如可支配收入、产品价格和转移成本等,购买该酒店产品或服务的频率并不高。在个人可支配收入和产品价格没有达到比较好的平衡时,客户即使更加偏好该酒店品牌也会选择价格相对低的替代产品。这类客户可能是酒店未来的收入来源,代表潜在市场。

3.不忠诚客户

不忠诚客户具有较低的重复购买行为和不积极的态度取向。这类客户在寻求产品和服务时,对该酒店品牌没有偏好,很少会选择购买该酒店品牌的产品或服务,表明这类客户对该企业忠诚度不高。而对于酒店企业来说,这类客户的价值微乎其微。

4.虚伪忠诚客户

虚伪忠诚客户具有较高的重复购买行为和不积极的态度取向。这类客户会经常购买该酒店品牌的产品或服务,但他们对该酒店并没有偏好。这可能是因为市场垄断,这类客户没有丰富的选择,所以即使对该企业没有偏好也会重复购买该公司的产品或服务,比如波音公司和空客公司几乎垄断了全球民航飞机市场,这样双寡头的垄断竞争格局让客户不得不重复购买其产品或服务。

（二）根据客户期望与客户表达分类

Brian Ward 曾根据客户满意和客户忠诚提出客户忠诚矩阵概念。根据客户期望与客户表达,可以把酒店客户分成四种类型(见图 8-2)。

	期望	不期望
表达	满意区	愉悦区
不表达	冷淡区	忠诚区

图 8-2　客户忠诚矩阵

1. 不表达/期望—冷淡区的客户

该区域代表那些对酒店产品或服务具有很高期望,但不善于表达其需求的客户。在酒店服务过程中,客户期望得到服务人员基本的礼待,但对于具体需求他们自己会感到迷惑不解。如果酒店服务人员未能展现出基本的服务礼节,或者未能通过同理心深入理解和满足他们的内在需求,那么这些客户很可能会感到不满。相反,如果酒店仅仅满足了客户表面上的、浅显的需求,那么这些客户对此类服务的反应也只会显得较为冷淡。

2. 表达/期望—满意区的客户

该区域的客户习惯于直接表达其诉求和所期望的服务。这一区域是酒店的关键客户群体。酒店满足该区域客户的需求将会获得客观的客户满意与客户忠诚,有利于打造良好的口碑;而当酒店没有满足其需求和期望时,客户满意将在一次购买中获得削减。客户具有明确的需求,当没有被满足时将会选择竞争对手的产品或服务。因此,这一客户群体是酒店的营利关键。

3. 表达/不期望—愉悦区的客户

该区域代表那些期待某种产品或服务但不期望该酒店提供该种产品或服务的客户,但酒店可以通过提供期望之外的产品或服务来让客户感到愉悦。例如,某客户可能只会询问有关溢价产品的信息,如果企业不提供该信息,可能会导致"不满意"。这是企业建立"忠诚"客户群时,需引起高度重视的区域。

4. 不表达/不期望—忠诚区的客户

该区域的客户,既不对酒店产品或服务提出期望,又不表达他们的客户期待。如果酒店能够在客户不明确需求的情况下,为客户提供超出客户期望之外的服务,很可能就培养了忠诚客户。这给酒店和服务人员提出了更高的挑战,需要酒店具有前瞻性眼光和更高质量的服务水平。

（三）对产品和服务的购买要求分类

全球著名的战略咨询公司麦肯锡根据客户对产品或服务的需求、对于品牌的态度和满意度,将客户忠诚度由高到低划分为六种类型:感情型忠诚客户、惯性型忠诚客户、理智型忠诚客户、生活方式改变型客户、理智型客户和不满意型客户。

1.感情型忠诚客户

该类客户喜欢酒店的产品或服务,认为该酒店提供的产品或服务匹配自己的品位、风格。客户喜欢某酒店品牌,认同酒店宾至如归的氛围与服务。

2.惯性型忠诚客户

该类客户的忠诚度来自固定的消费习惯,习惯持续选择同一酒店品牌。

3.理智型忠诚客户

该类客户会不断地重新挑选品牌,再三斟酌购买决定。他们每次入住酒店前会细致比较不同酒店,择优入住。

4.生活方式改变型客户

该类客户自身需求发生变化,进而引起他们的消费习惯及取向发生改变。随着旅行目的或生活状态变化,对酒店需求也随之改变,忠诚度也随之波动。

5.理智型客户

该类客户在消费时,会依据合理理性的衡量标准,不断地进行对比。在选择酒店时,会挑选酒店品牌,再三斟酌购买。

6.不满意型客户

该类客户会由于曾经令人不满意的购买经历而对品牌进行重新考虑。例如曾经有过不愉快的住宿经历,客户会转向其他酒店品牌。

(四)对产品的重复购买行为分类

美国凯瑟琳·辛德尔博士(1998)在《忠诚营销》一书中根据客户重复购买行为的原因,将客户忠诚划分为以下七种类型:垄断忠诚、惰性忠诚、潜在忠诚、方便忠诚、价格忠诚、激励忠诚和超值忠诚。

1.垄断忠诚

垄断忠诚是因为市场上只有一个供应商,或者由于政府的原因而只允许有一个供应商。此时,该供应商就形成了产品或者服务的垄断,客户别无选择,只能选择该供应商提供的产品或服务。

2.惰性忠诚

惰性忠诚也称为习惯忠诚,是指客户面对选择时往往因为懒惰而不愿去尝试新的产品或服务,他们更多的是对现有习惯的依赖和对熟悉环境的偏好。

3.潜在忠诚

潜在忠诚是指客户希望能够不断地购买企业的产品或者再次享受服务,但由于企业的内部政策、市场竞争压力或者成本控制要求等限制了这些客户的购买行为。

4.方便忠诚

方便忠诚是指客户出于供应商地理位置等因素考虑便利性所做出的购买决策,但是一旦出现更为方便的供应商或者更为满意的目标,原本建立在便利基础上的忠诚便会开始动摇。

5.价格忠诚

价格忠诚是指客户对价格十分敏感,产生重复购买的原因在于该供应商所提供的产品的价格符合其期望。价格忠诚的客户倾向于能提供最低价格的供应商,价格是决定其购买行为的关键因素。

6.激励忠诚

激励忠诚是指在企业提供奖励计划时,客户会经常购买。具有激励忠诚的客户重复购买产品或者服务的原因在于企业所提供的奖励,因此当这些企业对客户停止奖励回馈时,这些客户就会转向其他提供奖励的企业。

7.超值忠诚

超值忠诚是指客户在了解、消费企业产品或者服务的过程中与企业有了某种感情上的联系,或者对企业有了总的趋于正面的评价而表现出来的忠诚。这类客户不仅在行为上体现为不断重复购买,同时在心理上也对企业的产品或者服务有高度的认同感。

根据客户对企业产品或者服务的依恋程度及客户重复购买的频率,在上述七种类型的客户忠诚中,超值忠诚属于高依恋度、高重复购买行为;垄断忠诚、惰性忠诚、方便忠诚、价格忠诚和激励忠诚是低依恋度、高重复购买行为;潜在忠诚则是高依恋度、低重复购买行为。

三、酒店客户忠诚重要性

(一)确保酒店长久收益

由于对酒店品牌的信任和偏爱,忠诚客户会不断重复购买酒店的产品或服务,还会放心地增加购买量或者购买频率。忠诚客户还会对酒店的其他产品也产生连带信任,当他们产生对这类产品的需求时,会自然而然地想到购买该品牌的产品。这样一来,不仅提升了销量,也为酒店带来了更高且更持久的收益。

同时,忠诚客户会很自然地信赖该酒店品牌推出的新产品或新服务,并且乐于尝试,因此他们往往是酒店新产品或新服务的早期购买者和体验者,从而助推酒店新产品或新服务的上市。

一般来说,忠诚客户对价格的敏感度较低、承受力较强,比新客户更愿意以较高价格购买企业的产品或服务。由于他们信任酒店,所以购买价格较高的产品或者服务的可能性也较大,因而忠诚客户可使酒店获得溢价收益。

（二）扩大酒店客户群体

忠诚客户不仅是酒店品牌和产品的坚定支持者,更是口碑传播的强大力量。他们会将对产品或服务的良好感受分享给周围的人,甚至积极推荐身边人购买该产品或服务,这可以帮助酒店增加新客户。万豪的"万豪旅享家"计划通过为会员提供专属优惠和积分奖励,进一步增强了客户的忠诚度,并吸引了更多的新客户加入。忠诚客户是酒店的宝贵资产,而这些客户的满意和推荐也是最有力的广告,酒店需要不断创新并提供超出期望的价值,以保持其忠诚客户的热忱,同时吸引新的客户群体,共同创造双赢局面。

（三）节省酒店各种成本

客户忠诚能节省酒店的客户开发成本。由于新客户没有体验过酒店的产品或服务,对酒店还处在认识、观察和了解阶段,因而不敢放心购买,那么长期来看开发新客户的费用要远远超过新客户带来的利润贡献。相比较开发新客户,留住稳定的老客户,成本会相对低很多。

客户忠诚可以降低酒店交易成本,交易成本主要包括搜寻成本、谈判成本和履约成本,支出的形式包括金钱、时间和精力的支出。由于忠诚客户比新客户更了解和信任酒店品牌,维持并深化与忠诚客户的关系不仅有助于保持稳定的收益,还能在竞争激烈的市场环境中占据有利地位,实现成本效益最大化。

客户忠诚也能在一定程度上降低服务成本。服务老客户的成本比服务新客户的成本要低很多。当酒店为老客户提供进一步服务时,无须投入大量时间和精力进行培训,从而节省了人力资源成本。此外,由于酒店对老客户有深入的了解和较高的熟悉度,能够利用老客户的反馈来改进产品和优化服务,因此可以更高效、更精准地满足老客户的需求。

（四）树立良好酒店形象

忠诚客户是酒店及其产品或服务的有力拥护者和宣传者,他们会将对产品或服务的良好印象和体验介绍给周围的人,主动地向亲朋好友推荐,甚至积极鼓励其关系范围内的人购买,从而帮助酒店增加新客户。

随着市场竞争的加剧,各类广告信息的泛滥,人们面对大量眼花缭乱的广告难辨真假、无所适从,对广告的信任度也在大幅度下降。口碑是比广告更具有说服力的宣传,人们在进行购买决策时,往往越来越重视和相信亲朋好友的推荐,尤其是已经使用过产品或消费过服务的人的推荐。万豪酒店在社交媒体上好评如潮,都是忠诚客户口碑传播的结果。忠诚客户通过口碑传播,将万豪酒店的优质服务和独特体验分享给更多的人,从而塑造了酒店良好的口碑和企业形象。这种口碑传播比任何广告宣传都更具说服力,因为它来自真实的客户体验。万豪酒店通过不断提供卓越的服务和体验,赢得了客户的信任和忠诚,进而奠定了酒店在行业中的领先地位和塑造了良好的企业形象。

一项调查显示,一个高度忠诚的客户平均会向五个人推荐企业的产品和服务,这不但能节省企业开发新客户的费用,而且可以在市场拓展方面产生乘数效应。忠诚客户的正面宣传是不可多得的免费广告,它能快速地提高酒店的知名度和美誉度,而忠诚客户的口碑也可以帮助塑造和巩固良好的酒店形象。

典型案例　亚朵酒店:以创新会员体系与服务分层策略引领酒店新风尚

在酒店业市场竞争日益激烈的背景下,客户忠诚度成为酒店营销策略的核心,推动行业重新评估并强化其核心价值。为构建稳固的客户忠诚体系,酒店业普遍采用会员制度,围绕订房优惠、积分兑换及客房升级等简单模式运作。

亚朵以其独特的A-CARD会员体系及A-PLUS高端品牌在竞争激烈的市场中脱颖而出,精准捕捉市场趋势,通过匠心独运的服务理念和定制化体验设计,引领了酒店业客户忠诚度建设的新风尚。亚朵不仅深化了与客户的情感联系,还创新了酒店服务生态,展现了其在跨文化管理与市场竞争力方面的卓越能力,为酒店业树立了客户忠诚度建设的典范。

2022年6月,亚朵集团推出的全新会员体系A-CARD(亚朵A卡),是其对传统会员模式的一次大胆革新,将会员权益从单一的酒店场景拓展至出行、阅读、运动、饮食、艺术等多维度生活领域。此举不仅彰显了亚朵作为"体验派"领军者的前瞻视野,也标志着"中国体验"时代的又一里程碑。

A-CARD的创新之处在于其跨场景的权益整合策略。会员不仅能享受百万册图书的免费借阅,并在全国700多家竹居中自由流通,还能通过亚朵百货平台以优惠价格体验覆盖睡眠、香氛、出行等领域的原创生活方式品牌。这种跨界的权益设计,极大地丰富了会员的生活体验,使酒店服务超越了传统住宿范畴,成为一种全方位、高品质生活方式的象征。

亚朵A卡还通过深度战略合作,如与Keep合作提供在途健身体验、与永璞咖啡携手打造精品咖啡文化等,进一步强化了会员在特定生活场景中的专属感和价值感。这些合作不仅提升了会员的体验质量,也拓宽了亚朵的服务边界,使其在激烈的市场竞争中脱颖而出。

亚朵A卡的成功,得益于其多年经营"生活方式型酒店"所积累的消费洞察和丰富的合作伙伴资源。它精准捕捉了消费者对全过程体验及价值认同的追求,通过跨场景权益融合和深化品牌合作,构建了独特的会员价值体系。这一创新举措不仅提升了亚朵的市场竞争力,更引领了酒店行业在会员体系上的新一轮变革,为整个消费市场树立了"为热爱买单"的新风尚。

同时,亚朵酒店以其独到的服务分层策略,在竞争激烈的酒店行业中脱颖而出,成功地将极致场景体验与可持续服务相融合。其核心理念在于,通过精细化服务分层——基础级服务、个性化服务及定制级服务,不仅优化了资源配置,还极大地提升了客户体验,实现了商业价值与用户体验的双赢。

亚朵从客户踏入酒店的那一刻起,便以细致入微的基础级服务构建起温馨的第一印象。无论是到店时的奉茶、便捷打包的早餐,还是离店时的暖心水,这些看似简单却充满心意的服务,依据峰终法则精心设计,在客户旅程的关键节点上留下深刻印象。这些基础服务不仅人人可享,还奠定了亚朵服务细致入微的品牌基调,让每一位宾客都能感受到家的温暖与舒适。通过不断优化这些小成本的服务细节,如包装上的诗意说明、可带走的咖啡杯等,亚朵巧妙地在客户心中种下了品牌忠诚的种子。

A-PLUS 增值服务(A-PLUS)是亚朵个性化服务的集中体现,它打破了标准化与个性化之间的传统界限,提出了"标准个性化"的创新理念。在 A-PLUS 中,客户可以根据自己的偏好和需求,从日用品到量身定制的偏好好物中进行选择,如剃须刀、洁面套装、沐足套装等,甚至包括观心瑜伽、预设香薰等特色服务。这种服务模式不仅满足了客户多样化的需求,还赋予了客户更多的选择权,让每次入住都成为一次独一无二的个性化体验。A-PLUS 的开放性和灵活性,使得非会员也能通过购买享受服务,进一步拓宽了服务受众,同时也通过会员不同等级的差异化服务,激励客户提升会员等级,增强用户黏性。

定制级服务则是亚朵针对其最核心的忠诚用户——黑金会员提供的尊享体验。这些用户多为企业高管、社会名流及亚朵的投资人,他们每年在亚朵的停留时间长、消费金额高,且具备强大的社会影响力。通过黑金会员制度,亚朵不仅维系了这部分高端用户群体,还借助他们的力量传播品牌价值,将服务体验提升至战略高度。定制级服务不仅满足了客户的高层次需求,更通过专属的定制化体验,增强了客户的归属感和尊贵感,进一步巩固了品牌与客户之间的紧密联系。

亚朵通过基础级、个性化及定制级服务的精准分层,不仅优化了资源配置,还实现了客户体验的全面提升。这一策略的核心在于,先明确核心用户群体,再逐级提供相应的服务体验,并通过标准化与个性化的巧妙结合,让每一位客户都能感受到独一无二的关怀与尊重。

在资源紧张的市场环境中,亚朵通过独特的 A-CARD 会员体系与服务分层 A-PLUS 策略,为客户打造深度个性化体验。A-CARD 提供积分累积、专属优惠等,增强用户黏性;A-PLUS 则通过定制化服务如专属用品、特色体验等,提升客户住宿品质。这种策略有效提升了客户满意度,因为个性化服务满足了不同顾客的需求。同时,长期的价值回馈和独特体验促进了客户忠诚,形成稳定的客户基础。

(资料来源:beBit 倍比拓《亚朵:四两拨千斤,严控成本的用户体验》。)

第二节　酒店客户忠诚表现及影响因素

酒店围绕客户需求,持续地为客户提供满意的产品和服务,使客户能从产品和服务中感受到被企业所重视和尊重,从而对酒店有强烈的归属感并加强对酒店的依赖。忠诚是酒店和客户相互给予的互惠关系。

一、酒店客户忠诚表现

客户忠诚度分为四种类型：冲动型忠诚、情感型忠诚、认知型忠诚、行为型忠诚。酒店通常可以根据不同类型的客户忠诚制订奖励计划来维护客户关系。

（一）冲动型忠诚

冲动型忠诚是一种以意向为基础的忠诚，即人们往往会产生购买倾向。冲动型忠诚的客户决策过程比较简单，非常容易受外部因素影响，尤其是与价格相关的促销。对冲动型忠诚者而言，竞争对手提供一个更优惠的价格促销信息就可能会把这个客户吸引过去。比如，汉庭酒店作为经济型酒店，以较为亲民的价格满足消费者需求，在淡季或节假日采取价格促销策略，从而达到降低房价增加入住率的目的。消费者通过高性价比获得舒适干净的住宿环境，对于住宿的基本需求被满足了，从而对汉庭留下良好的印象，可能会让该类客户产生依恋心理倾向。

（二）情感型忠诚

情感型忠诚是基于偏好的忠诚，客户是因为喜欢而去购买。客户对商品喜好的态度基本决定了情感型忠诚客户的购买决策。一位对酒店服务体验需求要求极高的客户，可能会倾向选择丽兹卡尔顿这样的酒店并一直保持着非常强烈的购买意愿。该酒店不仅提供了一流的酒店设施和舒适的居住环境，还通过精心策划的服务体验满足了客户对细节的要求。于是无论去到世界什么地方，丽兹卡尔顿都会是他的首选。这种基于偏好的情感型忠诚，极大地增强了客户与酒店品牌之间的情感纽带，使得品牌在竞争激烈的市场中得以脱颖而出。

（三）认知型忠诚

认知型忠诚是基于信息的忠诚，是理性的忠诚。认知型忠诚的客户在了解商品的功能特征、性价比等具体信息后再产生购买行为。他们很多时候像一个专业人士，不仅了解产品的功能，还搜集各种数据来研究产品之间的差异性和技术特性，包括产品的缺陷。客户会综合考虑各种因素，最终得出这个产品更适合自己的结论，从而形成忠诚的购买行为。一旦市场上出现更好的产品，他们也会仔细研究和比较。在当今这个网络信息资源丰富的时代，客户能够通过多种渠道了解酒店的客房设施、人员配备以及周边环境等评价信息，在全面了解酒店的各项评价后，他们还能对比不同酒店提供的价格，从而挑选出最符合自身需求且价格合理的酒店。

（四）行为型忠诚

行为型忠诚是以具体行动为基础的忠诚。客户在购买某一类商品时，已经形成了对某种产品的购买惯性，为了买到这样的产品往往需要付出努力，或是克服一定的障碍。很多忠实顾客愿意花费很久时间排队去购买某一品牌的最新款产品，这也是近年来客户关系管理越来越受重视的重要原因之一。而客户忠诚度计划作为客户关系管理的重要技巧之一,正在逐渐风行,且在经济发达国家已经得到广泛应用。雅高集团通过客户忠诚度计划——雅高心悦界(Accor Live Limitless)汇总最新攻略、促销活动等信息,为客户创造更大的价值。

二、酒店客户忠诚的衡量

现有研究对客户忠诚的度量并没有达成共识,一些学者提出可以通过客户保持度和客户占有率两个指标来衡量。其中,客户保持度是指企业和客户关系维持时间的长短。与客户保持度相关的概念是客户保持率,也就是在一段时间内达到特定购买次数的客户的百分比。客户占有率,也称客户市场份额。一家公司的客户占有率,也就是指客户将预算花在这家公司上的百分比。某酒店获得了100%或者全部客户,换句话说,这个客户把他所有的预算都花在了该酒店的产品或者服务上;而当这家酒店的竞争者获得客户预算的一定百分比时,相应的就是该酒店丧失了那部分的市场份额。

也有一些学者则认为单纯通过客户保持度和客户占有率来衡量客户忠诚是不可取的,他们认为应该采取更为全面综合的指标来衡量。在他们看来,可以根据客户重复购买的次数、客户挑选时间的长短、客户对价格的敏感程度、客户对竞争品牌的态度、客户对产品质量的承受能力、客户购买费用的多少等几个方面来衡量。另外有些学者增加了客户对酒店的感情、推荐潜在客户等指标。

综合不同学者的观点,酒店客户忠诚大致可以从时间、行为和情感几个方面来进行分类衡量。

189

(一)时间特征

酒店客户挑选时间即客户预订酒店时所用的时间。客户挑选酒店品牌时用时越短,客户忠诚度越高;反之,客户忠诚度则会降低。

酒店客户忠诚具有时效性,它体现为客户在一段时间内不断关注、购买企业的产品或者服务。如果客户与酒店仅进行过一次交易,那么自然不能认为该客户的忠诚度很高。因此,客户与酒店交易关系的持续时间是测度客户忠诚的指标之一。

有关消费者行为的研究表明:客户在购买产品时,通常都会经历一个选择的过程。挑选意味着客户需要花费时间来了解不同酒店品牌,同时也包括客户对不同酒店进行细致对比的过程。如果客户对特定酒店的忠诚度较低,那么客户就会花费更多的时间来搜集信息,比较不同酒店提供的产品和服务,最后才决定是否购买。相反,如果客户信任特定酒店的产品和服务,那么用于挑选的时间就会缩短,会迅速做出购买的决定。

(二)行为特征

1.酒店客户重复购买率

酒店客户重复购买是指客户在一段时间内购买酒店产品或服务的次数。在一段时间内,客户在酒店重复消费的次数越多,表明客户对该酒店的忠诚度越高;反之,客户对酒店的忠诚度越低。对于经营多元化的酒店来说,重复购买酒店的某品牌的不同产品,也能体现出对该酒店的高忠诚度。

需要注意的是,在衡量酒店客户重复购买率时,需要确定在多长的时间内衡量客户购买次数。对时间期限的确定需要综合考虑产品的用途、性能和结构等因素。对于汽车、家具、家电等耐用消费品而言,客户购买周期通常都超过3年,如果以1年来衡量客户的重复购买率,显然不适宜;对于饭店、酒店以及许多快速消费品而言,用月来计算衡量客户重复购买率是比较恰当的。在衡量客户重复购买的产品或者服务时,不能局限于同一类别的产品或者服务,还要从企业经营的产品品种等角度进行考量。如果客户没有重复购买同一种产品,而是购买酒店不同种类或者品牌的产品,那么同样可以认为该客户具有较高的重复购买率。

2. 酒店购买费用

酒店购买费用由两个部分构成:一是客户花费在某一特定酒店品牌或者产品上的金额;二是在客户用于某一产品的预算中该酒店品牌所占的比重,这也被称为客户钱夹份额或者客户占有率。

对酒店而言,在客户的酒店住宿预算不变的情况下,选择购买本酒店的消费金额增加,则表明客户对该酒店服务的信任程度提高,忠诚度增加;或者客户增加酒店住宿预算以购买和享受更多酒店服务产品,这也是客户忠诚度提高的表现。

3. 酒店客户对价格的敏感程度

酒店客户对价格的敏感程度是指客户对某个酒店价格的敏感程度。价格敏感程度越低,受酒店价格的影响程度越低,忠诚度就越高;反之,受酒店价格的影响程度越高,忠诚度越低。运用这一准则时,需要考虑酒店对客户的必需程度、酒店的供求状况以及酒店的竞争能力三个要素的具体影响。

价格是影响客户购买产品或者服务的重要因素之一,但往往客户对各种产品的价格变动都会产生不同的态度和反应。大量研究和企业实践表明:对于喜爱和信赖的产品或者服务,客户对其价格变动的承受力较强,他们的购买行为不容易受到价格波动的影响,即客户对价格的敏感度低;相反,对于不喜爱或者没有信赖感的产品或者服务,客户对其价格变动的承受力较弱,当价格上涨,客户会立即减少购买行为,即客户对价格的敏感度高。可见,客户对酒店产品或者服务的价格敏感程度,可以用来衡量酒店客户忠诚。

4. 酒店客户参与度

客户参与度被定义为一种动态的、迭代的心理状态,源于与组织良好的互动关系。这是一种与酒店人员或其他客户的交互和合作,客户在其中生成内容和价值,以更好地满足他们的需求。他们一般表现出非交易性行为,希望能获得某些利益,比如更广泛的知识、更高的声誉以及社会和经济回报。有研究者从以下两个方面来衡量酒店客户参与度:一是共创的意愿,即客户乐于与酒店员工或其他住宿客户交流分享,共同营造独特而难忘的住宿体验,为酒店增添价值;二是自荐的意愿,即客户积极主动地将酒店优质的产品和服务、品牌魅力等信息推荐给亲朋好友或通过网络平台分享,展现其对酒店的忠诚度。

（三）情感特征

1.酒店品牌关注度

酒店品牌关注度即客户对酒店品牌的关心程度。一般来讲,关心程度越高,忠诚度越高。客户对某一品牌的关心程度与其购买次数并不完全成正比,比如某个品牌的酒店,客户经常光顾,但是并不一定每次都入住。

客户对酒店的信赖来源于客户与企业交易过程中累积形成的满意,是由满意累积以后形成的对企业产品和品牌的信任与维护。在信任的基础上,客户会积极主动向周围的人推荐酒店的产品和品牌,从而提升酒店的口碑和影响力。

2.酒店竞品偏好度

酒店竞品偏好度是指客户对市场上的同类酒店的偏好态度。客户对市场上某一酒店品牌态度的变化,大多是通过与其他酒店的对比而产生的。客户对竞争对手的偏爱程度不断提高,表明对本酒店的忠诚度在逐渐下降。

客户对待酒店竞争品牌的态度是衡量客户忠诚的重要指标。一般来说,如果客户对酒店有较高的忠诚度,那么他们自然会减少对竞争品牌的关注,从而将更多的时间和精力用于关注该酒店品牌的产品或服务;相反,若客户对竞争品牌的产品或者服务有兴趣或者好感,并且花费较多的时间了解竞争品牌,那么就表明客户对该酒店品牌的忠诚度较低。

3.服务质量事故承受程度

服务质量事故承受程度即客户对服务质量事故的承受能力。客户对某酒店品牌的忠诚度越高,对出现的质量事故也就越宽容,承受能力就越强。不管是知名酒店还是普通酒店,其产品或者服务都有可能出现各种质量问题。

当出现产品质量问题时,如果客户对酒店的忠诚度较高,那么客户会采取相对宽容的态度,问题也可以协商解决;相反,若客户对酒店的忠诚度较低,则会让客户产生强烈的不满情绪,并会向酒店索要足够的赔偿,甚至会通过法律途径解决问题。

三、酒店客户忠诚的影响因素

影响酒店客户忠诚的因素有正面和负面两个方面,包括提升客户忠诚的积极因素以及维持客户忠诚的消极因素。其中,积极因素是指能够促使客户主动保持与酒店关系的因素,主要是酒店能够给客户带来更多的收益。消极因素是指推动客户被动维持关系的因素,比如因为客户退出关系而承受的损失和代价。

对于酒店而言,要不断增加为客户提供的价值,增强客户对酒店的情感依恋;同时,也需要不断提高客户退出关系的壁垒,使客户与酒店维持长期的关系。

（一）积极因素

1. 客户从酒店获得的利益

有调查数据表明，客户通常愿意与酒店建立长久关系，其主要原因是希望从忠诚中获得优惠和特殊关照。酒店客户从忠诚中获得的额外收益主要包括两个方面：一是更低的购买成本或者额外的奖励，例如许多高端酒店推行会员计划，常客不仅能享受优惠房价，还能累积积分兑换额外奖励；二是在提供产品之外，为客户提供额外的服务。比如，一些高端酒店会为忠诚客户提供私人管家服务，从入住前的行程规划、房间布置，到入住期间的餐饮推荐、旅游咨询，甚至是离店后的行李打包、送机服务等，都由专属管家一手包办，让客户感受到无微不至的关怀。

2. 客户的情感因素

客户的情感因素主要涉及客户对酒店的信任以及对企业的喜爱，这种情感因素体现了客户对酒店及其产品的良好印象，在商业环境中扮演着至关重要的角色。《情感营销》一书中提到情感是成功的市场营销的唯一的、真正的基础，是创造价值、客户忠诚和利润的秘诀。希尔顿酒店在其全球范围内大力推行"希尔顿荣誉客会"计划，不仅给会员们提供独有的优惠，还通过举办会员活动、提供个性化服务等方式，加深客户与品牌的情感联系，增强客户对品牌的情感认同。特别是希尔顿酒店在节日期间为会员及其家人举办的中秋联谊活动，大大拉近了酒店与客户之间的距离，增强了客户对酒店的信任和喜爱，提升了客户对酒店的满意度和忠诚度。

3. 客户认知价值

客户认知价值是指酒店能够让客户感知到的实际价值，通常表现为客户在进行购买决策时，所感知并获得的产品或服务价值与购买成本之间的差值。客户认知价值是对产品或服务效用进行评价后得出的整体感受。客户会受到多种主观因素影响，对产品或服务形成的认知价值也相对主观和多变。即使同一顾客对同一产品或服务，在不同的环境背景以及自身状态下，他们的认知价值也会有所不同。

此外，在选择产品或服务的过程中，客户更倾向于关注产品或服务的实际价值。他们往往希望在购买过程中尽可能减少货币成本，并通过节省时间、精力、体力等非货币成本的支出，来获得更多的实际利益。这意味着，客户追求的不仅是产品或服务的成本效益，还期望能够通过支付最小的货币成本获得最佳的实际利益。这种情况下的认知价值不仅包括产品价值、服务价值、人员价值、形象价值等，还包括对客户本身需求满足程度的认知价值。

酒店需要提供高质量的产品和服务，以确保客户获得最大的认知价值。四季酒店以其卓越的服务和奢华的体验而闻名。客户在四季酒店可以享受到个性化的服务、高品质的设施和独特的体验，这使得客户对四季酒店的认知价值非常高。四季酒店不断追求创新，力求在产品和服务上超越客户的期待，通过这种方式，它与客户建立起一种动态平衡的利益关系。正是这样的努力，四季酒店赢得了长期顾客的忠诚与支持。

客户认知价值作为客户忠诚的核心决定因素，不仅是衡量客户忠诚度的重要指标，而且在提升客户满意度和建立客户信任方面发挥着举足轻重的作用。认知价值使得酒店与客户之间的利益关系保持一种长期动态平衡,在这种平衡下,酒店与客户都感到满意,并且双方都愿意维持这种平衡,从而建立稳定的合作关系。如果企业所提供的产品或服务不能满足顾客持续增长的期望,这种动态平衡就会被打破,客户可能不再满意,他们对酒店的信任度也就随之降低,最终导致客户忠诚的流失,也就没有办法实现真正的客户忠诚。

(二)消极因素

1.沉没成本

沉没成本是指客户过去在关系中投入的、在终止关系时将损失的关系投资。它代表了客户与服务提供商或产品供应商之间建立的关系投入,这种投入是无形且难以量化的。对客户而言,这种关系投资只有在特定的关系中才有价值,一旦关系终止,所做的投资都将失去其价值。沉没成本通常涵盖学习如何使用特定产品所投入的时间与精力,以及相关的培训费用,还包括为了适应或利用某种产品、流程或系统所做的各种投资。

在酒店行业中,沉没成本可能包括客户学习特定酒店服务流程所花费的时间和精力,以及为了使用该酒店的服务而进行的投资,如预订系统的使用费用等。这个概念在商务旅行中很常见,因为酒店业提供了许多便捷的服务来吸引常客,而这些常客往往会花费时间去学习如何最大限度地利用这些服务。

例如,一位长期入住某酒店的商务旅客,为了享受该酒店的便捷服务,可能特意了解了其预订系统和积分兑换规则。这种前期的投入使得旅客在未来使用酒店服务时更加得心应手。然而,如果该酒店的服务质量下降或价格上涨,这位旅客在考虑转移至其他酒店时,将面临沉没成本的损失,因为他所投入的学习时间和精力将无法在新酒店中得到回报。

沉没成本使得客户在考虑是否终止与酒店的关系时更加谨慎。他们可能会因为担心损失已经投入的资源而选择继续与不满意的酒店把持关系,从而降低了自身的酒店忠诚度。

2.转移成本

转移成本是指客户从一个供应商转移到另一个供应商的过程中所付出的成本,主要包括:信息收集成本,与新供应商进行谈判所花费的时间、金钱、人力等费用,调整现有业务、流程体系所需的各种费用等。此外,为了适应新供应商的产品或服务,客户还可能需要付出额外的学习成本,这涉及理解新技术、学习新操作方法,甚至可能需要重新培训员工以掌握新的工作技能。这些综合的成本构成了转移过程的总开销,是评估供应商选择策略时不可忽视的重要因素。

例如,一位经常入住某连锁酒店的旅客,因为工作变动需要转移到另一个城市。面对新的城市和陌生的酒店环境,他需要花费大量时间和精力去搜寻可靠的住宿信息,了解新城市里哪些酒店的服务质量高、价格合理。为了找到满意的住处,他可能会逐一尝试不同的选项,与酒店代表进行沟通,努力争取最优惠的房价。此外,由于之前的连锁酒店为他提供了极大的便利,他可能需要时间来重新熟悉并适应新酒店的各种设施、服务流程以及服务人员等,这无疑又是一个额外的转移成本。这些转移成本可能使得这位旅客在选择新酒店时犹豫不决,甚至可能选择继续入住原连锁酒店以保持原有的便利和熟悉感。

转移成本的存在使得客户在更换酒店时面临较高的代价,从而降低了他们尝试新酒店的意愿。这导致客户可能长期停留在不满意的酒店关系中,无法充分体验其他酒店可能提供的更好的服务,进而削弱了客户忠诚度。

(三)其他因素

除了上述两方面因素,其他因素也会影响客户忠诚,如酒店的内部管理。如果酒店不注重对员工进行培训,不注重对客户抱怨的处理,将会影响客户忠诚。如果酒店忽视内部管理,特别是员工培训,就会导致服务质量出现较大差异,从而影响客户的整体体验。由于员工缺乏必要的专业知识和良好的服务意识,他们难以提供个性化且高质量的服务,这反过来会降低客户的满意度。长此以往,客户会因不满而流失,酒店客户忠诚度自然会下降。

典型案例 凯悦酒店集团:"凯悦天地"计划升级,构筑会员服务新高度

凯悦酒店集团拥有四大系列共29个品牌,覆盖从经济型到奢华型的不同定位,满足不同旅客的需求。同时,凯悦在全球69个国家和地区拥有超过1000间酒店,为客户提供了广阔的探索空间。2017年,凯悦酒店集团隆重推出"凯悦天地"(World of Hyatt)忠诚顾客计划,旨在通过丰富多样的会员礼遇和奖励机制,提升客户忠诚度。该计划覆盖了凯悦旗下的多个品牌,包括柏悦(Park Hyatt)、君悦(Grand Hyatt)、阿丽拉(Alila)等,为会员在全球范围内提供一致的优质服务体验。

凯悦天地的会员等级分为五级:会员(Member)、探索者(Discoverist)、冒险家(Explorist)、环球客(Globalist)和终身环球客(Lifetime Globalist)。其中,环球客是会籍升级的首选,因其丰富的权益和相对合理的保级条件而备受青睐。凯悦天地通过不同等级的会员提供差异化的礼遇,如积分奖励加成、客房升级、延迟退房等。

凯悦鼓励会员探索不同品牌的酒店,通过入住五个不同品牌的酒店,会员可获得一晚免费住宿奖励。积分是凯悦天地计划的核心,会员可使用积分兑换全球范围内的免费住宿、全包式度假村体验等。每1美元认可消费通常可赚取5点基本积分,特殊酒店如Hyatt Studios则每1美元认可消费可赚取2.5点基本积分。积分可用于兑换免费住宿、升级套房、享受FIND平台健康体验等多种奖励。积分价值稳定,通常在1200元/万分上下浮动,为会员带来了实质性的优惠。尊荣宾客奖励允许会员每年完成一定条件的住宿后,将环球客体验赠予亲友,每次最多连续7晚。这一举措极大地增强了会员的归属感和忠诚度,同时也促进了会员间的社交互动。

凯悦已和众多航空公司、酒店集团达成了长期的战略伙伴关系,从而能更精

准、更高质量地满足顾客的需要。硬件设施、服务品质及餐饮体验上的超高要求，使得其旗下诸多酒店更是屡获米其林/黑珍珠等殊荣，堪称客房与美食的双重瑰宝，给客户带来宾至如归的绝妙体验。

凯悦酒店集团精准把握与积极响应会员需求。从2024年1月1日起，凯悦天地将推出全新会籍礼遇，为会员提供更加灵活多样的选择。在致力于深入倾听会员心声的同时，凯悦天地不断投入资源，更新那些对会员具有深远意义的礼遇，激励宾客们亲身体验旅行变革的力量。

全新升级的凯悦进阶奖励(Milestone Rewards)旨在为宾客提供更多奖励和选择。会员可通过获享的积分兑换未来住宿，也可以选择套房升级以提升住宿体验，还可兑享丰富的康体体验。通过引入进阶奖励机制，凯悦不仅为会员提供了更多样化的积分兑换选择，还巧妙地将对会员身心健康的关怀融入其中，展现了品牌的人性化温度。

特别值得一提的是，凯悦天地在升级计划中，将尊荣宾客礼遇进一步扩大，允许会员将珍贵的环球客体验赠予亲友，这一举措无疑加深了品牌与会员之间的情感联结，让会员感受到超越物质奖励的归属感与温暖。此外，凯悦还积极回应商业伙伴的需求，为会议及活动组织者、旅行顾问等群体开辟了赚取会员等级和积分的新途径，展现了品牌在商业合作上的灵活性与创新性。

通过这一系列举措，凯悦不仅巩固了其在全球酒店业中的领先地位，更为会员带来了更加优质、便捷、个性化的旅行体验，提供了更多超乎预期的优质服务。凯悦不仅强化了自身的品牌形象，同时也加深了与会员之间的联系，确保每一位顾客都能感受到超越期望的旅行享受。

（资料来源：永乐《攻略|凯悦酒店集团入门指南（2024年版）》。）

195

第三节 酒店忠诚管理策略与方法

客户忠诚度计划，作为一种客户管理策略，可以通过维持客户关系和培养客户忠诚度，从而建立客户长期需求，并降低客户品牌转换率。这种计划不仅有助于建立起消费者对于品牌的长期依赖，还能有效提高潜在顾客转变为忠实顾客的概率，从而提升企业的市场竞争力。

一、客户忠诚度计划内容和步骤

通常酒店客户忠诚度计划形式包括客户分级会员制、累计消费奖励制度等，酒店会员制计划允许会员凭借累计积分享受各种优惠与服务，消费积分卡的累计使用奖励可以被客户用来兑换免费住宿、升级房间等级或其他附加福利。

（一）客户忠诚度计划内容

要成功制订并实施一个高效的酒店客户忠诚度计划,通常需要整合三大关键要素:信息科技的运用、对客户信息及知识的深入洞察、直接与个性化的客户沟通。

（1）信息科技的运用。这要求酒店能够利用先进的技术手段,来深入了解酒店客户需求和偏好,以实现个性化服务。

（2）对客户信息及知识的深入洞察。这样可以更好地理解酒店客户的真实需求,提供更为精准的酒店产品和服务。

（3）直接与个性化的客户沟通。这意味着酒店应当采取更加直接、主动的方式与客户进行互动,而非仅仅通过传统的营销渠道进行间接沟通。

通过这些精心设计的措施,客户忠诚度计划能够让客户感受到被重视和尊重,从而深化双方的合作关系,并最终达到提升品牌形象和增加销售收入的双重目的。

（二）客户忠诚度计划的步骤

一个设计良好、运营效果卓越的忠诚计划的制订可以依据以下步骤。

1. 设立门槛,激发渴望

忠诚计划应设立明确的入会门槛,如消费金额、入住频次等,以激发客户的渴望并增加计划的价值感知。万豪酒店的"万豪旅享家"计划要求客户达到一定的入住晚数或消费金额才能成为会员,这种限制型会员政策确保了酒店的服务营销资源最大限度地分配在那些回报最为丰厚的客户身上。

2. 提供与众不同的核心利益

酒店需要为忠诚计划的会员提供独特的、难以从其他地方获得的利益。这些核心利益应建立在酒店富有价值的产品和服务基础上。"希尔顿荣誉客会"会员计划提供了包括房间升级、免费早餐、延迟退房等一系列独特利益,这些利益是客户在其他酒店难以享受到的。

3. 软激励塑造情感价值

除了硬性的货币回报,酒店还应通过软激励来塑造忠诚计划的情感价值。例如,设计客户互动参与的晚会、主题活动等,这些活动能够提供除了货币价值之外的其他期望价值,增强客户的归属感和忠诚度。四季酒店就经常为其会员举办各种社交和文化活动,如艺术展览、音乐会等,这些活动极大地提升了会员的情感认同。

4. 适当使用硬激励

虽然硬激励如会员积分、消费折扣等能够改善短期的客户感知,但对长期忠诚的影响有限。因此,酒店应适度使用硬激励,并将其与软激励相结合。洲际酒店的"IHG优悦会"既提供了积分累积和兑换的硬激励,也注重通过会员专属活动和服务来增强客户的情感联系。

5. 差异化服务提升会员价值

酒店应根据会员的级别和偏好提供差异化的服务和利益。例如,为高级会员提供专属的客服热线、优先预订权、定制化服务等。这种差异化服务能够让会员感受到酒店的特别关注和尊重,从而提升他们的忠诚度和价值认同。

6. 善用会员活动的影响力

精心策划的会员活动对于建立客户的交流和情感联系非常有帮助。酒店可以定期举办各种会员活动,如品酒会、烹饪课程、户外探险等,这些活动不仅能够增强会员之间的交流和互动,还能提升酒店的品牌形象和会员的归属感。

7. 提供仅限会员参与的独特活动

酒店可以通过自身的影响力和采购力实现一些特殊资源的有效控制和利用,为会员提供独特的活动体验。例如,与知名体育赛事或文化活动合作,为会员提供独家的观赛或参与机会。这种独特的活动体验能够极大地提升酒店客户俱乐部的价值认知。

8. 保持良好的会员沟通

酒店应建立通畅完善的沟通机制,定期向会员传递他们感兴趣的内容和信息。酒店可以通过电子邮件、社交媒体、直邮等方式向会员发送个性化的通信和优惠信息。这种有针对性的沟通能够增加会员的感知价值,并建立一条良好的营销通路。

9. 给予客户更多便利性和选择性

在兑换相应奖励时,酒店应从客户角度出发,提供便利的兑换方式和更多的选择性。酒店需要允许会员通过手机应用随时随地进行积分查询和兑换操作;同时,提供多样化的奖励选择,包括酒店住宿、餐饮消费、商品兑换等。这种便利性和选择性能够让会员真正获得他们想要的产品和服务。

10. 持续投入与运营优化

客户忠诚计划是一个持续运营的机制,需要酒店进行长期的投入和优化。酒店应设立专门的团队或部门来管理忠诚计划,并制定明确的战略运营和常规运营机制。同时,酒店还应定期对忠诚计划进行评估和调整,以确保其能够满足会员的需求和期望,并实现长期的营利目标。喜达屋酒店集团就为其"喜达屋优选宾客计划"设立了专门的团队进行管理和运营,并不断优化计划的内容和利益,以保持其在市场中的竞争力。

在现实中,有许多忠诚计划是很难全部达到以上标准的。事实上,即使是那些正在努力达到上述标准的忠诚计划也面临着重重压力,而不能被快速复制。这就是为了确保忠诚计划能够长期成功,酒店需要持续进行改进的原因。

二、客户忠诚度计划原则和评估

在当今竞争激烈的酒店行业中,客户忠诚计划已成为酒店吸引和保留高价值客户的关键策略。设计良好、运营效果卓越的忠诚计划不仅能够增强客户的忠诚度,还能为酒店带来持续的收益增长。

（一）酒店客户忠诚计划的原则

满足客户需求是忠诚计划成功的关键。仅仅通过促销手段和客户回馈机制是不能获得客户的长期忠诚的，酒店必须首先保证核心产品的质量满足客户的基本要求，才能通过客户俱乐部模式实现客户忠诚的战略目标。理解客户对忠诚计划的内容和奖励有什么偏好是设计一个行之有效的客户忠诚计划的关键点。也就是说，一个好的忠诚计划要求酒店首先理解客户的需求，并且在此基础上保持服务营销资源上的持续投入。酒店客户忠诚计划的制订应遵循一系列明确的原则，以确保计划的有效性和吸引力。以下是一些关键的制订原则。

1. 分级设计，满足不同层次需求

酒店应根据客户的消费金额、入住频次、反馈评价等因素，将忠诚计划分为不同级别，如一级、二级和三级忠诚计划。每一级计划都应提供不同的优惠和利益，以满足不同层次客户的需求。

一级忠诚计划主要侧重于价格刺激和额外的利益奖励。

二级忠诚计划侧重于建立客户组织，如客户俱乐部或客户协会，以更好地了解客户需求，提供个性化和人性化的产品和服务。

三级忠诚计划旨在通过提升客户转向竞争对手的机会成本，来增加客户从竞争者那里转向本酒店的潜在收益。这包括程序转换成本（如评估成本、适应成本等）、财政转换成本（如利益损失成本、金钱损失等），以及情感转换成本（如个人关系损失成本）。

2. 实际可行，确保计划切实可行

忠诚计划涉及的优惠条件必须切实可行，不能将无法实现的内容列入计划。酒店应确保所提供的优惠和利益是实际可行的，并能够在客户达到特定条件时及时兑现。

3. 提供选择，满足个性化需求

在忠诚计划中，酒店应为客户提供多种选择，以满足他们的个性化需求。例如，提供不同类型的积分兑换方式、多样化的奖励选择等，让客户能够根据自己的喜好和需求进行选择。

4. 便利兑换，简化手续和条件

对客户忠诚度的奖励必须方便兑换，避免烦琐的手续和附加条件。酒店应简化兑换流程，提供便捷的兑换方式，如通过手机应用或在线平台进行积分查询和兑换操作。

5. 控制成本，确保营利性

酒店应控制忠诚计划方案的成本与营利性，评估给予客户的优惠政策，并确定明确的目标和指标来衡量忠诚计划能够增加的营利。通过合理的成本控制和营利评估，确保忠诚计划的可持续性和长期效益。

（二）酒店客户忠诚计划的评估标准

为了评估酒店客户忠诚计划的有效性和成功程度，需要制定一套明确的评估标准。以

下是一些关键的评估标准。

1. NPS指标评估

NPS(Net Promoter Score)是一种流行的客户忠诚度评估方式。通过调查问卷的形式,询问客户向朋友推荐酒店产品和服务的可能性。根据受访者的打分情况将客户分为推荐者、被动者和贬低者三类。NPS指标可以在一定程度上反映酒店当前及未来一段时间内的发展趋势及营利能力。然而,NPS也存在缺陷,如难以收集全面的客户反馈信息、无法深入挖掘负面评论的根本原因等。因此,在使用NPS指标时,酒店应结合其他评估标准和客户信息来进行综合分析。

2. 客户反馈与满意度调查

除NPS指标外,酒店还应定期进行客户反馈和满意度调查。通过收集客户对忠诚计划的意见和建议,了解他们对计划的感知和满意度水平。这可以帮助酒店发现计划中存在的问题和不足,并及时进行改进和优化。

3. 客户行为与消费数据分析

酒店应通过客户行为和消费数据的分析来评估忠诚计划的有效性。例如,分析客户的入住频次、消费金额、积分兑换情况等数据,以了解他们在计划中的参与程度和忠诚度变化。这些数据可以为酒店提供有价值的洞察,帮助它们更好地了解客户的需求和行为模式,并据此调整忠诚计划的内容和策略。

4. 与竞争对手计划的比较分析

酒店还应将自己的忠诚计划与竞争对手进行比较分析。通过了解竞争对手的计划内容和优惠条件,酒店可以评估自己在市场中的竞争力和吸引力。这有助于酒店发现自己的优势和劣势,并据此制定更具竞争力的忠诚计划策略。

三、酒店忠诚管理策略与方法

在酒店管理中,忠诚管理策略与方法引领着行业前行的方向。它们不仅关乎客户关系的深度与广度,更直接影响到酒店的品牌形象与营利能力。下面将从酒店组织、服务、员工、客户四个层面对酒店忠诚管理策略与方法进行详细的论述。

(一)组织层面

第一,重新调整酒店的业务流程,合理分配和利用资源。在酒店忠诚管理的战略蓝图中,重新调整业务流程与资源配置是基石。这要求酒店必须重新审视和优化已有的运作过程,保证各项服务能够有效地与客户的需要相匹配,并对人力、物力等资源进行精确的配置,以最小的成本获得最大的客户满意度。在这个过程中,跨部门协作是非常重要的,它可以打破信息孤岛,实现资源共享,从而使酒店能更加灵活地对市场的变化做出反应,快速响应客户个性化需求。

第二,优化酒店组织结构,形成便于客户关系管理工作的信息传播体系,推动忠诚计划

不断深入。万豪集团通过构建以客户为中心的组织架构，实现了从管理层到一线员工的无缝对接，确保客户的心声能直达决策层，同时赋予一线员工更多自主权，以便他们能及时调整服务策略，满足客户的即时需求。这种扁平化、灵活性的管理模式，不仅提升了工作效率，更增强了团队的整体战斗力。

第三，运用数据库技术，使服务人员更加清晰客户需求，实现精准服务和个性化服务。酒店可以建立全面、动态的客户数据库，详细记录每位客户的偏好和购买历史，并且对客户行为进行深度剖析。当客户再次入住时，酒店员工可以通过数据库迅速了解客户的喜好，并为其提供定制化的服务。比如，酒店可以根据客户的过往消费记录和偏好，预先为其定制专属房间布置、餐饮安排等，使客户每次入住时都能感受到惊喜和温暖，进而加深对酒店的情感连接，提升忠诚度。

（二）服务层面

在竞争激烈的酒店行业，服务层面的优化至关重要。酒店需精准洞悉客户价值取向，通过消费数据与调研挖掘需求，定制服务；掌握沟通技巧，利用多种渠道及时准确传递信息；提供差异化、定制化服务，在细节处展现人文关怀；高效处理客户投诉，快速响应并解决问题。

第一，精准洞悉客户价值取向，找到兴趣点。面对日益激烈的市场竞争，酒店若想脱颖而出，首要之务便是精准识别并深入了解每位客户的价值取向与兴趣所在。这要求酒店不仅要关注客户的消费行为数据，如消费频次、金额、偏好等，更要通过问卷调查、访谈交流等方式，深入挖掘客户的内在需求与潜在期望。正如希尔顿酒店所实践的那样，通过大数据分析，他们成功锁定了那些高价值、高忠诚度的核心客户群体，并据此制定了一系列定制化的服务与折扣政策。这一做法不仅增强了客户的归属感与满意度，更为酒店带来了持续稳定的收益增长。

第二，掌握沟通技巧，提升服务质量，改善客户体验。沟通是连接酒店与客户的桥梁，更是提升服务质量、改善客户体验的重要手段。酒店员工需要学会有效的沟通技巧，包括倾听、表达和理解客户的需求。经过专业的沟通技巧培训，洲际酒店的员工学会了如何迅速响应客户需求、提供个性化建议，并在沟通过程中展现出极强的同理心、专业素养与职业精神。酒店还充分利用现代技术，如社交媒体、电子邮件、无线电话等，拓宽了与客户的沟通渠道，确保信息传递的及时性与准确性。这种全方位、多渠道的沟通模式大大提升了客户的服务体验与满意度。

第三，差异化、定制化服务，超越客户期望。在客户需求日益多样化的今天，差异化与定制化服务已成为酒店行业的一大趋势。瑞吉酒店凭借其卓越的创新能力与精细化的服务管理，不断为客户带来超出预期的惊喜与感动。无论是免费的香槟、定制化的房间布置，还是贴心的生日祝福、个性化的旅行建议，瑞吉酒店总能在细节之处彰显其独特的品牌魅力与人文关怀。这种超越客户期望的服务模式，不仅加深了客户对酒店的情感认同与忠诚度，更为酒店赢得了良好的口碑与声誉。

第四，快速解决投诉，安抚不满情绪。客户投诉是酒店服务过程中难以避免的一环，但如何妥善处理这些投诉，却直接关系到酒店的品牌形象与客户关系。不满意的客户中只有很少一部分会向酒店投诉;而大部分不满意的客户会选择沉默,并通过其他方式表达自己的不满。因此,酒店必须快速解决客户的投诉,并尽力安抚那些不满的客户。

丽思卡尔顿酒店以其卓越的投诉处理机制而享有极高声誉。当客户提出投诉时,酒店员工能够迅速响应、积极应对,并在第一时间向客户道歉并寻求解决方案。如果问题较为复杂或难以立即解决,酒店还会启动应急机制,确保问题能够得到及时有效的处理。这种高效、负责的态度不仅赢得了客户的信任与理解,更为酒店赢得了宝贵的口碑与忠诚度。

(三)员工层面

培养员工忠诚度,重视员工的桥梁作用。在酒店的忠诚管理策略中,员工层面的重视是核心之一。员工不仅是服务的提供者,更是酒店与客户间情感传递的桥梁。如果员工对酒店不忠诚或不满意,他们很难为客户提供优质的服务。因此,酒店在培养客户忠诚的过程中,还应重视内部员工的管理,提高员工的满意度和忠诚度。

第一,营造温馨、尊重的工作环境,让员工感受到自己是酒店大家庭中不可或缺的一员。通过定期的培训与进修机会,提升员工的专业技能,同时增强他们对酒店的归属感和自豪感。丽思卡尔顿酒店深谙此道,他们不仅提供行业内领先的薪酬福利,更重视员工的个人成长与职业发展。这种全方位的关怀,让员工在工作中充满热情与动力,自然能以更加饱满的状态面对每一位客人,提供超越期待的服务体验。

第二,提升酒店员工素质,保障服务质量。酒店鼓励员工亲身体验酒店的产品与服务,以便更好地了解客户的需求和期望,是发现问题、优化流程的关键。员工的第一手反馈,如同镜子般映照出酒店的真实面貌,能有针对性地提高服务质量并且帮助管理层及时调整策略,确保每一个细节都能满足甚至超越客户的期望。

第三,简化流程、加强培训、改善环境。面对客户可能遇到的系统性障碍如排队时间长、服务效率慢、环境恶劣及标志不清等的抱怨等,或者员工举止欠妥的人为失误,酒店需采取果断措施,简化流程、加强培训、改善环境,减少一切可能降低客户满意度的因素。员工的每一次微笑、每一次耐心解答,都是构建良好口碑的基石。通过不懈的努力,酒店能够赢得客户的信任与忠诚,实现业务的持续繁荣。

(四)客户层面

从客户层面来看,酒店应该精准定位核心客户,依据客户价值提供专属服务,以此提升酒店业绩;搭建多层次客户联系,通过多元互动,传递温暖关怀,增强客户黏性;强化退出管理,分析客户流失原因、制定精准改进措施,有效降低流失率,提升客户满意度。

第一,运用二八法则,精准识别并服务核心客户。酒店业中的二八法则揭示了这样一个现象:少数核心客户贡献了大部分的收入与利润。因此,精准识别并服务于这些高价值客户,是提升酒店整体业绩的关键。酒店应跟踪和细分客户,并根据客户的价值大小来提供有针对性的产品和服务。

第二,建立多层次的客户联系,深化情感纽带。单一的沟通渠道难以满足客户日益增长的多元化需求。理想的情况是酒店与客户之间有多层的联系,并且这些联系的信息能够得到整合。香格里拉酒店通过构建多层次的客户联系网络,实现了与客户的全方位互动。从销售人员与客户的一对一沟通,到组织丰富多彩的联谊会、座谈会等活动,香格里拉酒店不仅传递了酒店的温暖与关怀,更让客户在轻松愉快的氛围中深入了解酒店的文化与服务理念。这种深度交流不仅增强了客户对酒店的认同感与归属感,还激发他们成为品牌传播者的热情,为酒店带来了更多潜在的优质客户。

第三,加强退出管理,减少客户流失。客户流失是酒店无法回避的问题,但通过科学的退出管理策略,酒店可以最大限度地减少这一损失。为了减少客户流失,酒店需要认真分析客户退出的原因,并总结经验教训。通过改进产品和服务,酒店可以重新建立起与这些客户的正常业务关系。瑞吉酒店在这一方面展现出了卓越的能力。他们通过定期分析客户流失数据,深入剖析流失原因,如服务质量不佳、价格过高、竞争对手吸引等,并据此制定针对性的改进措施。针对服务质量问题,瑞吉酒店会加强员工培训与监督,确保每位员工都能以最佳状态为客人提供服务;针对价格敏感型客户流失,瑞吉酒店则会灵活调整价格策略或推出更多优惠活动,以吸引客户回流。通过这些精准有效的措施,瑞吉酒店不仅成功降低了客户流失率,还提升了客户的整体满意度与忠诚度。

典型案例　　　　国际酒店集团的会员体系

国际连锁酒店集团的竞争优势之一是庞大的会员人数,增加会员数量的一大法宝就是会员忠诚度计划。会员忠诚度计划在国际连锁酒店集团的运营中占据举足轻重的地位。它不仅是吸引并留住顾客的关键策略,更是提升酒店出租率、增强业主信心的有效手段。想象一下,拥有千万级会员的品牌,即便仅有极小比例的会员选择入住,也能为酒店带来可观的客流量,从而显著提升出租率。这种稳定的客源基础,对酒店而言无疑是宝贵的资产。

更重要的是,庞大的会员群体还为酒店品牌开辟了新的收入渠道。通过与各行业合作伙伴的紧密联动,酒店能够跨界拓展,实现收入来源的多元化。Accor的CEO说,Marriott、Hilton、InterContinental这些酒店品牌凭借与其他行业合作获得2.5亿到6亿美元的收入,而Accor在这方面的收入只有600万。在Accor从2021年起推出新会员方案之后,该集团的营收得到了大幅改善。这充分证明了会员忠诚度计划对提升酒店集团整体营收的巨大潜力。

会员忠诚度计划不仅是增加会员数量的重要途径,更是酒店品牌实现可持续发展、提升竞争力的关键所在。接下来将介绍国际连锁酒店优秀的客户忠诚度计划的运作机制与独特魅力,揭示其如何成为酒店业界的制胜法宝。

万豪国际的会员计划名为万豪旅享家(Marriott Bonvoy),这是在2019年推出的,该计划由三大品牌共同组成,分别是"万豪礼赏""丽思卡尔顿礼赏"和"SPG俱乐部"。除此以外,万豪旅享家计划为会员提供了一系列的福利和奖励,包括房间升级、会员专享价格、迟延退房、免费 Wi-Fi 等。此外,会员可以通过住宿、餐饮、会议和活动等消费累积积分用于上述活动。万豪旅享家会员还可以通过与航空公司的合作伙伴关系将积分转换为航空里程,匹配航空公司会籍(比如万豪白金及以上等级会员可以匹配国泰航空银卡会员),以及参与其他合作品牌的优惠活动。会员等级分为会员、银卡会员、金卡会员、白金卡会员、钛金卡会员和大使卡会员。加入万豪会员计划的核心权益主要有积分权益,如兑换免费酒店房晚;积分预订邮轮、航班、出租;积分兑换科技新品,时尚好物,礼品卡等。此外,"非凡时刻"活动为会员提供了丰富的活动体验,如各类门票的 VIP 入场券、包厢使用权等等。会员还能享受免费行政酒廊特权,在行政酒廊内,会员可免费享用早餐、下午茶以及欢乐时光饮品等。

雅高常旅客计划为雅高心悦界会员忠诚计划(Accor Live Limitless,ALL),它的口号是"雅高心悦界,心无界,处处悦界"。其会员等级分为经典卡(CLASSIC)、银卡(SLIVER)、金卡(GOLD)、白金卡(PLATINUM)、钻石卡(DIAMOND)以及心悦卡(邀请制)。值得注意的是,在中国大陆地区,经济和中高端品牌中的宜必思和美居酒店,其运营归属华住酒店集团(雅高也是该集团的股东之一)。不过,宜必思并不参与雅高的常旅客计划,而是加入了华住会的计划;美居酒店的住客则可以累积房晚积分到雅高的账户中。金卡会员可以享受单人早餐以及房型升级(一般严格限定为上升一级)的权益。白金卡会员则能享受双人早餐、套房升级(视酒店情况而定)、行政酒廊使用权(费尔蒙酒店金尊酒廊除外),以及免费的 Mini Bar 服务。钻石卡会员除了享有白金卡的所有权益外,每次入住还能获得100欧元的餐饮及水疗消费额度奖励。在会员折扣方面,从银卡级别开始,会员在酒店内的餐饮消费可享受85折优惠;银卡和金卡会员在预订房间时可享受9折优惠;而钻石卡和心悦卡会员则能享受85折的房费优惠。这些优惠只要通过官网或官方 APP 预订,即可直接体现在会员价格中。

严格说来,洲际酒店只有两个会员计划,一个是商悦会,一个是优悦会,大使贵宾计划更多的是常客们用来快速升级的跳板。优悦会会员计划提供了丰富的等级礼遇和进阶奖赏。会员等级分为普通会员、银卡、金卡、白金卡及钻石卡。普通会员享受基本福利,如积分累积和房型升级机会。银卡会员则需入住满10晚,额外获得积分奖励。金卡会员则需入住20晚或积累4万积分,享有更多房型升级和额外积分奖励。白金卡会员入住40晚或累积6万积分,除了前述权益,还包含免费早餐、行政酒廊使用权等高级礼遇。最高等级的钻石卡会员,需入住70晚或累积12万积分,享有双人早餐、客房升级等顶级服务。进阶奖赏则根据入住晚数,每多10晚可选取额外礼遇,如套房券、行政酒廊使用权等。

万豪国际与喜达屋合并后推出的统一忠诚计划,不仅简化了会员体系,还通过整合原有三大品牌(万豪礼赏、SPG、丽思卡尔顿礼赏)的会员资源,实现了会员权益的最大化。这种整合不仅避免了客户在不同品牌间选择的困惑,还通过统一积分系统和会员等级制度,增强了会员的归属感和忠诚度。数据显示,合并后的

万豪旅享家迅速成为全球范围内具有显著规模的酒店忠诚计划之一,会员数量激增,反映出统一计划对客户的强大吸引力。

国际连锁酒店的客户忠诚计划提供了丰富的会员权益与奖励,包括房间升级、会员专享价格、迟延退房、免费Wi-Fi在内的多项基础权益,同时还设置了积分兑换机制,允许会员将积分用于兑换免费房晚、邮轮、航班、科技产品等多样化选择。这种多元化的奖励体系极大地满足了不同会员的需求,提升了参与度和满意度。国际连锁酒店还通过广泛的合作伙伴关系,将忠诚计划延伸至航空、租车、餐饮等多个领域,为会员提供更多元化的积分累积和兑换选择。这种跨界合作不仅拓宽了积分的使用场景,还增强了会员计划的吸引力,使得会员在享受旅行服务的同时,也能在其他生活场景中感受到会员身份的价值。特别是积分与航空公司里程的互换功能,进一步拓宽了会员权益的边界,增强了计划的吸引力。

国际连锁酒店普遍采用等级分明的会员体系,如万豪的六级会员制度(会员至大使卡会员)和雅高的五级加心悦卡制度,通过不同的入住次数或积分累积来划分会员等级,并赋予相应等级的专属礼遇。这种设计既激励了会员的忠诚行为(如频繁入住),又通过提供差异化的服务体验(如白金卡会员的行政酒廊使用权)来增强高端会员的尊贵感。相关数据显示,随着会员等级的提升,会员的复购率和推荐意愿均显著增加。

在国际连锁酒店的经营理念中,客户忠诚度计划不仅仅是一种营销策略,更是其品牌形象塑造和客户关系管理的重要组成部分。统一品牌整合、丰富的会员权益、数据驱动的个性化服务等各种服务共同作用,使忠诚度计划成为酒店行业吸引和保留客户、提高品牌竞争力的关键工具。随着科技的不断进步和消费者行为模式的日益多变,未来的客户忠诚度计划也将继续进化,以适应新的市场挑战和消费者期望。

(资料来源:中国旅游饭店业协会《五大酒店集团全新会员体系对比》。)

思考与练习

1. 如何理解酒店客户忠诚的具体含义,并且识别在酒店服务场景中客户忠诚的具体表现?

2. 结合具体案例分析酒店客户忠诚对酒店长期经营的重要性。

3. 酒店如何根据不同类型的客户忠诚进行奖励计划来维护客户关系?

4. 根据酒店服务的具体情况分别讨论酒店客户忠诚的衡量指标。

5. 结合酒店实际运营情况分析酒店客户忠诚的影响因素并讨论这些因素如何相互作用影响客户忠诚。

6. 结合酒店业发展趋势,探讨如何运用创新策略和方法来提高客户忠诚度。

扫码看
答案

第九章 →

酒店客户关系管理质量评估

学习目标

1. 理解客户关系管理质量的定义与重要性
2. 掌握酒店客户关系质量评估方法
3. 熟悉酒店客户关系质量管理提升策略

核心概念

酒店客户关系管理质量(Quality of Hotel Customer Relationship Management)

客户关系管理质量差距(Quality Gap in Customer Relationship Management)

酒店客户洞察(Hotel Customer Insights)

酒店可持续发展(Sustainable Development of Hotel)

在全球化与数字化浪潮的推动下,酒店行业正经历着前所未有的变革。客户关系管理,作为酒店运营的核心环节,其质量直接关系到酒店的品牌形象、市场竞争力以及长期营利能力。客户关系管理质量与先前章节涉及的酒店客户满意度、酒店客户忠诚度密切相关。本章将探讨酒店客户关系管理质量评估的内容,提供有效的评估工具和方法。

第一节　酒店客户关系管理质量概述

酒店客户管理质量是通过建立和维护良好的客户关系,以提高客户忠诚度、增加客户价值和促进业务增长的一系列策略和实践。

一、酒店客户关系管理质量的定义

何为质量？在全球公认的视角下,质量指的是产品、服务或过程所具备的特征

和特性,这些特征和特性旨在满足或超越客户明确提出的期望和需求,同时也涵盖那些虽未明确但隐含的期望和需求。质量的定义强调了以客户为中心的服务理念。

酒店客户关系管理提供的服务不仅要符合客户明确表达的要求,还要能够洞察并满足他们未言明的期待。在酒店客户关系管理中,高质量的客户管理不仅仅体现在硬件设施的豪华程度或基本服务的顺畅执行上,更在于酒店能否深刻理解每一位客户的个性化需求,从预订、入住、到退房后的关怀,每一个环节都力求做到细致入微、贴心周到。

简而言之,酒店客户关系管理质量是指酒店在客户关系管理过程中,通过一系列策略、措施和流程,以确保客户获得高质量、个性化的服务体验,从而提升客户满意度和忠诚度的一种能力。

二、酒店客户关系管理能力的构成

(一)客户洞察力

深度洞察客户是提升酒店客户关系管理质量的核心策略。客户洞察不仅是对目标客户的识别,更是对其消费偏好和行为习惯进行深入探索的过程。了解每位客户独特的潜在生命周期价值,有助于酒店制定更有针对性的服务策略,并优先投资于最具潜在营利性的客户关系。

酒店客户洞察力,指的是酒店通过综合运用多样化的数据收集与分析手段,结合对客户行为的细致观察与反馈收集,深化对客户的理解并预测其未来需求变化的能力。酒店客户洞察力不仅依赖于先进的数据分析技术,如大数据处理、人工智能算法等,还需要酒店团队具备敏锐的市场感知力。为提升客户洞察力,酒店应致力于构建全面的客户数据体系,包括客户基本信息、交易记录、互动反馈等。同时,还应加强数据分析团队的建设,提升其对数据的解读能力,确保能够从广袤的数据中提炼出有价值的客户信息。

酒店客户价值的核心在于宾客入住体验及消费过程中所累积的全方位满足感。从微观层面而言,创造价值不仅体现在客房设施与服务的完善上,更在于提供个性化的入住体验与便捷的服务流程。传递价值则侧重于简化预订、入住、离店等各个环节,同时有效沟通酒店特色与服务信息,深化与宾客的情感联结。在当今酒店业竞争日益激烈、细微差异决定胜败的背景下,人员服务、运营流程及个性化服务已成为塑造客户价值的关键要素。创造与传递客户价值的过程紧密交织,通过高效、贴心的服务减少宾客时间成本,提升满意度,本身就是对宾客价值的增值。

(二)创造和传递客户价值的能力

高质量的酒店客户关系管理不仅涉及客户在入住期间的即时体验,更侧重于建立长期且稳定的客户关系,确保宾客的每次光临都能获得超越预期的价值体验。酒店客户价值,指的是客户在入住及消费过程中获得的全部利益,其核心在于客户在各个环节中所累积的满足感。酒店的价值不仅体现在客房设施与服务的完善上,更在于提供个性化的入住体验与便捷的服务流程。酒店的价值传递则侧重于简化预订、入住、离店等各个环节,同时有效地传达酒店特色与周到服务信息,深化与客户的情感联结。在竞争日益激烈的酒店业中,细微的差异往往决定成败。服务、流程、人、分销、价格已成为塑造客户价值的关键要素。创造与传递客户价值的过程紧密交织,通过高效、贴心的服务减少客户的时间成本,提升满意度,进而实现客户价值增值。这一过程源于对酒店客户需求的深刻理解与精准把握,旨在从客户的个性化需求出发,提供定制化服务。

酒店创造和传递客户价值的能力大小,取决于酒店在实现客户价值与企业价值双赢方面的程度。这要求酒店不仅需要具备吸引宾客的营销策略,还需具备高效生产个性化服务产品的能力,以及与合作伙伴(如旅行社、在线预订平台等)紧密协作、快速响应市场需求的能力。员工在这一过程中扮演着关键角色,其服务意识与专业能力直接影响客户体验的质量。因此,持续的员工培训、将员工表现与客户满意度紧密结合,是客户管理质量的基石。此外,酒店内部各部门的紧密协作,以及与供应商、分销商等外部伙伴的有效合作,对于提升服务效率、拓宽市场渠道、加速产品创新至关重要。通过构建稳固的合作关系网络,酒店能够更迅速地响应市场变化,更精准地把握宾客需求,从而在激烈的市场竞争中脱颖而出。

(三)管理客户生命周期的能力

酒店客户生命周期是指从吸引潜在客户开始,经历客户的成长与成熟阶段,随后进入关系维护期,可能面临关系衰退,最终导致客户流失的全过程。根据酒店业特性,酒店客户生命周期管理的重心在于客户入住之后,通过细致入微的服务与关怀,深化与客户的情感纽带,促进长期合作关系的建立。在客户退房后,酒店业应采用多元沟通渠道,如电话回访、社交媒体互动、电子邮件消息、会员专属活动等,确保与客户的持续联系,让客户感受到关怀与尊重。在评估客户关系时,除了传统的入住率分析和满意度调查,还应考虑客户忠诚度提升的成本效益、复购率及口碑传播等新型绩效指标,以更全面地衡量客户关系的健康状况。针对处于不同生命周期阶段的客户,酒店应实施差异化的客户忠诚度计划。例如,为新会员提供首次入住优惠,为老会员定制专属礼遇,如免费升级房型、延迟退房等。同时,密切关注客户的消费习惯与偏好变化,通过数据分析预测客户需求,提前布局,以避免因服务不匹配而导致客户流失。

酒店管理客户关系生命周期的能力,实质上是对目标客户群体进行深度培育与维系的艺术。它要求酒店不仅具备创造卓越住宿体验的能力,还需掌握与客户建立情感连接、实现个性化服务的能力。客户关怀不仅限于节日祝福、生日惊喜等举动,更应体现在时刻的贴心提醒与建议,如旅游行程规划、当地美食推荐等,使客户感受到酒店如同旅途中的知己。产品关怀则体现在住宿前后的全方位服务上,包括入住前的个性化房间布置、入住期间的即时问题解决以及退房后的满意度调查和后续关怀。此外,通过智能系统分析客户消费行为,适时推荐符合其偏好的酒店服务与产品,如SPA体验、餐饮特惠等,进一步加深客户对酒店的认同感与依赖度。

（四）持续改进与创新能力

在酒店客户管理领域,持续改进与创新能力是推动酒店服务质量提升和保持竞争力的不竭动力。面对日益激烈的市场竞争和不断变化的客户需求,酒店必须建立并强化这一能力,以确保其客户管理质量始终处于行业前沿。

持续改进不仅仅是对现有服务和产品的局部调整,而是一种系统性的、前瞻性的变革思维。酒店需设立专门的质量管理部门或团队,负责定期审视服务流程、客户反馈及市场趋势,及时发现并识别潜在的问题与改进空间。通过数据分析、案例研究和行业对标等多种手段,酒店能够精准定位问题根源,制定并实施科学的改进方案。

创新能力则是酒店持续发展的关键所在。在快速变化的市场环境中,酒店必须勇于尝试新的服务模式、技术工具和管理理念,以不断满足客户的新需求和新期待。例如,酒店可以引入智能化服务系统,如AI客服、服务机器人和自助入住/退房机等。

为了实现持续改进与创新的良性循环,酒店还需构建一种鼓励创新、包容失败的文化氛围。酒店的企业文化应当鼓励员工勇于提出新的想法和建议,即使未能成功实施,也应得到尊重与肯定。同时,酒店还应为员工提供必要的培训,帮助其掌握新的技能和知识,以更好地适应客户需求变化。

三、评估酒店客户关系管理质量的重要性

（一）增强客户满意度与忠诚度

客户满意度是衡量酒店客户管理质量的核心指标之一。通过全面的客户管理质量评估,酒店能够深入了解客户的真实感受,包括房间舒适度、服务态度、餐饮质量、设施便利性等多个方面。以此促使酒店能够针对性地改进服务,以满足客户的个性化需求。当客户感受到酒店的关怀和努力,其满意度自然会提升,进而转化为更高水平的忠诚度。忠诚客户不仅会频繁选择该酒店作为入住首选,还会通过口碑传播吸引更多潜在客户,为酒店带来一定的客源和收入。

（二）优化服务流程与提升效率

通过客户管理质量评估,酒店能够发现服务流程中的瓶颈和不足之处,如入住手续办理烦琐、客房清洁效率低下、餐饮服务响应速度慢等。针对这些问题,酒店可以制定具体的改进措施,如引入自助入住系统简化入住流程、优化客房清洁流程提高效率、加强餐饮服务人员的培训提升响应速度等。这些优化措施不仅能够提升客户体验,还能提高酒店运营的效率,降低人力和物力成本,为酒店创造更大的价值。

（三）精准市场定位与营销策略

在竞争激烈的酒店市场中,精准的市场定位和有效的营销策略至关重要。通过客户管

理质量评估,酒店可以收集并分析客户的消费习惯、偏好和需求等信息,进而明确目标客户群体和市场需求。基于这些信息,酒店可以制定更加精准的市场定位和营销策略,如针对商务旅客推出高端商务套房和会议室服务、针对家庭游客提供亲子活动和儿童游乐设施等。这些精准的策略能够吸引更多目标客户群体,提高市场占有率,为酒店带来更多的收益。

（四）促进产品与服务创新

客户反馈是酒店创新的重要源泉。通过客户管理质量评估,酒店可以收集到大量来自客户的意见和建议。酒店组织专门的团队对这些意见和建议进行分析和整理,发现客户需求新趋势,进而推动产品和服务的创新。例如,引入智能客房控制系统、开发特色餐饮菜品、推出个性化旅游线路等。这些创新不仅能够提升客户体验,还能增强酒店的品牌竞争力和市场吸引力。

（五）提高风险管理能力

通过客户管理质量评估,酒店能够及时发现并识别潜在的风险因素,如客户投诉的集中点、服务质量的下滑趋势等。针对这些风险因素,酒店可以制定相应的预防和纠正措施,如加强员工培训提升服务质量、完善客户投诉处理机制等。这些措施能够有效降低风险发生的概率,保护酒店的品牌形象和利益。同时,通过持续的客户管理质量评估,酒店还能够不断提升自身的风险管理能力,为未来的发展奠定坚实的基础。

209

（六）形成数据驱动的决策制定

在数字化时代,数据已经成为企业决策的重要依据。客户管理质量评估收集到的数据为酒店管理层提供了丰富的信息来源。通过对这些数据的分析和挖掘,酒店管理层可以更加深入地了解市场趋势和客户需求变化,从而制定出更加科学、合理的经营决策。这种数据驱动的决策制定方式不仅能够提高决策的准确性和有效性,还能够降低决策过程中的主观性和盲目性风险。

（七）提升员工积极性与归属感

通过客户管理质量评估并不断优化服务流程和质量,酒店能够为员工创造更好的工作环境。当员工得到客户的认可和赞赏时,其工作积极性和归属感将得到提升。这种积极的心态和归属感会促使员工更加努力地工作和服务客户,形成良性循环。同时,酒店还可以通过制定激励机制和奖励政策来进一步激发工的积极性和创造性,为酒店的发展贡献更多的智慧和力量。

典型案例　　中旅酒店完善服务质量管控体系

中国旅游集团酒店控股有限公司(以下简称"中旅酒店")是集团酒店运营事

业群的主体公司。中旅酒店依托中国旅游集团资源平台和品牌背书,融汇国际先进的酒店管理经验与中国厚重的历史文化底蕴,致力于以与时俱进的品质尊享服务彰显精益求精的民族品牌魅力。为加强公司本部及所属各酒店的品质管理工作,中旅酒店通过建立品质管理制度、开展服务品质管控工作等,持续提升产品和服务质量,不断提高客户满意度,为中旅酒店实现"诚信经营、优质服务"和高质量发展目标奠定了基础。

一、制定品质管理制度,提高服务质量水平

在参考业界品质管理先进管理理念及借鉴优秀管理案例的基础上,中旅酒店制定了品质管理制度,建立了BSA、GSS、SSA等系统,从品牌标准贯彻、宾客满意度管理、食品及生命安全管理等方面,详细规范了日常品质管理工作的要求,使得服务质量管控形成体系。

1.规范并提升酒店品牌与服务标准(BSA)

结合品牌标准操作流程(SOP)和运营标准手册,中旅酒店建立了自己的BSA标准,严格要求旗下酒店提供高标准的服务质量,并逐年根据政策调整及顾客反馈不断进行更新。

2.持续关注客人反馈提升宾客满意(GSS)

在了解客人需求的基础上,不断优化完善酒店的服务产品和服务流程;通过多种宾客反馈途径,客观地了解酒店的服务和管理水平,并根据宾客反馈的问题和建议,及时进行服务跟进和补救,以提高宾客满意度。

3.提升酒店食品安全管理水平

通过SSA食品卫生与安全审核体系(FSMS),规范酒店食品安全操作标准,并根据审核报告对酒店日常管理食品安全的各个环节和预防食品安全风险过程中应采取的跟进行动,提供操作性强的指导意见和建议。

4.提升酒店消防与生命安全管理水平

通过SSA消防与生命安全审核体系(F&LS),帮助酒店识别现有的问题和潜在风险点,根据审核报告进行后续跟踪、整改,最大限度地提高酒店安全生产等级。

二、制定、落实具体举措,将服务质量提升贯彻到底

1.设立专兼职品管队伍

各酒店成立品质管理工作小组,负责对客服务和内部质量管理的检查、评估、整改、提升等。

2.服务质量评价纳入考核体系,坚决推进优质服务

中旅酒店坚持把对服务质量的要求纳入考核之中,一方面强化对客户满意度

结果的考核,通过对GSS问卷反馈、第三方OTA网上舆评得分的目标考核,督促酒店提升服务水平;另一方面通过BSA(品牌标准审计)来规范酒店的产品和服务标准。

3.在线舆情维护

舆情维护是集团声誉维护的重要手段之一,根据制度要求各酒店每日须查看在各社交平台上的宾客点评,对点评中提到的表扬,及时进行分享;对点评中提到的问题,涉及部门须查找根源,落实整改措施。事业群每日通过看板系统监控各酒店在线舆情,重点关注低分酒店的点评情况,并给出数据分析,帮助酒店进行专项提升。

4.GSS心旅宾客满意度调查系统

GSS是中旅酒店自主开发的客户反馈系统,旨在打造客人与酒店直接沟通的反馈平台。酒店按照要求在相关位置摆放纸质或电子二维码展示模板,鼓励所有一线对客员工邀请客人参与宾客满意度问卷调查;事业群为每家酒店制定GSS月度/年度目标;酒店每天查看GSS网站上最新的宾客反馈,在24小时内对网站上的低分问卷做出回复;品管负责人每月在服务质量分析会分享GSS月度得分与表现。

5.打造SSA消防与生命安全和食品卫生审核体系

SSA系统负责人牵头开展SSA定期自查工作,每月进行一次食品安全自查,每季度进行一次消防与生命安全自查,进行现场评估并实时记录评估结果,进而生成自查报告提交事业群。

6.打造BSA品牌与服务标准审核体系

BSA采用第三方审核与酒店自查两种形式,确保各酒店执行服务标准与品牌标准方面的合规性与一致性。

通过以上对服务品质的关注和管理,中旅酒店品牌客户满意度不断提升。

(资料来源:中国旅游集团《运营管理:中旅酒店完善服务质量管控体系,聚焦提升对客优质服务》。)

第二节　酒店客户关系管理质量评价方法

评价酒店客户管理质量是一个全面而细致、多维度交织的系统性过程,它深入剖析酒店与客户互动的每一个细微环节,旨在精准把握并有效满足客户的多元化需求,进而促进客户满意度的提升与长期忠诚度的培养,为酒店的可持续发展奠定坚实基础。

一、酒店客户关系管理质量评价流程

（一）准备阶段

1.明确评估目标与标准

在评估之初，首要任务是细化评估目标，明确要针对哪些客户群体（如商务客户、家庭客户）进行满意度提升。随后，设定一系列可量化的评估标准，如客户满意度得分需达到××分以上，确保投诉处理时间不超过××小时等，以便准确衡量客户管理的成效。

2.组建跨职能评估团队

为了确保评估的全面性和专业性，需精心组建一支跨职能的评估团队。团队成员来自酒店的不同部门（前台、客房、餐饮、销售等），各自带着独特的视角和经验加入团队。同时，邀请外部专家或顾问参与，他们的行业最佳实践和第三方视角为评估工作增添了新的维度。

3.制定详细评估框架

为了确保评估过程的标准化和系统性，应制定详细的评估框架。这包括设计评估问卷、访谈指南、观察表格等一系列工具，以全面收集和分析客户管理方面的数据。同时，明确评估的时间线，包括数据收集、分析、报告撰写和反馈等关键节点，确保整个评估流程有条不紊地进行。

（二）评估实施阶段

1.深入服务流程诊断

在评估实施阶段，采用流程图、鱼骨图等工具对酒店的服务流程进行细致分析。通过这一过程，酒店可以识别出服务流程中的瓶颈和冗余环节。为更深入地了解实际操作中的难点和痛点，可邀请一线员工参与流程讨论，他们的宝贵意见为评估提供了重要参考。

2.技术平台与工具评估

在客户管理中，技术平台和工具至关重要。因此，酒店需要对CRM系统、数据分析工具等技术平台进行深入评估。关注平台的功能和易用性，确保其能够满足酒店当前的客户管理需求。同时，积极探索新技术或工具的应用潜力，如人工智能客服、大数据分析等，以期在未来进一步提升客户管理质量。

3.客户细分与个性化服务评估

为了更好地满足不同客户群体的需求，酒店需要根据客户数据进行细分。通过这一过程，酒店能深入了解不同客户群体的需求和偏好。随后，对当前个性化服务的实施效果进行评估，识别出哪些策略有效，哪些需要调整或优化，这些措施有助于实现客户满意度的提升。

（三）评估报告阶段

1.数据可视化

采用图表、图像等可视化手段呈现评估结果，可使报告更加直观易懂。这种方式有助于管理层快速了解评估结果并做出决策。

2.案例分析与故事化呈现

挑选具有代表性的案例或故事进行呈现，生动展示评估过程中发现的亮点和问题。这些案例不仅揭示了客户管理中的成功经验和不足之处，还提供了宝贵的反思和改进机会。

3.确定改进优先级

根据评估结果和酒店战略目标，确定改进措施的优先级和紧急程度。这有助于集中资源优先解决最关键的问题，实现客户管理质量的快速提升。

（四）持续改进阶段

1.持续监控与评估

建立客户管理质量监控体系，对改进措施的实施效果进行持续跟踪和评估。定期对评估流程进行回顾和优化，确保评估工作的有效性和准确性。这些措施有助于及时发现并纠正问题，确保客户管理质量的持续提升。

2.文化塑造与激励机制

强化以客户为中心的企业文化，通过一系列措施确保所有员工都理解并践行这一理念。设立奖励机制表彰在客户管理中表现突出的个人和团队，激发员工的积极性和创造力。

3.创新与迭代

在快速变化的市场环境中保持竞争力，鼓励创新思维和尝试新方法。不断提升客户管理质量和服务水平，密切关注市场变化和客户需求的变化，及时调整和优化客户管理策略。

二、酒店客户关系管理质量评价体系建设原则

在酒店业中，构建针对客户质量管理的CRM质量评价体系，是确保服务卓越、深化客户关系，并推动业务持续增长的关键。为了有效衡量CRM策略的执行效果，建立全面且精准的评价体系至关重要。这不仅关乎酒店当前的营利能力，更关乎其未来的市场定位、发展方向及核心竞争力的塑造。在设计酒店CRM评价体系时，应遵循以下原则。

（一）目标导向性原则

评价体系的首要原则是确保所有指标均紧密围绕酒店CRM及客户质量管理的核心目标展开。这些目标包括提升客户满意度、增强客户忠诚度、提高服务效率与质量等。通过精心设计的指标，引导酒店各部门及员工朝着共同的目标努力。

（二）定量与定性并重原则

评价体系应综合运用定量与定性指标,全面反映CRM质量管理的成效。定量指标如客户评分、复购率、投诉解决率等,能够直观展现服务效果;而定性指标如客户反馈、服务创新、员工态度等,则能深入揭示服务过程中的细节与人文关怀。

（三）短期与长期并重原则

在关注短期经济效益的同时,评价体系还需引入反映长期客户关系的指标,如客户生命周期价值、品牌忠诚度等。这有助于酒店平衡短期收益与长期投资,确保在激烈的市场竞争中保持可持续发展。

（四）财务指标与非财务指标互补原则

除了传统的财务指标外,评价体系还应纳入服务效率、顾客体验、员工满意度等非财务指标。这些指标能够揭示财务结果背后的服务过程与质量,为酒店提供更全面的管理视角和决策依据。

（五）客户与员工双重视角原则

酒店的成功离不开客户的满意与忠诚,也离不开员工的努力与奉献。因此,评价体系应同时关注客户与员工的需求与体验,确保两者之间的和谐共生。通过收集客户反馈和员工意见,不断优化服务流程与质量管理,提升整体运营水平。

（六）评估与指导相结合原则

评价体系不仅是对过去工作的总结与评定,更是对未来行动的指导与引领。通过深入分析评估结果,酒店可以发现服务过程中的不足与亮点,明确改进方向与提升重点。同时,将评估结果与员工奖惩机制相结合,激励员工积极投入CRM及客户质量管理工作。

（七）战略与战术相融合原则

在构建评价体系时,酒店应充分考虑酒店的战略目标与战术需求。既要设置反映企业战略方向的高层次指标,如市场份额增长、品牌知名度提升等,也要关注具体操作层面的细节指标,如服务响应时间、客房清洁度等。通过战略与战术的有机结合,确保客户质量管理工作的全面性与深入性。

三、酒店客户关系管理质量评价指标

本书基于RATER原则,创建了酒店客户管理质量评价指标。RATER,即信赖度(Reliability)、专业度(Assurance)、有形度(Tangibles)、同理度(Empathy)与反应度(Responsiveness)。RATER原则不仅为酒店业提供了一套科学、实用的评估标准,更是酒店不断优化服务流程、提升服务质量、增强客户满意度的行动指南。

（一）信赖度指标

信赖度是酒店客户关系质量的基石，直接决定了客户是否愿意再次选择该酒店并推荐给他人。信赖度的建立需要酒店通过长期的稳定表现与可靠承诺来赢得客户的信任。以下是信赖度评价的详细标准。

1. 服务流程的标准化与一致性

此指标指酒店是否制定并严格执行详细的服务标准与操作流程。服务的标准化和一致性是确保客户无论何时何地入住酒店，都能享受到统一高品质服务的基础。酒店需确保所有员工都经过严格培训，熟练掌握服务流程。服务的一致性不仅可以增强客户的信赖感，还能提高酒店的运营效率，减少服务过程中的错误和疏漏。

2. 兑现承诺

此指标指酒店是否认真对待并准确兑现对客户的所有承诺。无论是关于房间设施、餐饮服务、会议安排还是特殊需求，酒店都应准确无误地兑现其承诺。未能实现的承诺可能会严重损害客户的信任与酒店的声誉。因此，酒店应建立严格的承诺管理机制，对每一项承诺进行记录、跟踪与评估，确保能够按时按质完成。

3. 快速响应与有效处理突发事件

此指标指酒店是否具备完善的应急预案与响应机制，服务人员是否能够迅速识别并解决客户问题。当客户遇到问题时，酒店应能够迅速采取相应的措施予以解决。这不仅要求酒店拥有完善的应急预案与响应机制，还要求服务人员具备高度的责任心与应变能力。通过及时有效的处理，酒店能够展现其诚信与责任感，进一步巩固客户的信任基础。

（二）专业度指标

专业度是衡量酒店服务人员职业素养与专业能力的重要标尺。一个具备高度专业度的服务团队能够为客户提供超越期待的服务体验，从而增强客户的满意度与忠诚度。以下是专业度评价的详细标准。

1. 专业知识与技能

此指标指服务人员是否具备扎实的专业知识与技能。服务人员应全面了解酒店的各项服务内容、产品特性及行业标准，并熟练掌握各项服务技能。通过持续的培训与学习，服务人员能够不断提高自身的专业素养与服务水平，确保能够为客户提供专业、高效且个性化的服务。

2. 沟通技巧与服务礼仪

此指标指服务人员是否具备良好的沟通技巧，能够清晰表达与认真倾听客户需求。在服务过程中，服务人员应保持礼貌、热情且耐心的态度，注重细节关怀与个性化服务。良好的沟通技巧与服务礼仪能够帮助服务人员与客户建立良好的互动关系，增强客户的信任与

满意度。

3.责任心与敬业精神

此指标指服务人员是否以客户为中心,将客户的需求放在首位,并努力为客户提供超越期待的服务体验。在服务过程中,服务人员应始终保持积极、主动的工作态度,关注客户的每一个细节需求,确保服务的周到与细致。

(三)有形度指标

有形度是客户对酒店服务环境、设施设备及服务人员形象等直观要素的感知。高品质的服务环境能够为客户带来愉悦的感官体验,从而提升客户的满意度与忠诚度。以下是有形度评价的详细标准。

1.服务环境

此指标指酒店是否提供舒适、高雅且整洁的服务环境。从大堂到客房、从餐厅到会议室等各个区域都应进行精心的设计与布置。通过合理的空间规划、色彩搭配与装饰元素的选择,酒店能够营造出一种温馨、舒适的氛围,让客户感受到家的温暖与舒适。

2.设施设备

此指标指酒店是否配备先进、完善的设施设备,保持良好的运行状态。无论是客房的床铺、浴室用品还是餐厅的餐具、厨具等都应保持高品质与良好的运行状态。同时,酒店还应关注新技术的应用与推广,如智能客房、无人配送等,以提升服务的便捷性与科技感。这些先进的设施设备不仅能够提升客户的入住体验,还能够展现酒店的实力与品质。

3.服务人员形象

此指标指服务人员是否穿着整洁、得体的制服,保持良好的仪容仪表与言行举止。通过专业的形象展示与亲切的服务态度,服务人员能够给客户留下良好的印象。

(四)同理度指标

同理度体现了酒店服务人员对客户情感的关注与理解能力。一个具备高度同理度的服务团队能够与客户建立深厚的情感联系,从而增强客户的归属感与忠诚度。以下是同理度评价的详细标准。

1.倾听技巧与同理心

此指标指服务人员是否能够认真倾听客户需求,并设身处地地为客户着想。在沟通过程中,服务人员应保持专注与耐心,不打断客户的发言并给予适当的回应与反馈。通过倾听与关注客户的情感需求,服务人员能够更好地理解客户的处境,从而提供更加贴心与个性化的服务。

2.情感共鸣能力

此指标指服务人员是否能够感知客户情绪变化,并给予相应的关怀与支持。当客户遇到困难或问题时,服务人员应给予积极的帮助与鼓励,让客户感受到温暖与关怀。通过情感共鸣与关怀举措的提供,服务人员能够与客户之间建立起一种无形的情感纽带,让每一次的交流都充满温度与深度。

3.真诚与关怀态度

此指标指服务人员是否用真诚去回应客户的需求,表现出对客户的尊重与重视。他们不仅仅是按照标准流程提供服务,更是用心去感受客户的需求与期望,用真诚去回应客户的每一个眼神与微笑。通过真诚的交流与关怀,服务人员能够赢得客户的信任与好感,让客户感受到自己是被重视与珍视的。

(五)反应度指标

反应度是衡量酒店服务人员对客户需求响应速度与效率的关键指标。服务人员需具备高度的敏锐性与警觉性,能够迅速识别并准确理解客户的需求与意图。在客户提出需求或问题时,酒店立即采取行动给予及时有效的回应与处理。以下是反应度评价的详细标准。

1.需求响应速度

此指标指服务人员是否能够迅速识别并准确理解客户需求,立即采取行动给予及时有效的回应。高效的需求响应不仅能够提升客户的满意度与体验度,还能够展现酒店的专业性与责任感。

2.处理效率

此指标指酒店是否具备高效的服务响应机制,确保客户问题得到快速解决。服务人员是否能够在最短的时间内处理客户的问题或投诉,并及时反馈处理结果。高效的处理机制能够减少客户等待的时间,提高客户的满意度。

3.客户满意度

此指标指通过快速有效的服务响应,客户的满意度是否得到提升,是否对酒店的专业性与责任感表示认可。客户满意度的提升不仅能够增强客户的忠诚度,还能够带来良好的口碑效应,吸引更多的潜在客户。

三、酒店客户关系管理质量评价指标模型构建

为深入评估酒店客户关系质量,基于层次分析法(AHP),构建了酒店客户关系质量评价指标层次结构图(见图9-1)。该模型分为三个层次:第一层是目标层,对客户关系管理能力进行总体评价;第二层是准则层,对各子能力进行评价;第三层是指标层,分别为评价各子能力的评价指标。

上述各级指标的性质不一,有定性的指标,也有定量的指标。这些指标在量纲、经济意义及表现形式上各不相同,对整体评估目标的影响路径也各不相同,因此难以直接进行横向对比。为了确保评估结果的准确性和公正性,必须先对这些指标进行无量纲化处理,并实现其价值量化,进而整合计算出综合评估结果。以下是具体的操作步骤。

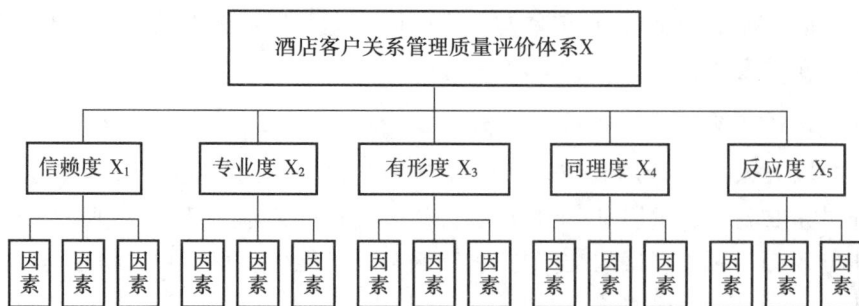

图 9-1　酒店客户关系质量评价指标层次结构图

（一）指标筛选与体系构建

基于前期分析与酒店自身的实际情况,挑选出各级评价指标,构建全面而系统的评估指标体系。指标的收集方式多样,包括利用统计方法(针对客观可量化的指标)、设计问卷调查(收集主观感受与评价),以及直接测量(如酒店官网访问量、客户预订量等)。

根据上述评价指标体系得出:

一级指标有:$X=(X_1, X_2, X_3, X_4, X_5)$

二级指标有:$X_1=(X_{11}, X_{12}, \cdots)$;$X_2=(X_{21}, X_{22}, \cdots)\cdots$

……

（二）无量纲化处理

鉴于各项指标在计量单位和数值范围上的差异,我们需采用适当的方法对它们进行无量纲化处理,以确保所有指标都能在同一尺度上进行比较和分析。

（三）权重分配与综合评价

运用层次分析法(AHP)科学合理地确定各级指标的权重。这一过程包括:

(1)构建判断矩阵,通过专家咨询或小组讨论等方式,明确各项指标之间的相对重要性;

(2)求解矩阵的特征值和特征向量,从而计算出各指标的初步权重;

(3)进行一致性检验,确保判断矩阵的合理性和权重分配的准确性;

(4)基于初步权重,计算组合权重,以反映指标体系整体层次结构中各元素的综合影响力;

(5)邀请专家组对各指标进行打分,以量化其实际表现;

(6)结合权重和评分,分别计算每个战略要素(即一级或二级指标)的评价结果;

(7)汇总所有战略要素的评价结果,得出整体的综合评价;

(8)深入分析综合评价结果,针对存在的问题提出具体的改进措施和优化建议,以持续提升酒店客户关系管理质量。

第三节　酒店客户关系管理质量的提升策略

提升酒店客户关系管理质量是一个系统工程,需要发展薄弱环节,针对存在的差距持续改进。酒店必须从客户期望的认知、服务设计的优化、服务执行的保障以及服务承诺的兑现等多个维度出发,实施全方位的改进策略。

一、酒店客户关系管理质量欠佳的原因

(一)客户的期望与管理层所认知的客户期望之间的差距

这种差距源于酒店管理层对客户真实需求和市场趋势的了解不足或误解。管理层可能缺乏有效的市场调研和客户反馈机制,导致对客户期望的把握不准确。例如,如果管理层没有定期进行客户满意度调查或竞争对手分析,就容易出现服务设计与客户实际期望脱节的情况。客户可能期望酒店能够提供个性化的入住体验,但如果管理层误认为标准化服务已经足够,就会导致客户体验的失落,进而影响客户满意度和忠诚度。客户的期望与管理层的认知不一致,会导致服务设计和执行偏离客户的真实需求,降低客户满意度,并可能导致客户流失和负面口碑。

(二)管理层对客户期望的认识与服务设计之间的差距

即使管理层准确理解了客户的期望,服务设计中仍可能存在偏差。这种差距主要体现在将客户期望转化为具体服务标准时的失误。如果在服务设计过程中未能充分考虑客户的实际需求和偏好,就可能导致服务不符合客户的期望。例如,虽然管理层意识到客户希望在入住时能感受到家的温馨,但在房间布置、用品选择等方面的设计却未能体现这一点。服务设计中的模糊标准和不切实际的目标会导致客户体验的欠缺,从而影响客户满意度。

(三)服务设计与服务提供之间的差距

服务设计完成后,实际的服务提供阶段至关重要。在服务实施过程中,由于员工培训不足、操作失误或资源限制,服务可能无法按照设计标准执行。这种差距直接影响客户的体验,降低服务的总体满意度。例如,尽管酒店设计了高效的入住流程,但如果前台员工对流程不熟悉或态度不积极,客户在入住时可能面临长时间的等待或额外的麻烦。服务设计与实际提供之间的差距,会导致服务质量不一致,从而影响客户的整体满意度和对酒店的评价。

(四)酒店所提供服务与外界沟通之间的差距

酒店对外宣传的服务承诺与实际提供的服务之间的差距也是常见问题。这种差距通常源于过度营销、夸大宣传或沟通不畅。如果酒店在广告和宣传中承诺提供高标准的服务体

验,但实际服务水平未能达到预期,客户在体验后会感到失望。例如,酒店可能在市场推广中宣称拥有五星级的服务,但实际在客房清洁、餐饮服务等方面却未能达到该标准。服务绩效与宣传承诺之间的差距,会导致客户对酒店产生负面评价,影响客户忠诚度和品牌声誉。

二、酒店客户关系管理质量提升策略

提升客户关系管理质量已成为酒店持续发展的关键。上述四种差距的存在,不仅揭示了酒店服务中的薄弱环节,也指明了改进的方向。为了从根本上提升服务质量,酒店必须从客户期望的认知、服务设计的优化、服务执行的保障以及服务承诺的兑现等多个维度出发,实施全方位的改进策略。

(一)深入了解客户期望

1. 强化市场调研

酒店应建立常态化的市场调研机制,通过问卷调查、社交媒体监听、客户访谈等多种方式,收集并分析客户的真实需求和期望。特别是要关注目标客户群体的偏好变化、行业趋势以及竞争对手的动态,以便及时调整服务策略。

2. 建立客户画像

利用大数据和人工智能技术,对收集到的客户信息进行深度挖掘,构建详细的客户画像。这有助于酒店更精准地理解不同客户群体的需求特点,为个性化服务提供数据支持。

3. 加强内部沟通

管理层应定期组织跨部门会议,分享市场调研结果和客户反馈,确保全体员工都能准确理解客户的期望和需求。同时,鼓励员工提出改进建议,形成全员参与客户管理的良好氛围。

(二)优化服务设计

1. 明确服务标准

基于客户期望的深入理解,酒店应制定清晰、具体、可操作的服务标准。这些标准应涵盖客房服务、餐饮服务、前厅服务、会议服务等多个方面,确保每个服务环节都能达到客户期望的水平。

2. 创新服务产品

在保持传统服务优势的基础上,酒店应积极探索创新服务产品,以满足客户日益多样化的需求。例如,开发特色房型、推出定制化餐饮套餐、提供个性化旅游咨询等,增强服务的吸引力和竞争力。

（三）确保服务执行

1.加强员工培训

员工是服务执行的主体,其素质和能力直接影响服务质量。因此,酒店应加大对员工的培训力度,提升其专业技能、服务意识和应变能力。培训内容应包括服务标准、服务技巧、沟通技巧、应急处理等多个方面,确保员工能够熟练掌握并灵活运用。

2.建立监督机制

建立健全的服务质量监督机制,对服务过程进行实时监控和评估。通过设立客户反馈渠道、定期进行服务质量检查、实施员工绩效考核等方式,及时发现并纠正服务中的问题。同时,对表现优秀的员工给予表彰和奖励,激发其工作积极性和创造力。

3.强化团队协作

酒店服务提供往往涉及多个部门和岗位的协作。因此,酒店应加强部门间的沟通与协调,打破信息孤岛,实现资源共享和优势互补。通过建立跨部门协作机制、明确职责分工、优化工作流程等方式,提高服务效率和质量。

（四）兑现服务承诺

1.诚信宣传

酒店在进行市场推广和宣传时,应坚持诚信原则,避免夸大其词或虚假宣传。宣传内容应与实际提供的服务相符,确保客户对酒店的期望与实际体验相符。同时,对于无法实现的承诺,应提前向客户说明并解释原因,争取客户的理解和支持。

2.加强品牌建设

品牌是酒店信誉和形象的象征。酒店应通过提供优质的产品和服务、积极参与社会公益活动、加强品牌宣传等方式,提升品牌知名度和美誉度。这有助于增强客户对酒店的信任感和忠诚度,降低因服务与承诺不符而产生的负面影响。

3.建立客户关系管理系统

利用客户关系管理系统(CRM)记录客户的基本信息、消费习惯、服务偏好等数据,为客户提供更加个性化和精准的服务。同时,通过定期回访、节日祝福、会员活动等方式,加强与客户的联系和沟通,提升客户满意度和忠诚度。

（五）持续优化与创新

1.建立持续改进机制

酒店应建立持续改进机制,将服务质量的提升作为长期目标。通过定期收集客户反馈、分析服务数据、评估服务效果等方式,发现服务中的不足和潜力点,制定针对性的改进措施。同时,鼓励员工提出创新性的服务方案和建议,为服务质量的持续提升提供动力。

2. 关注行业动态与趋势

酒店应密切关注行业动态和趋势变化,及时调整服务策略和经营模式。比如,随着可持续发展理念的深入人心,酒店可以探索绿色服务、环保设施等新型服务方式;随着数字化技术的快速发展,酒店可以加强数字化建设,提升服务效率和客户体验。

3. 强化企业文化建设

企业文化是酒店发展的灵魂。酒店应强化企业文化建设,培育以客户为中心的服务理念、追求卓越的服务精神以及团结协作的工作氛围。这有助于激发员工的归属感和责任感,提升服务质量。

(六)深化客户关系与情感连接

1. 建立情感链接

在提供优质服务的基础上,酒店还应努力与客户建立深厚的情感联系。这可以通过个性化关怀、定制化服务以及营造家的氛围来实现。例如,记住客户的特殊纪念日并为其准备惊喜,或者根据客户的喜好调整房间布置,让客户感受到酒店不仅仅是一个住宿的地方,更是一个能够带来温暖和愉悦的场所。

2. 社群建设

酒店可以通过建立线上线下的社群,将客户聚集在一起,形成共同的兴趣和话题。比如,创建酒店会员俱乐部,定期举办主题活动、文化沙龙、美食品鉴会等,增强客户之间的交流与互动。这种社群化的管理方式不仅能够提升客户的归属感和忠诚度,还能够为酒店带来口碑传播和新客户引流的效果。

3. 倾听与响应

有效的客户管理还包括倾听客户的声音并及时响应他们的需求。酒店应设立专门的客户服务团队,负责收集、整理和分析客户反馈,确保每一条意见和建议都能得到及时的关注和处理。同时,酒店还应建立快速响应机制,对于客户的投诉和建议迅速做出反应,提出解决方案,并跟踪解决过程,确保问题得到圆满解决。

(七)推动技术创新与数字化转型

1. 利用数字技术进行客户洞察

随着大数据、人工智能等技术的不断发展,酒店应充分利用这些技术进行客户洞察,更深入地了解客户的喜好、行为和需求。通过数据分析,酒店可以发现潜在的市场机会和客户需求,为服务创新和产品设计提供有力支持。

2. 优化线上体验

酒店应加强对线上平台的投入和优化,提升客户在预订、入住、支付等各个环节的线上体验感。比如,开发便捷的手机应用程序,提供一站式服务;优化网站界面和导航,确保客户能够快速找到所需信息;引入智能客服系统,提供24小时在线服务支持等。

3.探索新兴技术应用

酒店还应积极探索新兴技术在客户管理中的应用,如虚拟现实(VR)、增强现实(AR)等。这些技术可以为客户提供更加沉浸式和互动式的体验,提升服务的趣味性和吸引力。例如,利用VR技术为客户提供虚拟看房服务,或者利用AR技术为客户呈现特色房型和餐饮菜品的虚拟展示。

(八)注重履行社会责任与可持续发展

1.履行社会责任

作为社会的一员,酒店应承担起相应的社会责任。这包括关注环保、支持公益事业、关爱弱势群体等多个方面。通过履行社会责任,酒店不仅能够树立良好的企业形象和品牌形象,还能够吸引更多具有社会责任感和价值观的客户群体。

2.推动可持续发展

可持续发展是当前全球发展的重要趋势。酒店应积极响应这一趋势,推动绿色环保、节能减排等可持续发展措施的实施。比如,采用环保材料和设备、减少能源消耗和废弃物排放、推广绿色餐饮等。这些措施不仅能够降低酒店的运营成本和环境风险,还能够提升客户的环保意识和满意度。

综上所述,提升酒店客户关系管理质量是一个系统工程,需要从多个方面入手并持续努力。通过深入了解客户期望、优化服务设计、确保服务执行、兑现服务承诺以及持续优化与创新等措施的实施,酒店可以不断提升服务质量和客户满意度。同时,酒店还应注重履行社会责任和推动可持续发展等方面的工作,为客户的全面满意度和酒店的长远发展奠定坚实基础。

思考与练习

1.简述酒店客户关系管理能力的构成。

2.简述酒店客户关系管理质量评价流程。

3.简述酒店客户关系管理质量评价指标。

4.结合案例分析酒店客户关系管理质量提升策略。

5.智能化服务系统如何提升酒店客户关系管理质量?

6.为什么说提升酒店客户关系管理质量是一个系统工程?

扫码看
答案

第十章 →

酒店客户关系管理的新趋势

学习目标

1. 了解客户关系管理的观念演变趋势及成因
2. 掌握新兴技术在酒店客户关系管理的运用
3. 熟悉数字经济驱动下CRM系统转型的方向

核心概念

社会化客户关系管理(SCRM,Social Customer Relationship Management)

数据资源(Data Resource)

数据资产(Data Asset)

数据要素(Data Capital as Factor of Production)

数据要素市场化(Market-based Allocation of Factors)

用户数据平台(CDP,Customer Data Platform)

软件即服务(SaaS,Software as a Service)

生成式人工智能(Generative Artificial Intelligence)

元宇宙(Metaverse)

随着全球化、科技的飞速发展及消费者需求的变化,酒店客户关系管理朝着智能化、个性化、高效服务、可持续发展方向持续变革与创新。面对不断涌现的应用工具、客户数据的持续增长和多样化,酒店客户关系管理的策略与手段不断更新迭代。本章将探讨酒店客户关系管理的新观念,大数据、云计算、人工智能等新兴技术在酒店客户关系管理的运用,以及数字经济驱动下CRM系统转型。

第一节 酒店客户关系管理新观念

一、从客户关系管理(CRM)到社会化客户关系管理(SCRM)

传统的 CRM 系统以对客户的数据管理为核心,通过记录在市场营销与服务过程中与客户发生的交互行为,统计潜在客户数量、客户重复购买率、销售转化率、客户流失率、营收增量等数据,以支持酒店后续的客户关系管理策略制定。在传统的 CRM 系统中,每一个消费者都会被抽象为具体的数据记录,并且这种数据是由酒店单方面采集的,缺少交流产生的深度信息。基于传统 CRM 系统的特性,酒店所从事的客户关系管理更倾向于客户数据管理,而非客户关系管理。在这种模式下,酒店所进行的客户关系管理实质是通过收益指标而进行的商业销售,这种由酒店主导的强功利性关系,很难催生出长远且深厚的客户关系。

随着数字经济时代的到来以及社交媒体的兴起,消费者行为和市场环境发生了深刻变化。酒店客户可以通过多种媒体渠道掌握更多的酒店信息进行"货比三家",还可以在社交媒体平台上自主发表对入住酒店的看法。酒店客户线上评价不仅影响酒店的网络口碑,也为酒店提供了深入洞察消费者想法及需求的渠道。为了更好地满足酒店客户需求、提升酒店企业市场竞争力,酒店社会化客户关系管理(Social Customer Relationship Management,SCRM)应运而生。

225

(一)社会化客户关系管理(SCRM)

社会化客户关系管理,也称为社交型客户关系管理(SCRM),是企业在社交媒体领域深化客户联系的策略,其核心在于以多样化的社交平台作为桥梁,通过社交媒体中提供的更快速和周到的个性化服务来吸引和保持更多的客户。SCRM 是传统客户关系管理系统和社交化媒体营销的交集。酒店企业可以借助社交化媒体营销平台,通过社交化客户关系管理系统进行智能化的社会关系网络管理,识别并分析客户群体中的潜在价值与个性化需求,利用合适的社交媒体推动企业与客户以及客户与客户之间的交互,最终通过满足用户的个性化需求来实现酒店客户关系转化和提高忠诚度。

酒店社会化客户关系管理,即将社交媒体整合到客户关系管理中,借助大数据分析、内容管理等手段,充分发挥每个消费者的社交价值,完成酒店品牌传播以及潜客互动,提供系统化产品解决方案。酒店开展 SCRM 的策略包括推行会员制度、持续优化服务质量、加强员工培训、建立完善的客户信息管理系统、注重与客户的沟通与互动、提供个性化服务、建立高效的客户服务团队,以及利用私域运营解决方案提升客户转化率。

(二)SCRM 与 CRM 的区别

SCRM 与 CRM 的区别主要体现在业务焦点、客户关系处理、数据处理、技术实现和价值生成等方面。

1.业务焦点

在业务焦点上,传统CRM倾向于销售驱动,市场运营团队基于客户信息和交易历史,采取电话、邮件、短信等方式与客户进行定向沟通,其核心在于辅助业务部门提供符合客户需求的产品与服务,并优化销售管理流程,以促进交易成功。SCRM则侧重于构建客户互动关系,市场运营人员利用社交媒体等在线平台与客户进行双向沟通,利用社交媒体的广泛传播性,扩大营销内容的覆盖范围。SCRM能够通过网络技术主动倾听并收集用户的反馈与个性化需求,有效地将这些信息传递给后续的销售和服务环节。SCRM业务焦点在于吸引客户参与企业的营销互动,通过持续优化客户体验,逐步建立并加深客户与企业之间的长期信任关系。

2.客户关系处理

在客户关系处理上,传统CRM框架下,企业运营活动尽管以客户为中心进行,但客户在营销活动的参与及信息交流中常处于被动接收信息的状态。而SCRM通过构建企业与客户的双向交流机制,扭转了客户只能被动接收信息的局面,使得客户能够在更加平等的基础上与企业进行互动。

3.数据处理

在数据处理与应用层面,传统CRM系统储存了客户在营销、销售、售后全周期的业务数据,能够生成数据视图和报表,促进企业内部信息透明,部分满足了企业对业务流程监控和数据分析的需求。传统CRM中,客户资料和交易记录多依赖于人工录入,数据质量受员工主观判断和更新速度影响。在网络与数字经济环境下,客户在网络活动中产生的数据更能揭示其社会属性与潜在需求,但传统CRM在自动捕获这类数据方面存在局限,造成了客户信息的不完整。SCRM通过整合社交媒体等网络工具,自动采集客户在网络上的行为数据,构建客户在社会关系中的全面画像,实现对客户的深度洞察,从而助力企业快速响应客户需求,实现更精准的互动与触达。

4.技术实现

在技术实现上,传统CRM系统的核心涵盖客户信息管理、销售线索与商机追踪、合同管理、收款与发票处理等,旨在完善营销、销售及售后服务流程,提升运营效率。部分CRM还集成了即时通信、报表生成与数据分析功能,以增强内部协作与数据分析能力,而SCRM系统则侧重于与社交媒体等互联网平台的深度融合,实现内外数据的流通,便于企业信息对外发布及外部信息快速导入内部系统。此外,SCRM还配备社交媒体营销相关的运营工具,如会员管理、在线活动组织、内容策划等,并引入智能自动化功能,如线索智能识别与评分、用户画像构建、用户生命周期管理等,以精准触达客户。显然,SCRM不仅继承了传统CRM的功能,更是一个支撑企业数字营销的综合运营平台。因此,将SCRM与传统CRM有效融合,是最大化企业获客能力与收益的有效路径。

5.价值生成

从价值生成角度分析,传统CRM在移动互联网时代,其主要功能是整合并存储客户数

226

据,以及管理营销、销售及售后服务流程,其创造的价值主要源自企业内部活动。相比之下,SCRM 的核心价值在于,它通过深入识别客户信息与促进双向交流,助力企业开发出更贴合客户需求的定制化产品和服务,进而为客户带来更高的价值,最终实现企业与客户的互利共赢局面。

(三) SCRM 在酒店客户关系管理中的应用体现

SCRM 作为 CRM 的进阶形态,正逐步在酒店行业中展现出其独特的作用。通过深度融合社交媒体、大数据分析等现代技术手段,SCRM 不仅帮助酒店更精准地理解客户需求,还极大地拓宽了与客户互动的渠道。以下是 SCRM 在酒店客户关系管理过程中的具体应用体现。

1. 数据采集

数据采集是酒店 SCRM 的初始阶段和基础环节。SCRM 通过该环节有效的数据采集,可以为酒店提供丰富、全面的客户数据,为后续的酒店客户关系管理策略制定提供有力支持。SCRM 利用多种渠道收集酒店客户数据:一是通过酒店官网、APP 等自有平台,收集客户的注册信息、浏览记录、购买行为等数据。二是利用如微博、微信等社交媒体平台,收集客户的社交互动、兴趣偏好等数据。三是通过合作伙伴、市场调研等渠道获取客户数据。值得注意的是,为了确保数据采集的质量和有效性,酒店还需严格遵循合法合规的原则,明确告知酒店客户数据采集的目的和范围,并获得酒店客户的同意方可执行后续数据采集流程。此外,酒店还应增强数据安全意识,采取必要的技术手段保护酒店客户数据的安全。

2. 数据清洗

数据采集工作完成后,接下来的步骤即是数据清洗。数据清洗的目的是消除数据中的重复项和异常值,确保数据的准确性和一致性。酒店 SCRM 搜集到的数据往往包含着大量的无意义信息,需要通过对数据做好去重处理,删除重复的记录项等方式进行数据清洗,进而将不同来源、不同格式的数据转化为统一的格式。此外,还需要对异常值进行处理,根据业务规则和实际情况判断异常值的合理性,并进行相应的修正或删除。通过数据清洗,酒店可以获得更加清晰、准确的数据集,为后续的用户画像构建和营销策略制定提供可靠的基础。

3. 用户画像

用户画像是 SCRM 的核心环节之一。通过对清洗后的数据进行深入分析和挖掘,酒店可以构建出全面、精准的用户画像。用户画像的本质,是对客户特征、需求和行为模式的全面描述,涵盖客户的基本信息如年龄、性别、职业等,同时还支持更深入地分析用户消费习惯、兴趣偏好、社交关系等。通过用户画像,酒店可以深入了解客户的真实需求和心理预期,为后续的精准营销和个性化服务提供有力支持。在构建用户画像的过程中,SCRM 运用先进的算法和模型,对客户的行为数据进行深度分析。通过对客户的购买历史、浏览记录、搜索关键词等数据的挖掘,可以揭示客户的消费偏好和购买意图。SCRM 结合社交媒体上的互动数据,可以分析客户的情感倾向和意见反馈,为酒店提供更全面的客户洞察。

4. 交互触点

当应用SCRM系统构建出上述精准用户画像之后,酒店还需要通过合适的交互触点与客户进行沟通和互动。交互触点是酒店与客户建立联系、传递信息和推动转化的关键。SCRM系统通过识别和分析客户在各个渠道的交互行为,确定最佳的交互触点。选取的触点通信方式,可以是社交媒体平台上的私信、评论和分享,也可以是电子邮件、短信或电话等,由此确保酒店可以根据客户的偏好和习惯,后续用更合适的触点进行精准营销。在交互过程中,酒店需要注重与客户的沟通和互动质量。通过提供个性化的内容和服务,反馈客户的需求和解决客户的问题,以此建立稳固的客户关系。同时,酒店还可以通过数据分析和客户反馈,不断优化交互触点的选择和策略,提升营销效率和客户满意度。

5. 客户转化

客户转化是评价SCRM的重要指标。通过SCRM系统的数据驱动策略,基于用户画像和交互触点的分析,酒店可以制定个性化的营销策略,开展精准营销,提高客户转化率。例如,在面对高价值客户进行营销时,酒店可以通过VIP服务、定制化产品等方式,为其提供专属体验;面对潜在客户,酒店可以通过定向广告、优惠活动等方式吸引其关注和购买。同时,SCRM系统还支持实时监测营销效果,通过数据分析评估营销策略的有效性。酒店可以根据数据反馈及时调整策略,优化营销流程,提高转化效率。

(四)酒店SCRM的认知误区

SCRM包含了移动互联网技术与社交媒体概念的技术与概念创新,酒店企业在实际应用时可能会产生一些认知误区。

1. SCRM等于新媒体

部分酒店在采纳SCRM策略时,倾向于将SCRM与社会化的新媒体的概念混淆。部分酒店虽然表面上构建了网络信息平台,如企业微博、微信公众号等,但在实际运营中,缺乏有效的客户互动与反馈机制,使得这些平台未能充分发挥其潜力。社交媒体平台本质上是一个促进企业与用户交流的渠道,而与用户的互动模式绝不仅仅局限于这一种渠道。真正的SCRM包含了所有终端的经营管理手段和大系统的互动过程,是一系列关系管理的集合。这种集合的最终价值体现在企业的经营战略上,能更好地帮助企业与客户在新媒体之中互动交流,实现酒店与用户的双向沟通循环,最终将客户的需求内化为企业战略,建立长久的客户关系。

2. SCRM可以完全取代CRM

很多应用了所谓的SCRM却失败的企业都犯过一个共同的错误,即认为SCRM是一种全新的技术,可以完全抛弃原有的传统CRM,并期望借助新媒体等技术实现企业的品牌价值。SCRM确实包含了一系列的新技术和新的解决方案,但误认为SCRM完全等同于新技术显然过于草率。传统的CRM系统中建立起来的数据库、资源网络等资源对于新媒体的实施大有裨益,甚至相当一部分客户信息依然要借助传统客户数据库的支撑。SCRM的应用是基于原有CRM系统之上的更新和改革。

二、从"数据资源"到"数据资产"和"数据要素"

国家大力提倡发展数字经济,党的十九届四中全会提出"将数据列为生产要素"。2022年12月印发的《中共中央 国务院关于构建数据基础制度更好发挥数据要素作用的意见》明确要求探索数据资产入表新模式,指出"数据作为新型生产要素,是数字化、网络化、智能化的基础,已快速融入生产、分配、流通、消费和社会服务管理等各环节,深刻改变着生产方式、生活方式和社会治理方式"。酒店企业应重视和挖掘客户关系管理产生的海量数据价值,通过有效的数据资产管理,激活数据要素潜能,有效提升决策效能,促进商业模式创新。

(一)数据资产及相关概念

数据资源、数据资产、数据要素是三个相互联系又存在区别的概念。

1. 数据资源(Data Resource)

数据资源是指以电子化形式记录和保存的具备原始性、可机器读取、可供社会化再利用的数据集合。数据与数据资源的区别主要在于数据是否具有使用价值。经过收集、存储、运维后形成的电子化、规模化、能够为组织(政府部门、企事业单位等)产生一定价值的数据被视作数据资源。

2. 数据资产(Data Asset)

数据资产包含结构化数据和非结构化数据,包括以数据形式记录的照片、视频、文件、订单、合同等资源,这些资源以电子形式存在,具备给个人或企业带来经济价值的潜力。数据资产具有如下特征:非实体性和无消耗性、可加工性、多样性、依托性、价值易变性、多次衍生性、可共享性和零成本复制性。数据资产将数据视为类似于资金、设备、技术等要素资源,并将数据资源转化为可交易的"数据资产"。

3. 数据要素(Data Capital as Factor of Production)

数据作为新型生产要素,已快速融入生产、分配、流通、消费和社会服务管理等各环节,深刻改变着生产方式、生活方式和社会治理方式,是推动数字经济发展的核心引擎和国家基础性战略资源。数据要素是社会生产经营活动中,为所有者或使用者带来经济效益的数据资产。数据要素是数据驱动的生产方式,是一种新的生产力。

(二)数据资产管理

酒店数据资产管理旨在有效地收集、维护、分析和利用酒店企业相关数据,以便更好地评估使用数据使其数据的价值最大化。

1. 数据管理

数据管理主要包括:数据治理、数据架构管理、数据开发、数据操作管理、数据安全管理、参考数据和主数据管理、数据仓库和商业智能管理、文档和内容管理、元数据管理、数据质量管理等。

2. 数据资产管理

数据资源要成为资产,必须由企业合法持有或控制,并能为企业带来价值,这强调了数据资源的合法来源和合规性对于其资产化的重要性。酒店客户数据的资产化不仅符合数据资产化的趋势,也是酒店业适应数字经济时代的重要步骤之一。酒店客户管理数据资产管理,一是构建数据体系,结合数据的全生命周期以及业务体系构建形成数据体系,确保数据来源的可靠性;二是建立数据标准体系,形成与行业标准相互结合的数据规范,对具体数据项的定义、口径、格式、取值、单位等进行规范说明,提升数据质量;三是数据资源整合,构建数据画像,做好数据分类、数据存储管理、数据规整入库、数据更新管理,在保障数据更新管理的规范性、安全性和隐私性的前提下,提供合理的数据共享与数据服务。

3. 数据要素市场化

数据要素市场化(Market-based Allocation of Factors)是指将数据作为一种要素资源,通过市场机制进行交易、流通和配置。数据要素市场化配置的关键在于通过市场化的流通手段,让数据向最需要的地方流转聚集,让不同来源的优质数据在新的业务需求和场景中汇聚融合,在跨领域数据融合中产生更大效益,实现双赢、多赢的价值利用。企业实现数据要素化并参与到数据要素产业生态中的发展路径如图10-1所示,需要经历业务数据化、数据资产化和资产要素化。

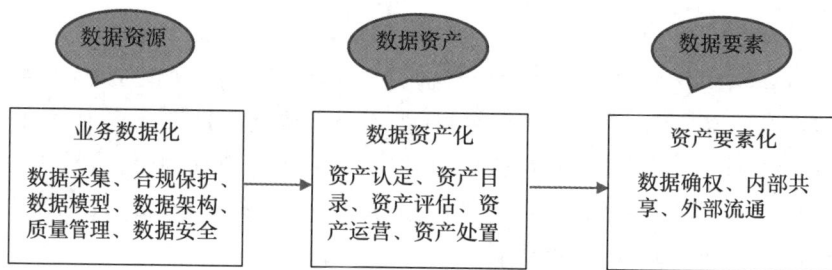

图10-1 数据要素化发展路径

4. 数据资产入表

2024年1月,国家数据局等17部门联合印发《"数据要素×"三年行动计划(2024—2026年)》,聚焦工业制造、现代农业、商贸流通、交通运输、金融服务、科技创新、文化旅游、医疗健康、应急管理、气象服务、城市治理、绿色低碳等行业和领域,明确发挥数据要素价值的典型场景,推动激活数据要素潜能。2023年8月21日,针对企业数据资源相关会计处理和会计信息披露等问题,财政部发布《企业数据资源相关会计处理暂行规定》,并规定自2024年1月1日起施行。这意味着数据资源在符合条件的情况下有可能被确认为企业的"资产",在财务会计报表中显性化。

数据资产入表是将企业的数据资源以资产的形式纳入财务报表中进行管理和计量,是企业将数据资源转化为商业价值的重要步骤。在数据为王的时代,酒店业已经认识到客户管理数据资产的重要性,并将数据资产纳入财务报表视为行业发展的关键议题,以更加全面、准确、清晰地了解自身数据资产的规模、质量和价值,更好地挖掘和盘活数据价值,提升数据资产运营和变现能力以及数据治理能级。数据资产入表也将推动整个数据要素产业链的发展,实现数据价值的最大化,为社会和经济发展带来更大贡献。

酒店客户管理数据资产入表,意味着酒店客户数据作为酒店运营的核心资产之一,其价值和重要性在财务报表中得到了认可和体现。酒店客户管理数据资产入表流程主要分为数据资源/资产管理、登记确权、编制财务报表、数据流通交易及金融化、会计核算处理、披露相关信息等。酒店客户管理数据资产入表的参与主体包括酒店企业内部部门和外部机构,前者包括决策机构、数据部门、财务部门、IT部门、业务部门,后者包括数据交易机构、数据治理机构(数据商)、律师事务所、会计师事务所、数据资产评估机构、银行金融机构等。

三、"主"客关系再思考

酒店业是典型的接待服务业,客户的感受与体验向来是被置于第一位的,"顾客是上帝"这种理念看似是绝对正确的。在面对"上帝"时,酒店服务人员通常被要求保持谦逊的态度,无条件地满足客户的合理需求,并全心全意为客户服务。随着时代变化,"顾客不再是上帝"这一观念与"服务人员应该是什么样的角色"这一问题,近年来逐渐在酒店业中被重新认识和讨论。

(一)顾客为什么不能是"上帝"

"顾客是上帝"这一理念,最早可以追溯到19世纪中后期的美国马歇尔·菲尔德百货公司提出的"顾客总是对的"(The Customer is Always Right)。这一理念的初衷是改变当时普遍盛行的"顾客自慎"(商品一旦出售概不负责)的原则,体现了商家尊重与保护顾客权益的进步理念。随着改革开放和市场经济的蓬勃发展,这一理念被引入我国,成为如今大家耳熟能详的"顾客是上帝",在改善以往因物资匮乏而导致顾客未能得到应有尊重和服务方面起到了积极的推动作用。但随着消费者观念的转变和个性化需求的崛起,这一过去的进步理念正面临着挑战,特别是在注重消费者体验的酒店行业,顾客不能是"上帝"的理念逐渐兴起。

1.市场需求变化

随着市场竞争的加剧,一般性服务已经普及,如微笑待客、质量担保、售后服务等原本被视为"奢求"的服务已经成为行业的基本标准。现代消费者更加注重个性化、差异化服务,他们不再满足于传统的标准化服务,而是希望酒店能够提供更符合自己需求的定制化服务。这种变化促使酒店业重新审视顾客的角色,将其视为一个具有独特需求和偏好的个体,而非高高在上的"上帝",要求酒店不再仅仅是通过提供超越期望的服务来赢得顾客,而是需要更加精准地理解并满足顾客的多样化需求。

2.服务理念变化

真正的优质服务是建立在相互尊重和理解的基础上的,将顾客视为平等的合作伙伴,而不是高高在上的"上帝",有助于建立更加健康和持久的关系。一些国际知名酒店基于这一认识提出了新的服务理念。例如,丽思卡尔顿酒店集团就提出了"我们是为绅士和淑女提供

服务的绅士和淑女"这一主张员工与客户地位平等的理念。酒店员工视客人为绅士与淑女，同时自我定位为与之平起平坐的个体，以专业水准和真诚态度赢得应有的尊重。在此工作环境中，每位员工都重视自身价值与专业能力。这一主张不仅提升了员工在对客服务中的身份认同与地位感，还显著增强了酒店的整体服务质量，不仅赢得了客户对员工个人的尊重与认可，更可以吸引持续不断的高品质客户群体。

（二）员工管理的人性化

基于前文主客关系新理念，酒店需要重视将员工培育成能够获得客户尊重与认可的高质量服务人员。例如，万豪国际集团的经营理念是"如果我们照顾好我们的员工，他们将照顾好我们的客人，我们的客人将再次光顾"。这不仅要求酒店员工接受专业化的培训，更要求酒店对员工的人性化管理，从而激发他们的真心服务。针对酒店员工的人性化管理可以从以下几个方面入手。

1. 提高酒店企业的文化意识

每所酒店都应该有自己的文化特点。一所酒店的文化传统可以提升职工间的凝聚力、促进团结合作，也可以激发职工发展自身创造力，加快企业的前进步伐。例如，华天酒店将"心"文化作为自己的核心企业文化，体现为酒店、员工、顾客"三位一体"的价值流程，通过员工的一言一行、一举一动，使喜悦真心传递，从而喜传天下，人人欢喜。经过数十年的发展，华天酒店已成长为中国中西部地区极具成长价值的旅游酒店上市公司。

2. 注重员工的心理状态

酒店的管理层要理解并持续关注员工的心理状态，确保能够及时响应其心理波动，使员工在面对顾客时始终展现出最佳的职业态度，从而在客户心中留下正面的第一印象，有效提升酒店形象。人是情感丰富的生物，员工的精神风貌与心理状态对其工作效率及工作动力具有显著影响。酒店管理层应秉持细致的观察力，密切关注每位员工的心理变化，并据此灵活调整工作安排。例如，当某酒店发现本酒店员工的工作注意力分散、心情抑郁是因受母亲病重影响时，酒店管理者迅速采取安抚措施，如批准带薪休假，以支持员工妥善照顾家庭。因感受到企业的关怀与理解，酒店员工返回工作岗位后，往往会以更加饱满的热情投入工作。此举不仅体现了酒店对员工个人福祉的深切关怀，也将增强员工的归属感与忠诚度，让员工感受到企业如同家庭般的温暖与支持。

3. 鼓励员工参与管理决策

在实施酒店员工的人性化管理策略中，采用民主化管理方式是一个值得尝试的有效路径。为确保酒店运营与服务的持续优化，管理者应倡导员工积极参与酒店的管理决策过程，为他们构建有效的渠道以表达见解与提出改进建议。员工的深度参与，能够确保他们深刻理解酒店的运营需求与自身职责所在，进而自我审视个人能力的提升空间。此举不仅有助于增加员工对酒店的信任感，还能激发其强烈的归属感与使命感，使员工深切感受到自己是酒店发展不可或缺的一部分。当员工形成这种高度的身份认同与责任感时，他们将更加主动地投入工作。

4. 合理安排工作时间

首先,酒店应严格遵守国家关于法定工作时间的法律法规,确保员工的工作时间不超过法定上限。其次,酒店应根据业务需求和员工个人情况,合理安排弹性工作时间,实施酒店人性化管理。例如,可以允许员工在特定范围内选择上下班时间,或者根据客流量高峰和低谷调整班次,以减少员工在客流较少时的等待时间,提高工作效率。最后,酒店可以采用综合计算工时制,即在一个较长的周期内(如周、月、季、年)综合计算工作时间,只要该周期内员工的平均工作时间不超过法定标准,就可以灵活安排具体的工作日和休息时间,有助于更好地平衡酒店运营需求和员工个人生活。

5. 对服务人员充分授权

要使服务人员能够提供令客户满意的周到服务,就必须保证他们能够充分发挥主观能动性,临场解决客人遇到的各种问题。这就要求酒店充分授权给服务人员。例如,亚朵酒店实行全员授权,鼓励并允许基层员工在特定情况下自主决策,以快速响应顾客需求,解决顾客问题。一次一位顾客被困在电梯中约30秒后,亚朵酒店的前台工作人员迅速响应,利用全员授权制度,主动提出为顾客免除当天房费,代表酒店向顾客做出及时赔偿。这一措施不仅迅速平息了顾客的不满,更达成了维护与提升酒店形象的效果,还体现了酒店充分授权员工的重要性。

典型案例　　广州碧水湾温泉度假村的亲情化员工管理

广州碧水湾温泉度假村,位于广州从化区流溪河畔,是一家以温泉养生为主打,集休闲、度假、会议等多功能于一体的国家4A级旅游景区和度假酒店。其卓越的经营业绩和广泛的市场赞誉,很大程度上归功于其独特的亲情化员工管理模式。

广州碧水湾温泉度假村于2007年引入亲情化管理的概念,形成了"以人为本,以德治村,科学管理,持续改进"的经营理念。度假村认为,员工是企业最宝贵的财富,是提供高品质服务的关键。碧水湾度假村的经营理念体现在多个方面。首先,在企业文化方面,度假村提出了"员工如家人,员工才是企业最大的财富"的亲情化管理理念,并进一步形成"以德治企"的企业文化。在选拔管理干部时,度假村坚持"以德为先"的原则,重考察应聘人员的道德品质、职业素养和团队精神,确保选拔出德才兼备的优秀人才。一位该度假村的员工就表示:"我来这里工作11年了,这里的领导一直都很平易近人。例如我刚来工作的时候,领导每次见到我都会主动打招呼,让我感到十分亲切。在这里工作基本上感受不到等级区分,所以我也更愿意早点来上班,提前把办公室打扫一下。"其次,碧水湾度假村十分注重人性化的亲情管理,他们会根据员工的不同特点给予不同方式的关爱。例如,

在度假村最忙的春节时期,允许外地的员工回家探亲;一些"90后"年轻员工使用手机的需求频率较高,在不影响正常工作的前提下,也会灵活安排他们利用空闲时间到后台休息室使用手机;在提供标准员工餐的同时,还会根据不同员工的身体状况提供孕妇餐、病号餐等。碧水湾度假村同样如其他酒店一样有标准化的规章制度,施行严格的制度管理,但在这基础之上,具有亲情色彩的人性化管理,使得碧水湾度假村形成了独特的"亲严结合"管理模式。最后,碧水湾度假村的亲情管理更体现在企业对于员工的责任。在经营困难的疫情时期,度假村没有出现过拖欠员工工资或者开除员工的情况。度假村管理者对此的回应是"我们的目标是打造一个百年老店,这一目标的核心在于经济价值与社会价值的两方面提升。这些价值的创造离不开员工,所以,即使面对疫情的持续影响,我们也不会就此降低工资甚至裁员,而是秉持长远的眼光来看待员工价值,并承担起企业应负的社会责任"。正是在亲情文化的支持下,碧水湾度假村才能在外部环境不稳定的情况下,坚持承担起责任,为员工创造稳定的工作环境。

在亲情化管理之下,碧水湾度假村的服务质量得到了显著提升,碧水湾度假村受到了其顾客的广泛好评。截至2024年8月,携程网显示,该度假村的用户好评数共3583条,综合评分获得了4.9分的高分。更为难得的是,在员工流动性较高的酒店行业,碧水湾度假村的员工月流失率仅为3%,远低于业内平均水平。总的来说,通过亲情化的员工管理模式,碧水湾度假村在业内走出了一条独特的成功之路。

（资料来源：百度文库《碧水湾温泉——亲情化服务铸就魅力品牌》。）

第二节　新兴技术在酒店CRM中的应用

20世纪70年代以来,以信息技术为引领的第三次工业革命不仅重塑了制造业的生产方式,还深刻影响了服务业的生产与消费。信息技术成为推动酒店业转型升级的重要力量,酒店客户关系管理持续向着信息化、数字化方向发展。大数据、云计算、人工智能、元宇宙等新兴技术将发挥越来越重要的作用。

一、大数据

随着计算机技术的不断发展,尤其是互联网和智能手机的普及,人类社会进入了数据爆炸的时代。时时刻刻在产生着数据,这些数据涵盖了文本、音频、视频、图像等多种形式,具有规模巨大、来源多样、结构复杂等特点。传统的数据处理方法已经无法满足现实需求,大数据技术应运而生。大数据技术即运用计算机工具从海量的、多样化的数据中,通过快速获取、处理、分析并提取有价值信息的技术体系。该技术体系在当今信息化时代具有极其重要的地位,它改变了数据处理和分析的方式,为企业决策、科学研究、社会管理等提供了强大的支持。

（一）大数据技术的特征

大数据技术的"4V"核心特征,即大量（Volume）、高速（Velocity）、多样（Variety）、价值（Value）。

1. 大量（Volume）

大数据的数据体量巨大,远远超出了传统数据处理技术所能应对的范畴。大数据的数据集合规模通常以TB（太字节）、PB（拍字节）、EB（艾字节）甚至ZB（泽字节）来计量,远远超过了传统数据库和数据处理工具的处理能力。随着信息技术的飞速发展和互联网的普及,数据的增长速度也在持续加快,大量的数据不断产生并被存储,使得大数据的体量不断膨胀。

2. 高速（Velocity）

大数据技术的数据产生、处理和分析的速度非常快,远远超过了传统数据处理技术的能力。尤其是在当今的信息社会,大量的实时数据即时产生,大数据技术能够在短时间内处理和分析实时数据,将自己的优势特点发挥到了极致。

3. 多样（Variety）

大数据技术中的数据类型、格式和来源具有多样性。在数据类型方面,大数据包含了多种类型的数据,例如,非结构化数据（文本、图像、音频、视频等）。在数据格式方面,在同一类型的数据中,也存在多种不同的格式。例如,文本数据可能包括纯文本、HTML、XML、JSON等多种格式。在数据来源方面,大数据的来源非常广泛,包括社交媒体、内部数据、公共数据库等多个方面。

4. 价值（Value）

大数据是一种重要的战略资产,大数据技术的价值是通过数据共享、交叉复用后获取最大的数据价值。大数据正在彻底改变商业决策的模式与方法,能够从海量数据中挖掘出有价值的信息和知识内容,帮助企业分析大量数据而进一步挖掘细分市场的机会以及市场需求、消费者行为、产品趋势等关键信息,从而制定更加精准的经营策略,提升企业在商业模式、产品和服务上的创新力及营利机会。

（二）大数据在酒店客户关系管理中的应用

1. 拓宽客户数据采集范围

在大数据浪潮兴起之前,酒店主要依赖于CRM系统内的客户信息、市场促销策略及广告宣传等结构化数据来运营。随着时代的变化,特别是在面对需求愈发多元化和个性化的消费者群体时,这些传统数据已难以全面满足酒店日益增长的营销管理需求,其局限性愈发凸显。大数据技术的应用,极大改善了客户数据不足的问题。其一,在大数据强大的信息储

存与处理功能支持下,酒店的数据采集渠道愈发丰富多样,包括客户在办理入住手续时填写的个人信息;客户通过酒店官方网站、APP或社交媒体平台主动提供反馈、评价或参与问卷调查;酒店在客户几乎不察觉的情况下,利用技术手段收集的数据,如客户在酒店内使用无线网络时产生的上网记录等。其二,可采集的客户数据维度愈加丰富。基于大数据技术的数据分析功能,酒店可采集的客户信息超越了原本单一的年龄、性别、联系方式等基本信息,进一步拓宽至消费习惯、行为模式、情感反馈等。

2. 优化市场分析

大数据技术的深度挖掘和分析能力为酒店客户管理提供了全面、深入的市场洞察,助力酒店制定更加科学合理的市场策略。大数据的市场分析优势体现在以下几个方面。

一是在市场细分方面,大数据技术通过收集和分析客户的消费记录、偏好信息、入住习惯等数据,帮助酒店精准把握客户需求,进而构建用户画像。基于用户画像分析,酒店可以将客户细分为不同的群体,确定细分市场,这种市场细分有助于酒店制定更加针对性的营销策略和服务方案。

二是在市场趋势预测方面,大数据技术能够整合行业报告、市场数据、社交媒体信息等多方面的数据源,对历史数据和当前市场状况的分析,预测未来客户需求的变化趋势,这种预测能力使酒店能够提前布局,调整产品和服务策略,以更好地满足客户需求。

三是在市场竞争分析方面,大数据技术可以收集竞争对手的价格策略、市场份额、营销策略等数据,为酒店提供全面的竞争对手分析,帮助酒店识别自身的竞争优势和劣势,了解竞争对手的强项和弱点,助力酒店制定差异化的市场策略,增强市场竞争力。

3. 促进精准营销

通过收集、存储、处理和分析大量数据,大数据技术帮助酒店更加精准地理解客户需求,完成客户细分与画像构建。在此基础之上,酒店可以设计定制化的房间、餐饮、娱乐活动等服务,并借助大数据技术通过邮件、短信或社交媒体平台向客户推送精准的营销信息。同时,大数据实时处理信息的能力,收集和分析客户的评价、投诉等数据,有助于酒店及时发现问题和不足,及时改进服务。

典型案例　　万豪国际酒店基于大数据技术的会员管理

　　万豪国际酒店拥有庞大的客户会员数据库,通过对数据库进行深度挖掘,分析了每位会员的消费习惯、入住偏好、餐饮选择、积分使用情况等多个维度的数据。基于会员行为分析结果,万豪实施了个性化的积分奖励体系,例如,对于经常入住高端酒店的会员,万豪提供了更高比例的积分回馈;对于喜欢尝试不同酒店的会员,则推出了"探索者"奖励计划,鼓励他们探索更多万豪旗下品牌酒店,并享受额外的积分和礼遇。同时,万豪还利用大数据技术为会员提供定制化的推荐服务。当会员登录万豪官网或APP时,系统会根据其历史消费记录和偏好,推荐适合的房型、餐厅、SPA服务以及即将举行的特别活动等。例如,通过大数据分析,万豪能够预测某些会员的特殊日子(如生日、结婚纪念日等),并提前为他们准备特别的礼物或房间布置,这些个性化的服务让会员感受到万豪的关怀和尊重。

(资料来源:万豪酒店《万豪旅享家礼遇》。)

二、云计算

随着虚拟化技术、分布式计算和网络技术的不断发展,云计算逐渐成为可能。云计算是指基于互联网的超级计算模式,即将存储于个人电脑、移动电话和其他设备上的大量信息和处理器资源集中在一起,协同工作,用户可以通过互联网获取这种计算资源和服务。在这种模式下,用户无须购买和维护大量的硬件和软件设备,只需支付服务费用即可获得所需的计算和存储资源。20世纪90年代起,随着互联网的迅速普及和计算机性能的不断提升,人们开始意识到利用网络进行计算和存储的巨大潜力。伴随着酒店业规模的不断扩大和业务范围的日益复杂化,传统的酒店管理系统已经难以满足酒店业的需求。在信息化转型过程中,广大中小酒店面临着酒店信息系统构建与运营困难的问题。云计算凭借其独特的优势,受到酒店行业的广泛青睐,成为推动酒店业信息化转型的重要力量。

(一)云计算的优势

云计算技术作为一种功能强大新兴技术,目前广泛应用于企业、个人、政府、医疗、教育、金融等多个领域,其突出的优势特点如下。

1. 成本低廉

云计算采用按需付费的模式,用户只需为实际使用的资源付费,无须承担高额的独立系统建设投资成本。云计算服务提供商负责云基础设施的运维工作,用户无须再投入大量的人力物力进行IT系统的维护和管理,从而降低了运维成本。云计算这种成本结构使得中小企业能够以较低的成本获得高质量的IT服务。

2. 资源利用高效

云计算通过资源池技术将计算资源、存储资源和网络资源封装成一个独立的虚拟环境,专为用户提供服务。云计算资源池化的方式提高了资源的利用率,使得多个用户可以共享同一套物理资源而互不影响。

3. 应用灵活

云计算具有弹性伸缩能力,在应对突发流量或季节性需求变化时具有极高的灵活性,能够根据用户的实际需求进行资源的动态调整。当业务需求增加或减少时,云计算可以快速扩展计算资源以满足需求或相应地缩减资源,避免资源浪费。

4. 安全性好

云计算提供商通常具备严格的数据安全策略和措施,包括数据加密、访问控制、身份认

证等。这些措施可以确保企业的数据信息长期安全保留,不会因为操作人员失误或者离职而造成信息丢失。

(二)云计算在酒店客户关系管理中的应用

1.酒店管理系统优化

云计算技术为酒店提供了一套完善的云端管理系统,包括客房管理、预订管理、库存管理等核心功能。这些功能通过云端平台实现,酒店可以实时更新房间状态、处理预订请求,并自动化处理入住和退房流程,极大地提高了运营效率。例如,客人可以通过在线预订系统随时查看房间可用性并完成预订,而酒店则能实时更新房间状态,避免过分预订和空置情况的发生。

2.在线预订与支付

云计算为酒店提供了高效的订单处理和支付平台。当前许多酒店都与携程、飞猪等在线旅游平台对接,实现一站式旅游产品预订和支付服务,方便消费者进行线上交易,改变了以往只能通过线下支付或电话预订酒店的局面。

3.自助服务

云计算支持移动应用和自助服务的开发,使客人可以更方便地与酒店互动。酒店客人可以通过手机应用程序进行在线预订、入住、点餐等操作,减少了排队和等待的时间,提升了整体体验。

4.物联网应用

云计算技术可以与物联网技术结合,实现智能客房控制。通过云端平台,酒店可以实时监测客房内的设备状态并远程调控,提高客房的智能化水平和客户满意度。例如,客人可以通过手机应用程序控制房间内的智能设备(如灯光、空调等),实现个性化的住宿体验。

三、人工智能

人工智能(Artificial Intelligence,AI)是计算机科学的一个分支,是一种模拟人类智能的技术和系统,它通过模拟人类的思维和学习能力,使计算机能够感知、理解、推理、学习和决策,实现类似于人类的智能行为,从而能够执行各种任务,甚至表现出超越人类的智能表现。20世纪50年代起,计算机科学家们开始尝试将人类思维过程中的规则转化为计算机程序以实现人工智能。当时计算机性能较弱,人工智能的功能优势并不明显。近年来,计算机性能的提高和互联网普及带来的丰富信息数据,推动了机器学习算法、深度学习等技术的发展,人工智能的性能得到极大提高,人工智能在图像识别、自然语言处理、语音识别等领域的应用出现了突破性进展。生成式人工智能(Generative Artificial Intelligence,Generative AI)的迅猛发展正推动社会全方位的创新和变革,为社会注入强大发展动力。

（一）人工智能技术的特征

区别于以往一切信息技术，人工智能技术的核心特征就是能够像人一样具有自主性，它能够独立处理信息、面对问题以及与人类进行交流。以下是人工智能技术核心特征的主要体现。

1.自主学习

人工智能技术的核心特征之一是其强大的自主学习能力。这种能力使得人工智能系统能够不断地从海量数据中提取信息，通过算法优化和模型迭代，自主发现并学习新的知识和模式。与传统的数字信息技术不同，人工智能能够自我调整和优化，以适应不断变化的环境和需求。这种持续进化的特性不仅提高了准确性和效率，还为其在复杂多变的应用场景中提供了强大的适应性和灵活性。

2.自主决策

人工智能技术另一个显著特征是智能决策能力。人工智能能够根据输入的信息和预设的目标，自主地进行推理和决策，并规划出最优的行动方案，独立地完成复杂的任务。在决策过程中，人工智能能够综合考虑多种因素，包括成本、风险、时间等，以做出最优决策。人工智能还能够根据环境的变化和反馈，动态地调整决策方案，确保任务的顺利完成。

3.强交互能力

人工智能技术还具有与用户的交互性性能。通过自然语言处理、语音识别和计算机视觉等技术，人工智能能够与用户进行更加自然和流畅的交互。这种交互方式不仅提高了用户体验，还使得人工智能能够更好地理解用户的需求和偏好，从而提供更加个性化的服务。人工智能系统还能够通过用户反馈和数据分析，不断优化自身的服务质量，实现与用户的共同成长和进步。

4.跨领域应用

人工智能技术具有强大的跨领域应用能力。它不仅能够应用于传统的信息处理和分析领域，还能够扩展到医疗、金融、教育、酒店等多个领域。在跨领域应用中，人工智能能够根据不同的领域特点和需求，进行相应的算法调整和优化，以适应不同的应用场景。

（二）人工智能在酒店客户关系管理中的应用

1.服务机器人

人工智能技术正深刻影响着酒店服务的各个环节，服务机器人已经被广泛应用于酒店行业的各类场景，承担了各种各样的工作和服务，包括迎宾、送餐、清洁、管家服务等，重塑了消费者体验。例如，芝加哥EMC2傲途格酒店设置了两位机器人礼宾员Leo和Cleo，通过让他们扮演"爱情使者"的角色，为入住酒店的客人送去花束。服务机器人的使用，不仅帮助酒店节约人力成本，也有助于酒店数字化品牌形象的塑造，能够吸引年轻人入职。

2.安全防护

在人工智能加持之下,酒店的安全防护得到了极大提升。特别是在监控方面,通过安装高清摄像头并应用视频智能分析系统,酒店可以实现对各个区域的实时监控,自动识别视频中的异常行为,如人员入侵、周界安全防范等,并及时发出警报,使安保人员能够迅速响应,有效防止意外事件的发生。

3.智能客房管理

传统的客房控制往往依赖于物理开关和遥控器,操作烦琐且不够智能。人工智能技术的应用,使得客房控制系统实现智能化升级。酒店客人可以通过手机、平板等智能设备,或者通过语音指令,轻松控制房间内的灯光、空调、窗帘等设备,提升了操作的便捷性。智能客房控制系统根据宾客的喜好和习惯,可自动调节房间内的环境设置,如温度、湿度、光线等,为宾客提供更加舒适的住宿环境。

4.智能客服

智能客服目前被广泛运用于各大酒店的客服服务当中。智能客服系统通过自然语言处理技术,能够理解和解析客人的自然语言输入,包括文字、语音等形式。酒店可以构建自己的知识库,将常见问题、服务信息、政策规定等录入系统,当客人提出问题时,智能客服系统能够快速检索知识库,并给出准确的答案。

5.语言服务

国际化酒店通常要接待使用不同语言的客人,这时人工智能强大的语音识别和自然语言处理功能就会派上用场。例如,卓美亚马迪纳特度假酒店与Interprefy(远程同声传译平台)合作,推出了人工智能驱动实时双向翻译解决方案,为多语言会议、培训和小组讨论提供了支持。这种技术超越了传统语音翻译系统的限制,不仅支持从一种基础语言翻译成多种目标语言,还能够适应多样化的演讲者和参与者,为酒店带来了更广泛的客户群和更高的客户满意度。

6.节能管理

节能环保理念近年来逐渐受到酒店行业的重视。环保是全世界范围受重视的社会议题,不少酒店客户本身就是环保人士,推行节能环保策略将使酒店更受欢迎。节约能源也是酒店降本增效的主要途径。人工智能技术凭借其出色的自动化功能,能够实时监测与管理酒店的资源利用情况,极大地帮助了酒店实施节能管理。例如,某酒店通过其物业管理系统连接客房的智能冰箱,根据客房占用状态自动控制冰箱的开关,当房间空置或退房时,冰箱自动关闭,有客入住时则重新启动,大幅减少了酒店冰箱方面的能源成本。

(三)生成式人工智能及其在酒店客户关系管理的运用

生成式人工智能是一种利用机器学习技术,特别是深度学习算法,如生成式对抗网络(GAN)、变分自编码器(VAE)等,在大规模多模态数据集上进行学习,从而生成新的文本、图像、音频、视频和程序代码等数据的人工智能。生成式人工智能广泛运用于各行各业,如内容创作领域,能够快速生成文章、故事、诗歌等文本内容,还可创作独特的绘画、音乐作品,为创作者提供灵感,提高创作效率;在医疗领域可生成逼真医学图像辅助诊断,分析医疗数据发现疾病模式和治疗方案,助力精准医疗和药物研发;在教育领域为学生提供个性化学习内容和辅导、练习题等,提升学习效果;在工业设计领域能根据需求生成多种设计方案,模拟分析产品结构,优化设计和性能;在娱乐产业领域能在游戏开发中制作 3D 模型、设计场景,在电影动画制作中生成逼真图像和特效等。

国内外涌现了许多知名的生成式人工智能应用。在国外,OpenAI 的 ChatGPT 以其卓越的自然语言对话能力著称,而 DALL－E 则专注于高质量的图像生成。微软的 Copilot 成为编程领域的得力助手,谷歌 DeepMind 的 Gemini 擅长处理多模态数据。Anthropic 推出的 Claude 强调隐私保护与定制化服务,Midjourney 则在将文本转化为艺术画作方面表现出色。Suno AI 专注于音乐创作领域,为用户提供辅助创作服务。此外,Meta 的 Meta Movie Gen 能够生成逼真的视频内容。

在国内,字节跳动推出的豆包 AI 不仅功能多样,还特别注重本地化需求的适配。百度文心一格则专注于图像生成领域,为用户提供专业的图像创作服务。快手的可灵 AI 特别适用于短视频内容的创作,而剪映即梦 AI 则能够快速地将文字内容转化为视频,极大地提升了视频制作的效率。这些生成式人工智能应用在各自的领域内都展现出了强大的实力和广泛的应用前景。

DeepSeek 是中国生成式 AI 领域的重要突破,提升了中国在国际 AI 领域的话语权和影响力,体现了中国在 AI 领域的创造力和创新能力,为中国 AI 产业的发展树立了榜样。DeepSeek 推出了多模态大模型 DeepSeek—R1、代码生成模型 DeepSeek—Coder 和开源模型 DeepSeek—MoE,采用多元化商业模式,推出的智能助手在多个场景广泛应用,可以为企业提供 AI 解决方案。DeepSeek 有独特架构创新,在数据策略和工程实践上有重大突破,以低成本、高性能在 AI 领域快速崛起。

生成式人工智能在酒店客户关系管理中的具体运用如下。

1. 个性化服务推荐

生成式人工智能可依据酒店客户历史消费数据、偏好信息等,构建精准客户画像,为客户提供个性化服务推荐。例如,通过分析客户过往入住记录,若客户常选择高楼层安静房间且偏好酒店健身房服务,系统可推荐同类型房间及健身房专属优惠套餐,提升客户体验与满意度,增强客户对酒店的好感与忠诚度。

2. 智能客服与沟通

生成式人工智能可以打造智能客服系统,快速响应客户咨询。借助自然语言处理技术,准确理解客户问题并提供专业解答。如客户询问周边旅游景点,智能客服可即时推荐并介绍景点特色、交通路线等。同时,还能自动处理常见预订、退订等业务,提高沟通效率,节省人力成本,确保客户咨询第一时间得到妥善回应。

3. 营销内容创作

生成式人工智能可用于生成多样化营销内容。根据酒店不同季节、活动主题,生成吸引

人的宣传文案、图片甚至视频。如在旅游旺季，生成描述酒店独特景观与便捷地理位置的宣传语，搭配精美的图片，吸引潜在客户。还能针对不同客户群体定制个性化营销内容，精准触达目标客户，提升营销效果。

4. 预测客户需求

生成式人工智能可以基于客户行为数据和市场趋势，预测客户未来需求。例如，根据旅游淡旺季及客户预订习惯，预测特定时间段内不同房型需求。酒店提前做好房间分配、资源准备，优化服务流程。预测到某类客户可能对新的休闲设施感兴趣，提前布局宣传与服务，满足客户潜在需求，提升酒店运营效率与客户满意度。

典型案例　以智能机器人闻名的日本 Henn-na 酒店

随着科技的飞速发展，日本作为机器人技术的领先国家，开始探索将机器人应用于服务业的可能性。Henn-na 酒店的诞生，正是这一探索的重要成果之一。2015年，当时世界上第一家由机器人经营的酒店——Henn-na Hotel 在日本长崎县正式开业。Henn-na 的主体理念是一家智能、低成本和生态高效的智慧酒店与未来酒店，酒店采用全智能的主题机器人服务，包括前台机器人、客房服务机器人、搬运机器人和清洁机器人等。

Henn-na 酒店最大的亮点在于其全智能的机器人服务系统。从前台接待到客房服务，再到餐厅运营，几乎每一个环节都有机器人的身影。前台区域，客人会首先被一位穿着白色制服的美女机器人和一个会讲英语的机器恐龙迎接，它们不仅能用日语或英语与客人交流，还能引导客人完成入住手续。通过人脸识别和自助服务系统，客人可以在没有服务人员的情况下快速办理入住及退房，极大地提升了效率。当客人入住后，会有专门的机器人帮助搬运行李，并将其推送到指定的房间。房间内，虽然没有传统的开关按钮，但客人只需向房间内的机器人（如名为 Tuly 的机器人）提出需求，如开灯、开电视、调节室内温度等，机器人便会迅速响应并完成操作。酒店内还设有由机器人运营的餐厅，其中主厨专门负责制作御好烧和烧荞麦面。此外，酒店还提供了完全由机器人呈现的现场音乐和舞蹈表演，共同构成了一个全方位智能化的机器人酒店生态系统。

Henn-na Hotel 最初使用智能机器人的目的是降低劳动力成本。在2015年伊始，酒店在长崎的第一家门店员工大约有40名，但随着机器人使用的增加，这家拥有144间客房的酒店仅需7名员工即可运营，该店也因机器人员工数量最多而获得吉尼斯世界纪录。酒店的相关经营负责人三浦辰树说"我们最初采用机器人的目的是节省人力成本，但后来，酒店的机器人本身就变成了一个旅游景点，提高了酒店的娱乐性与公众关注度"。智能机器人的使用不仅可以实现以少量员工有效管理酒店，更赋予了酒店独特的主题价值，从某种意义上来说，对于劳动力短缺严重的日本,Henn-na酒店的模式兼具了现实性与艺术性。因此,自长崎旗舰店开业以来,Henn-na酒店迅速在日本国内扩张。该酒店已经在东京迪士尼乐园附近等地开设了分店,并计划在爱知县主题游乐园Lagunasia附近开设新店。伴随着酒店的扩展,Henn-na酒店的机器人数量也从最初的6种类型的82个,增长至30种类型的近300个机器人。

（资料来源：nippon《世界上第一家由机器人服务的酒店进军商务旅行领域》。）

四、元宇宙

元宇宙融合多种技术,构建出一个虚拟与现实交互的数字化空间。在这个空间里,用户能通过数字分身进行社交、娱乐、消费等活动。随着数字技术的飞速发展,元宇宙的概念逐渐成熟并走向应用。酒店行业在追求创新体验与深化客户关系的进程中,面临着如何突破传统模式、满足客户日益多元需求的挑战。元宇宙凭借其独特属性,为酒店客户关系管理带来了全新机遇与变革思路。

（一）元宇宙对酒店客户关系管理的优势

元宇宙作为新兴的数字化概念,以其融合虚拟与现实的特性,为酒店客户关系管理带来诸多独特优势。

1. 沉浸体验强化

元宇宙通过虚拟现实（VR）、增强现实（AR）等技术,为客户打造沉浸式体验。客户在预订前,可借助设备身临其境地感受酒店环境、房间布局等,增强对酒店的认知与期待,提升客户对酒店的好感度与选择意愿。

2. 个性化深度定制

基于元宇宙的数字化空间,酒店能深入了解客户偏好,为其数字分身定制个性化服务。如打造专属主题房间、个性化活动安排等,满足客户独特需求,深化客户与酒店的情感连接。

3. 社交互动拓展

元宇宙构建了社交平台,客户可与其他住客或潜在客户互动交流。分享住宿体验、参与虚拟活动,形成社区氛围,增加客户粘性与酒店品牌传播力。

4. 创新营销升级

酒店可在元宇宙开展创新营销活动。如举办虚拟开业典礼、主题派对等,吸引客户关注,树立独特品牌形象,提升品牌在年轻客群及数字原住民中的影响力。

（二）元宇宙在酒店客户关系管理中的应用

元宇宙为酒店客户关系管理带来了一系列创新应用场景,重塑酒店与客户的互动模式。

243

1. 虚拟酒店体验

酒店在元宇宙创建虚拟空间,可以还原酒店全貌。客户可通过 VR 设备提前游览,感受不同房型、公共区域。例如,客户在预订豪华套房前,能够全方位查看房间布局、设施细节,做出更准确决策,提升预订转化率。

2. 个性化服务定制

依据客户在元宇宙中的行为数据,酒店可以为客户定制专属服务。例如,了解客户喜爱的艺术风格,在入住时布置相关主题装饰;根据客户健身习惯,提供个性化健身课程,提升客户满意度。

3. 元宇宙社交活动

酒店可以在元宇宙举办各类社交活动,如虚拟鸡尾酒会、文化交流活动等。客户以数字分身参与,结识新朋友,增加客户间互动与对酒店的归属感,提升酒店品牌传播度。

4. 虚拟会议与活动

元宇宙打破地域限制,为商务客户提供元宇宙虚拟会议场地,参会者通过数字分身参会,能够进行高效沟通。同时,酒店还可提供配套服务,如虚拟餐饮、会议设备租赁等,拓展业务范围。

第三节　数字经济驱动的 CRM 系统转型

伴随酒店业的数字化转型,酒店客户关系管理的策略与手段不断更新迭代。在大数据、云计算、人工智能和元宇宙技术推动下,酒店业拥有了前所未有的信息工具和数据资源。面对不断涌现的应用工具、客户数据的持续增长和多样化,传统的 CRM 系统在数据采集、处理和分析方面存在局限。酒店业对于更先进的客户关系管理系统的需求日趋强烈。

一、用户数据平台(CDP)

用户数据平台(Customer Data Platform,CDP)旨在搜集消费者在整个消费过程中直接产生的与个人相关的第一方数据,并对这些信息进行深入分析与有效运用。CDP 通过采集、整合、分析和应用这些数据,帮助企业打破数据孤岛,建立统一、全面的数据视图,以数据驱动业务数字化运营管理。CDP 核心功能为数据整合,即从多个数据源(如 CRM 系统、电子邮件营销工具、社交媒体、在线活动等)收集数据,并将其整合到统一的数据库中。

(一)传统 CRM 系统的局限

1. 跨平台数据整合困难

客户关系管理的观念由 CRM 走向 SCRM,酒店的客户数据来源得到极大拓宽。目前,酒店行业的客户数据来源主要包括:酒店官方的网站与 APP、社交媒体平台(微信、微博等)、短信与电子邮件等。这些数据的客户端都是由不同的技术服务商提供的,彼此间并未实现数据互通。不仅不同的客户会选用不同的客户端,即便是同一客户也可能因应不同场景而切换使用不同的客户端,这种情况大大增加了客户识别和数据分析的复杂性。传统的CRM系统无力应对因多家技术服务商提供的数据所造成的跨平台整合挑战。

2.客户数据贫乏

酒店通常会根据自己的市场定位专注于自身的目标用户群体,这就要求其进行合理的市场细分。客户细分仅仅依赖CRM系统中的业务数据是不完整和不准确的。由于数据分散,且来源于线上线下的多元业务场景和渠道,CRM系统所含数据难以准确描绘客户的真实形象。另外,CRM系统仅能对已识别的潜在客户和已有交易记录的客户进行分析,无法涵盖多触点数据收集。例如在营销传播过程中捕获与用户互动的数据,提供定制化体验,正是数字时代酒店实现精准营销和运营的核心所在。

3.难以实现数据更新

即便CRM系统已经积累了数百万甚至千万的客户数据,但消费者的个人状况和需求依旧持续变动。若这些客户信息不能持续刷新,它们将转变为酒店数据管理的累赘。只有利用最新客户数据来迎合客户的即时需求,才能培育和维持高品质的客户关系,传统CRM系统在实时数据搜集与更新方面存在局限。

总体而言,传统CRM系统主要着眼于业务层面的客户关系维护,却无力应对从多个接触点收集的客户数据的整合、分析与运用挑战,这导致了酒店在客户数据的管理和应用上存在显著的短板。相较之下,用户数据平台(CDP)作为一种创新的数据驱动型客户关系管理工具,能在很大程度上填补CRM系统在数字时代酒店客户关系管理方面的不足。

(二) CDP 系统与 CRM 系统的区别

CDP系统与CRM系统都用于第一方数据的收集、分析和利用,但CDP系统的核心差异点在于所涉及的第一方数据更为宽泛,即不同于既往CRM系统主要以潜在客户和完成交易的客户数据为主,CDP的数据涵盖整个客户消费过程中接触到的客户。CDP系统可以通过信息采集,识别用户在各种互联网平台上的ID信息(ID是Identifier的缩写,即标识符,是用来识别互联网数字世界中不同个体或实体的一串字符,其形态可以是数字、字母、符号或其组合)。ID通常是基于个人设备,是独一无二的。企业可通过ID来标识每一个接触到的人,因此必须要采集到个体用户的姓名和联系方式。CRM系统与CDP系统的主要区别如表10-1所示。

表 10-1　CRM 系统与 CDP 系统的主要区别

	CRM 系统	CDP 系统
主要功能	基于客户数据,进行业务管理与运营	聚焦于数据资源的管理
应用层级	操作层级	基础层级

续表

	CRM 系统	CDP 系统
用户识别单位	个人可识别信息 （姓名、身份证号、手机号码等）	匿名 ID 个人可识别信息
数据对象	实际客户与潜在客户	实际客户 潜在客户 线上粉丝 通过第一方接触点所触达到的人
接触点	销售接触点 服务接触点	销售接触点 服务接触点 自媒体接触点 线下连接线上的接触点
主要功能	销售管理 大客户管理 会员管理	营销管理 销售管理 人群管理 社交互动 广告投放管理
数据属性	长期数据 静态数据	长期数据 动态实时数据 全消费过程数据

需特别注意的是，CDP 作为基层的数据整合系统，无法像 CRM 系统一样独立应用，在面对具体的业务时，要将 CDP 系统与其他系统工具结合使用。例如，将 CDP 系统与 CRM 系统结合，通过 CDP 提供更全面、精细化的用户数据，将这些数据实时同步到 CRM 系统中，以便管理人员更好地了解客户，实施更为有效的客户关系管理。同时，CDP 系统的结合使用对象不仅局限于 CRM 系统，营销自动化工具、数据分析工具等系统工具也是其结合的理想对象。

（三）用户数据平台在酒店客户关系管理中的应用

用户数据平台作为一种以数据整合为核心功能的管理系统，其本身具有较强的数据处理功能与功能延展性。

1. 整合多源客户数据

CDP 系统的首要功能应用即整合客户数据。CDP 系统会通过拓展不同的接触点来获取用户数据，这些接触点主要包括官方网址、在线预订平台、社交媒体等。CDP 系统通过"埋点"等技术手段，对接触点中具有意义的用户交互、交易以及其他行为或事件进行捕获。将获取到的不同数据源数据，通过批量处理、实时同步、增量更新等多种数据集成方式，合并到同一个客户记录中，从而实现客户数据整合。

2.基于标签化的客户分类

CDP系统在实现多源客户数据整合之后,就会将这些数据标签化处理,以便尽可能详细地描述客户个体的特征,进而用标签将客户分为不同类型的群体,使酒店能够细分客户,开展行为预测与精准营销等管理活动。这种客户标签有多种类型,如属性标签(描述用户的基本信息,如性别、年龄、地域等)、行为标签(记录用户的行为轨迹,如访问频次、购买偏好等)、模型标签(基于数据分析模型得出的用户价值细分标签,如RFM模型中的忠诚度、消费频次等)。

3.营销自动化

营销自动化指的是利用先进的软件平台,基于大数据分析和人工智能技术,自动执行和管理营销任务与流程,以提高营销效率、减少人为错误,并提升投资回报率。这种技术改变了传统的人工操作重复性市场营销流程,为企业提供了更为智能和高效的营销手段。CDP系统基于其强大的数据整力与客户数据标签化处理能力,是营销自动化的天然搭档,即由CDP将加工好的数据输出给营销自动化系统,由后者去执行合适的营销任务。例如,CDP系统识别出一段时间内未进行购买或互动的沉睡客户。营销自动化系统即可以自主通过短信、邮件或APP推送等方式,向这些客户发送个性化的唤醒优惠,如"专享折扣券""限时抢购"等,以吸引他们重新关注并购买。

二、软件即服务

软件即服务(Software as a Service,SaaS)是一种基于云计算的软件交付模式,它通过互联网将软件应用程序作为服务提供给用户。该模式下,所有硬件和传统软件,包括中间件、应用软件和安全性等,均由公有云提供商托管,用户不需要在自己的设备上安装、配置和维护软件,只需通过互联网访问即可使用。

在信息化时代,酒店管理系统转型是迫在眉睫的问题。对于我国大多数的中小型酒店来说,构建属于自己的客户关系管理系统具有较大的成本风险与技术困难。基于云计算技术的SaaS运用,酒店开启了客户管理系统的新模式。

(一)SaaS的特点

1.经济性

SaaS都是集中托管,集中维护。从供应商角度看,供应商只需要维护一套软件系统,不像传统企业级软件服务那样需要提供当地的售后技术服务。相比较而言,SaaS相关费用就非常低。从用户角度看,用户以按需租赁的方式在线使用SaaS软件,租到即用,不需要购买硬件进行机房托管、更不用招聘信息技术人员,减少了整体的投资费用。SaaS对于供需两端而言都极具经济性。

2.可扩展性

SaaS可以通过系统调节,面向不同的客户呈现不同的产品功能,不同的业务流程,形成

不同版本的软件服务,具有很好的可扩展性。此外,SaaS应用是集中托管集中维护的,软件程序可以实时更新,供应商能够根据市场上客户需求的变化,随时通过软件更新发布对SaaS服务做出调整,以及时响应客户新需求,贴近市场需要,甚至可以根据客户特定的需求进行个性化定制。

3. 按需供应

SaaS服务开通起来简单,通常按照所需功能和所使用时间来进行付费,不用付出其他额外附属成本。供应商按照客户的实际需要提供服务,当客户结束使用时,就停止计费,当客户业务体量增加时,可以随时开通更大的服务容量,付出更多成本。当客户自己的业务量减少的时候,也可以及时缩减对服务的订阅量,减少成本。

4. 多租户性

多租户设计是SaaS软件相较于传统软件最为显著的特点。在此模式下,众多租户共享同一套应用系统和存储空间,但各租户的数据在逻辑上严格隔离,确保彼此间不可见且互不干扰,为租户提供了几乎与私有化部署的传统软件相同的使用体验。同时,所有租户共同使用并分担基础资源,这显著降低了单个客户的成本。SaaS的网络外部性特征意味着,随着租户数量的增加,基础成本的分担者也随之增多,进而提升了SaaS的整体价值,这一特性也对SaaS的定价策略产生了重要影响。

5. 低风险性

传统的软件服务模式下,企业用户需要承担较高的风险。通常而言,一套软件的开发周期需要一两年甚至更长时间。一旦软件部署失败,则意味着企业对软件的所有投入全部白费。传统软件的使用较容易受到空间、人员、企业文化等诸多限制,企业承担了更多风险。SaaS软件服务模式下的租户风险系数较低,企业连接因特网即可使用,不需要承担不确定的开发成本。即使软件部署失败,无论从时间还是资金上造成的浪费风险,SaaS均比传统软件低得多。

(二)SaaS在酒店应用中的优势体现

数字化转型浪潮中,酒店业正以极快的速度拥抱新技术以提升服务效率与优化运营成本。SaaS作为云计算的一种重要应用模式,其在酒店业应用中的优势日益凸显。

1. 降低成本

SaaS服务采用订阅制收费模式,酒店不需要一次性投入大量资金购买软件及其配套的硬件设备。对于中小型酒店来说,投入大量资金建立自己的系统是不现实的。酒店根据实际需求按年、按季度或按月支付服务费用,这种灵活的付费方式大大降低了他们的初期投入成本,使中小型酒店也能轻松拥有并使用先进的软件系统。SaaS服务提供商负责系统的维护、升级和安全管理,酒店不需要再额外聘请专业IT团队或投入大量资源进行系统维护,这不仅节省了人力成本,还避免了因技术更新换代带来的额外支出。此外,SaaS所提供的软件服务多种多样,酒店可以根据自己的具体业务实时更换选择,避免了因为业务变动而产生的软件系统更换成本。

2. 业务灵活性增强

SaaS服务允许酒店根据自己的业务需求进行灵活定制,不需要像传统软件那样进行复杂的安装和配置,酒店可以通过简单的设置和配置,快速启用系统,并根据实际需求调整服务规模。这种灵活性使得企业能够迅速响应市场变化,快速调整业务策略。同时,随着酒店业务的增长,SaaS系统还可以通过提供商的云基础设施进行弹性扩展,确保系统的性能和稳定性,这种可扩展性不仅满足了酒店当前的业务需求,还为企业未来的业务发展预留了空间。

3. 简化系统操作

通常情况下,酒店诸多业务都需要一线人员操作软件系统来完成,而许多功能性强的软件系统操作又十分复杂。SaaS作为一种通过互联网提供的软件托管服务,操作简单容易使用。一般而言,在线软件都比较容易操作,所有需要升级的部分在服务器端已经自动完成,任何插件或者软件都不需要安装,而且也不需要专职人员进行维护;另一方面,简单的系统操作极大地提高了酒店运营效率,另一方面,对操作人员的专业化程度要求不高,也契合了大部分中小型酒店的需求。

4. 客户数据更安全

SaaS提供商通常拥有专业的安全团队,他们负责监控和维护系统的安全性,确保数据免受网络攻击和未授权访问,配合先进的加密技术、防火墙、入侵检测系统等安全技术手段,避免了因酒店人员对网络安全不够熟悉,而造成的数据库被入侵的风险,进而极大保护了客户数据的安全。除此之外,SaaS提供商会定期对用户数据进行备份,以防止数据丢失或损坏,这有效防止了因酒店操作人员失误而发生的数据丢失问题。

249

思考与练习

1. 如何理解酒店业在智能化浪潮中重塑客户关系是一个充满挑战又蕴含机遇的过程?

2. 结合案例分析酒店开展SCRM可以采取哪些策略。

3. 如何理解酒店客户管理数据要素开发能够驱动酒店业创新发展?

4. 如何正确认识"顾客是上帝"这一观点在酒店客户关系管理中的运用?

扫码看
答案

5. 结合案例分析酒店如何利用大数据洞察客户需求与实现服务的精准化。

6. 分析用户数据平台如何应用于酒店客户关系管理中。

参考文献
References

[1] 苏朝晖.客户关系管理[M].北京:人民邮电出版社,2020.

[2] 苏朝晖.客户关系管理——客户关系的建立与维护[M].6版.北京:清华大学出版社,2024.

[3] 黄昕,汪京强.酒店与旅游业客户关系管理——基于数字化运营[M].北京:机械工业出版社,2023.

[4] 穆林,杨铭魁.酒店客户关系管理——数据驱动与运营管理[M].北京:中国轻工业出版社,2023.

[5] 刘伟.酒店客户管理[M].重庆:重庆大学出版社,2020.

[6] 邵兵家,钱丽萍.客户关系管理[M].北京:清华大学出版社,2023.

[7] 罗俊,黄毅.跨境客户关系管理[M].北京:电子工业出版社,2018.

[8] 盛强,王志峰.客户关系管理实务[M].北京:人民邮电出版社,2022.

[9] 樊骅.大客户管理:跨界沟通与销售策略[M].上海:上海交通大学出版社,2022.

[10] 赵兴峰.企业数据化管理变革——数据治理与统筹方案[M].北京:电子工业出版社,2016.

[11] 王崇良,黄秋钧.当HR遇见AI:用人工智能重新定义人力资源管理[M].北京:人民邮电出版社,2022.

[12] 褚燕华,王丽颖.基于深度学习的人工智能算法研究[M].重庆:重庆大学出版社,2023.

[13] 白长虹,范秀成,甘源.基于顾客感知价值的服务企业品牌管理[J].外国经济与管理,2002(2).

[14] 肖丹,任锦鸾.如何有效控制负面口碑?——以海底捞为例[J].管理现代化,2021,41(3).

[15] 秦保立.客户关系管理在酒店业中的实施途径探析[J].市场经济与价格,2011(3).

[16] 丁望.国外客户关系管理理论研究综述[J].经济纵横,2005(8).

[17] 汪霞,耿文辉.对我国酒店客户关系管理的反思[J].改革与战略,2006(6).

[18] 王永贵,董大海.客户关系管理的研究现状、不足和未来展望[J].中国流通经济, 2004(6).

[19] 李枫林,贾君枝.客户关系管理中的客户信息分析[J].图书情报工作,2002(12).

[20] 陈敏仪.客户关系管理(CRM)中的客户信息分析[J].经济研究导刊,2024(3).

[21] 丁于思,肖轶楠.基于网络点评的五星级酒店顾客满意度测评研究[J].经济地理, 2014,34(5).

[22] 卢向华,冯越.网络口碑的价值——基于在线餐馆点评的实证研究[J].管理世界, 2009(7).

[23] 葛璐璐,武健宇,高先豪,张远连.基于RCCCRE模型的古镇民宿咖啡店客户关系管理研究——以南京市江宁区佘村民宿咖啡店为例[J].经济学,2024,7(4).

[24] 冯郑凭,吴娜妹,郑仕杰.基于亲情化管理的酒店员工稳定机制研究——以广州市从化区碧水湾温泉度假村为例[J].旅游导刊,2023,7(3).

[25] 周洁如,井淼.客户关系管理中的价值评估——企业为顾客创造价值的评价[J].上海管理科学,2003(6).

[26] 朱洪波.酒店管理中顾客投诉的处理技巧[J].企业改革与管理,2012(1).

[27] 马青梅.基于顾客满意理论的现代企业战略研究[J].生产力研究,2004(8).

[28] 陈明亮.客户忠诚与客户关系生命周期[J].管理工程学报,2003(2).

[29] 刘晓华.论客户忠诚营销理论与常旅客计划[J].空运商务,2018(6).

[30] 沈奕彤.浅析酒店宾客关系的管理——以深圳福田香格里拉为例[J].传播力研究, 2019,3(7).

[31] 朱丽叶,詹金平.客户忠诚类型及营销对策分析[J].商讯商业经济文荟,2006(2).

[32] 祖巧红,陈定方.客户忠诚研究及客户忠诚度分析[J].武汉理工大学学报(交通科学与工程版),2006(3).

[33] 靳蕾蕾.客户关系管理中客户满意与客户忠诚研究[J].企业改革与管理,2017(2).

[34] 王瑶.客户关系管理基础理论体系框架[J].合作经济与科技,2020(6).

[35] 洪美玉.基于酒店客户关系管理系统的客户差异化分析[J].现代商业,2008(27).

[36] 陈敬东,王永强.基于顾客价值模型构建的顾客价值最大化实现过程研究[J].生产力研究,2016(11).

[37] 杨俐.客户沟通在客户关系管理中的应用[J].合作经济与科技,2009(8).

[38] 潘俊霖.基于大客户管理的客户关系管理信息系统设计[J].大众科技,2022(4).

[39] 周洁莹.企业客户信息管理系统的设计与实现探讨[J].通讯世界,2016(2).

[40] 吕兴洋,刘小燕,谭慧敏.奖励对顾客网络口碑的影响与替代手段的寻求——以餐饮企业的点评返现活动为例[J].旅游学刊,2018,33(10).

教学支持说明

普通高等学校"十四五"规划旅游管理类精品教材系华中科技大学出版社"十四五"规划重点教材。

为了改盖教学效果，提高教材的使用效率，满足高校授课教师的教学需求，本套教材备有与纸质教材配套的教学课件和拓展资源。

为保证本教学课件及相关教学资料仅为教材使用者所得，我们将向使用本套教材的高校授课教师免费赠送教学课件或者相关教学资料，烦请授课教师通过电话、邮件或加入旅游专家俱乐部QQ群等方式与我们联系，获取"电子资源申请表"文档并认真准确填写后发给我们，我们的联系方式如下：

地址：湖北省武汉市东湖新技术开发区华工科技园华工园六路

邮编：430223

电话：027-81321911

E-mail：lyzjjlb@163.com

旅游专家俱乐部QQ群号：758712998 旅游专家俱乐部QQ群二维码：

群名称:旅游专家俱乐部5群
群　号:758712998

华中科技大学出版社
http://press.hust.edu.cn

电子资源申请表

填表时间：_____年___月___日

1. 以下内容请教师按实际情况写，★为必填项。
2. 根据个人情况如实填写，相关内容可以酌情调整提交。

★姓名		★性别	□男 □女	出生年月		★ 职务	
						★ 职称	□教授 □副教授 □讲师 □助教
★学校				★院/系			
★教研室				★专业			
★办公电话		家庭电话			★移动电话		
★E-mail （请填写清晰）					★QQ 号/微信号		
★联系地址					★邮编		

★现在主授课程情况	学生人数	教材所属出版社	教材满意度
课程一			□满意 □一般 □不满意
课程二			□满意 □一般 □不满意
课程三			□满意 □一般 □不满意
其 他			□满意 □一般 □不满意

教 材 出 版 信 息		
方向一		□准备写 □写作中 □已成稿 □已出版待修订 □有讲义
方向二		□准备写 □写作中 □已成稿 □已出版待修订 □有讲义
方向三		□准备写 □写作中 □已成稿 □已出版待修订 □有讲义

请教师认真填写表格下列内容，提供索取课件配套教材的相关信息，我社根据每位教师填表信息的完整性、授课情况与索取课件的相关性，以及教材使用的情况赠送教材的配套课件及相关教学资源。

ISBN（书号）	书名	作者	索取课件简要说明	学生人数 （如选作教材）
			□教学 □参考	
			□教学 □参考	

★您对与课件配套的纸质教材的意见和建议，希望提供哪些配套教学资源：